中国神话通论

袁珂 著

图书在版编目（CIP）数据

中国神话通论 / 袁珂著 . -- 成都：四川人民出版社 , 2019.2（2020.5 重印）
ISBN 978-7-220-11107-5

Ⅰ.①中⋯ Ⅱ.①袁⋯ Ⅲ.①神话—研究—中国 Ⅳ.①B932.2

中国版本图书馆 CIP 数据核字 (2018) 第 260441 号

ZHONGGUO SHENHUA TONGLUN
中国神话通论
著者　袁珂

选题策划	后浪出版公司
出版统筹	吴兴元
编辑统筹	梅天明
责任编辑	何红烈　冯珺
特约编辑	黄杏莹　周禄雨
装帧制造	墨白空间·张萌
营销推广	ONEBOOK
出版发行	四川人民出版社（成都槐树街 2 号）
网　　址	http://www.scpph.com
E - mail	scrmcbs@sina.com
印　　刷	北京盛通印刷股份有限公司
成品尺寸	165mm×230mm
印　　张	26
字　　数	330 千
版　　次	2019 年 2 月第 1 版
印　　次	2020 年 5 月第 2 次
书　　号	978-7-220-11107-5
定　　价	68.00 元

后浪出版咨询(北京)有限责任公司常年法律顾问：北京大成律师事务所　周天晖　copyright@hinabook.com
未经许可，不得以任何方式复制或抄袭本书部分或全部内容
版权所有，侵权必究
本书若有质量问题，请与本公司图书销售中心联系调换。电话：010-64010019

自　序

　　文学这根琴弦把古今神话有效地沟通起来了：积数十年的学习和经验，终于使我明白了这个道理。这个道理虽然并非高深，可是我却冥冥摸索探讨了几十年，今天才能较有把握地明确地将它说出。

　　神话固然不单纯属于审美范畴的文学，但神话的第一属性，却是文学，然后才是宗教以及原始先民用神话思维去探讨的其他多种学科，如天文学、地理学、哲学、历史学、动物学、植物学、医药卫生学、人类学、民族学，等等。神话在其产生之初，即在原始社会前期的活物论时期，是以动植物和自然现象为题材而进行创作的，此时宗教的观念薄弱，文学的涵意深厚，因而我们说神话的第一属性是文学，文学是和神话有生俱来的。

　　尔后，到了"万物有灵论"时期，人类开始有了灵魂的观念，同时相信万物也都有灵魂，在自然崇拜、图腾崇拜和原始巫术等宗教活动中，神话不自觉就成了宗教的奴仆，它身上便会沾染上许多宗教迷信的杂质以及用神话思维横向发展作科学探讨的变形学科的杂质，它原先固有的文学光辉在此时期自然便会隐而不彰了。但是，神话继续向前发展，终于还是会逐渐从混沌形态的多学科综合体中分离出来，首先是从宗教中分离出来，而还它固有的文学的本来面貌的。从神话发展的主线看，神话之所以为神话，是因为它姓"文"（文学），不姓"神"（宗教），并且也不姓"综"（多学科综合体）。我经过多年研究整理神话的实践和反复思考，才得出如上所说的结论。

　　固然，我们须要周密细致地研究处于混沌形态多学科综合体中的神话，因为原始神话的绝大部分是在这种状态中展示其存在面貌的，不这样不得神话之真。然而我们还须放开眼光，上下探索，看出神话的本质，始终在于文学，在于富有积极浪漫主义精神的文学。这是从人类心灵深处流露出的审美的因素，精神的升华，全世界人民都能在这当中找到他们共同的语言。不看到本质上是文学的神话在历史的长河中上下贯通，非仅限于原始社会的某个阶段（虽然这是很重要的一个阶段），就不能得到神话之全。既真且全，这才是我们要研究并向群众推广的神话。

我提倡广义神话，广义神话就是放开眼光探索在整个历史行程中发展状态的神话。它一点也不排斥古典派学者对神话在发生时期所作的多学科、多角度、多层次的研究，毋宁说正是这些辛勤的、卓有成效的研究丰富了它的内涵。广义神话只是除此而外，还扣紧神话的文学本质，上伸下延，从它真正起源的时期，一直注意到它发展演变以至于今的时期，既见其真，兼顾其全罢了。

多年来我对神话所做的研究整理工作，是比较侧重于神话的文学属性这方面的。在工作的开始，也并没有什么高瞻远瞩的认识，只是暗中探索，偶然契合，神话的这根文学的琴弦无形中导引着我自上达下，以至于今，使我能纵观神话发展的全程，并且使我似乎有些豁然贯通，明白了广义神话和神话本身的文学属性并行不悖的道理。回顾以往所走的道路，虽仍有些小周折，但是总的趋向自信尚无大谬。

《中国古代神话》是1957年我在商务印书馆出版的一部继此书的简本之后增订出版的文学体的神话专著，以整理为主，研究为辅，夹叙夹议，将中国古代神话的大概面貌比较有系统地钩稽出来。书出版后，国内外的反应还不错：国内除商务印书馆而外，又经高等教育出版社及中华书局等出版单位重印了数版，国外则先后曾被翻译为日本、苏联、韩国等几国文字，闻世界语和英语的翻译也正在进行。我知道这并不是此书学术造诣高深的表现，只不过是神话中原有的文学琴弦发出了洪亮的声音，召唤了无分地域的中外读者，使他们对具有深厚文化基础的中国神话感到了兴趣。

但那是一部连缀神话资料碎片加以演绎使成为故事的书，虽然夹叙夹议，究竟是叙多而议少，重在整理而不重研究。只有当所集资料或有阙佚、或前后矛盾抵牾时，才由作者从叙述中探出头来，说几句他是如何弥缝、安排这些资料的，一般只是埋头叙写，不作惹厌的饶舌。在整理过程中，时时感到有些神话的团块（即集零散神话资料为一团的较大的构件），值得对它们作些较细致的梳扒和较深入的研究，而这种题外的论述，却是故事书中发挥不出也不适宜在故事书中发挥的。此念梗隔于胸，几经世事沧桑，不觉便过了将近二十年。

是十年动乱的末期，大的风暴已经过去了，还有些小的风浪时起时伏，但已和我干涉不大。我只把自己关在穷巷的一间小屋里，做些人笑其痴的《神话词典》的编写工作。然而资料来源相当困难，编写工作也就只好时作时辍。本书的初稿，就是在编写《神话词典》停工待料的间隙中勉力完成的。初名《中国神话漫谈》，子目概论二十，分论八十八，合共一百〇八，适符梁山好汉之数。虽然解决了些神话团块中存在的问题，却也厌其丛杂琐碎，无心更作清理，便弃置至今，一晃又是十二三年。

现在各项工作，大致已了，家居稍暇，又将它从书橱中检点出来，翻看一遍，觉得也还有些意思，可以作为《中国古代神话》的补充，让它从研究角度来探讨中国神话的整理问题，使二书能互相依存，并行不废。因而又费了数月的心力，补充，删汰，修订细节，边抄边改，调整概论子目为十二，分论子目为八十七，合共得子目九十九：不充梁山好汉之雄，但存《易经》"未济"之实；又易原拟的书名《中国神话漫谈》为《中国神话通论》，取贯通而论之的意思，本书的面貌和微旨就大略于斯了。抄改既毕，聊赘数句，希望能找到一个合适的出版单位予以出版，让它对爱好神话的莘莘学子多少有些帮助。

袁珂
1989.9.24
于成都

目 录

概论之部

一　从《山海经》谈起……… 3
二　神话的起源……… 8
三　神话与宗教……… 14
四　神话与仙话……… 19
五　历史人物的神话……… 25
六　通向文学的神话……… 30
七　中国神话发展的途径…… 35
八　零散的中国神话………… 40
九　中国神话的散亡与整理… 45
一〇　中国神话的特色……… 50
一一　少数民族的神话……… 55
一二　研究神话的初阶……… 62

分论之部

一　世界的构成……… 71
二　造物主……… 75
三　盘古与盘瓠……… 78
四　女娲的功绩……… 81
五　婚姻之神的女娲………… 85
六　女娲与伏羲……… 88
七　天梯……… 93
八　伏羲与燧人……… 96
九　廪君与盐水女神……… 100
一〇　填海、追日……… 103
一一　断首、触山……… 107
一二　归墟五神山……… 110
一三　发现药草的神农…… 114
一四　炎帝和他的后裔…… 117
一五　炎帝诸女……… 120
一六　黄帝和昆仑山……… 124
一七　视肉、离朱……… 129
一八　神国最高统治者…… 132
一九　黄炎之争……… 137
二〇　炎帝与灶神……… 140
二一　战神蚩尤……… 143
二二　黄帝神话的仙话化…… 148
二三　黄帝制器……… 152
二四　蚕桑的神话……… 156
二五　牛郎织女……… 160

二六	牛女神话的近亲和旁支	164
二七	少昊鸟国	167
二八	少昊神话的西移	170
二九	颛顼"绝地天通"	174
三〇	人神之间的颛顼	178
三一	疫神帝颛顼	181
三二	"《山海经》所有怪物"	185
三三	帝俊的出现	189
三四	创造发明者	193
三五	"使四鸟"	197
三六	帝俊、帝喾和舜	201
三七	始祖的诞生	205
三八	尧射日及其他	209
三九	沉湮的丹朱神话	213
四〇	舜服野象	217
四一	"鸟工""龙裳"	221
四二	舜的亲属	225
四三	羿射日除害	229
四四	"十日"始末	233
四五	羿"射河伯，妻雒嫔"	237
四六	河伯杂评	241
四七	嫦娥奔月	245
四八	西王母	249
四九	仙人不死	253
五〇	逢蒙杀羿	258
五一	尧洪水	262
五二	神国的叛逆者	265
五三	禹承父业	271
五四	禹逐共工	274
五五	助禹治水的诸神	278
五六	无支祁	282
五七	涂山氏	285
五八	禹游历九州万国	289
五九	大人国和小人国	293
六〇	长寿国	297
六一	异形国和异禀国	301
六二	神性英雄的堕落	305
六三	益与启的斗争	309
六四	有穷后羿	312
六五	孔甲畜龙	316
六六	空桑中的婴儿	320
六七	成汤伐夏	324
六八	桀与妹喜	328
六九	傅说星	332
七〇	羑里之囚	335
七一	太公遇文王	339
七二	武王伐纣	343
七三	纣与妲己	347
七四	穆王西游	351
七五	徐偃王	355

七六 "檿弧箕服"……… 359	八四 蜀开国者……… 388
七七 苌弘之死……… 362	八五 杜宇与鳖灵……… 391
七八 仙人王子乔……… 365	八六 五丁开路……… 394
七九 老子与关令尹喜……… 369	八七 李冰斗江神……… 398
八〇 眉间尺……… 373	
八一 韩朋鸟……… 377	**参考书目**……… 402
八二 鲁班的传说……… 380	**出版后记**……… 406
八三 秦始皇……… 384	

概论之部

一　从《山海经》谈起

研究中国神话,如果不首先从《山海经》着手,那简直可以说是无从谈起。因为谁都知道,中国神话的特点,是材料零碎散乱,东一处西一处保存在浩如烟海的古书里,搜集匪易,辨伪尤难。假如一开始就把精力耗费在盲目的搜寻材料中,那一定会乱流失津、劳而少功的。而《山海经》却给我们提供了这样一种方便:《山海经》是保存中国神话材料最多的一部古书,虽然也很零碎,却比较集中,并不十分散乱,是它的优点之一;所有神话材料,都接近神话的本来面貌,篡改的地方绝少,是它的优点之二。有此两个优点,所以我们研究中国神话,必须先从此书着手,大致将此书弄通了,然后再谈其他。

先说此书的性质。书名《山海经》,根据我的研究,"经"不是"经典"的意思,而是"经历"的意思;"山海经",就是"山和海之所经历"或"所经历的山和海"。从其外貌结构看,好像是一部地理书,所以目录学家多把它分在地理类,但这并不妥当。后来又有通达一点的学者将它改列在小说类,从文学的角度看算是比较妥当了,但对它的真实性质仍然没有认识得太清楚。直到1923年鲁迅撰写《中国小说史略》的时候,才对《山海经》的性质作了一个著名的论断:"盖古之巫书。"用了一个"盖"字,是探讨拟想之辞。经我初步研究,觉得"巫书"之说,大致可以落实,连"盖"字也用不着了。《山海经》之为巫书,除鲁迅所举"所载祠神之物多用糈(xǔ,精米),与巫术合"一点而外,我还可以举出以下四点,作为补充。

一、《山海经》记载巫师活动的地方很多:《海外西经》有巫咸国,说登葆山是"群巫所从上下",即上下于天的地方;《大荒西经》有灵山十巫,也"从此升降",即升降于天;《海内西经》有昆仑山巫彭、巫抵等六巫,"夹窫窳（yà yǔ）之尸,皆操不死药以距之";《大荒南经》有帝舜的后裔巫载民,"不绩不经,服也,不稼不穑,食也";《海内南经》有"夏后启之臣曰孟涂,是司神于巴,巴人请讼于孟涂之所,其衣有血者乃执之",观其所为,孟涂也是个巫师。

二、《五藏山经》诸篇后所载祀神典礼及祭物,皆为巫术活动的具体表现。兹录其一,略见一斑:"凡岷山之首,自女几山至于贾超之山,凡十六山,三千五百里。其神状皆马身而龙首。其祠:毛用一雄鸡瘗（yì）,糈用稌（tú）。文山、勾檷（nǐ）、风雨、騩（guī）之山,是皆冢也,其祠之:羞酒,少牢具,婴毛（用）一吉玉。熊山,席也,其祠:羞酒,太牢具,婴毛（用）一璧。干儛（wǔ）,用兵以禳（ráng）;祈,璆（qiú）冕舞。"

三、神话和宗教关系密切。鲁迅在《汉文学史纲要》中说:"巫以记神事。"巫为什么要"记神事"? "神事"者,神话的别称也。在我们是把神话当作文学欣赏的对象,在古代则是宗教重要的内涵。《山海经》所集神话材料独多,正足见它和中国的原始宗教——可以权称之为巫教——关系的紧密。

四、《山海经》旧称禹、益所作,当然绝不可信,并非事实。但如果说处于原始社会的禹、益是实有其人,而他们的身份又都是酋长而兼巫师（尤其是禹）的话,则可说此书的大部分神话内容很可能是由禹口授给他的徒辈再一代代承传下来的。由于后来的附益,连口授神话的禹,也成了书中的神话人物了。旧来巫师作法,有一种特殊的步态容止,称为"禹步"。这也可以作为在后人悬想中禹曾经是巫师的一证。

根据鲁迅先生所说以及我补充的几条看,《山海经》的性质是巫书,大致没有什么问题。

作为巫书的《山海经》,其内容便是由于古代巫师若干世纪的承传附益积累,再由不同时期巫师群中的不同作者(可能还有才士文人参与其事)将它们笔之于书这样成就起来的。古代的巫师,实际上就是古代的知识分子,甚而可以说是高级知识分子。他们并不是浅薄无知的,一切文化知识都掌握在他们的手里。就是说,一切文化知识都要通过巫师的手进行传播。因而在这部书里,除神话传说外,还涉及地理、历史、宗教、民俗、历象、动物、植物、矿物、医药、人类学、民族学、地质学、海洋学,等等,真可以说是一部奇书,一部古代人们生活日用的百科全书,虽然全书只有三万一千多字。为什么以神话为主的一部巫书竟会包括那么多学科?这也并不奇怪,因为这正是原始时代原始先民通过神话思维刻印下来的痕迹。所有探讨认识的这一切,都给蒙上神话或宗教的色彩。有些探讨认识,仍是比较正确的,那就成了科学的萌芽。《山海经》里记叙的神话,就是居于混沌形态综合体中和多种学科发生关系的神话。这正是原始状态或接近原始状态的神话,而不是从综合体中蜕化出来经过修改润饰的文学化的神话(虽然由于记录者文字手段高明,在某些段落中,已初步具有了文学的意味),因而给我们提供了很高的认识价值和研究价值。

《山海经》记录的神话,大都属于泰勒所说"万物有灵论"的神话,可以分为原始社会母权制时期、原始社会父权制时期和奴隶制社会初期三个阶段。

作为原始社会母权制时期的神话,有《大荒西经》所记的女娲之肠化为十神的神话。这个神话把作为女性开辟神的女娲的形姿大略勾画出了一些，但要观其全貌，还得参考其他文献资料的记载。女娲的最大功业，乃是在于造人和补天两件事，这都属于开天辟地性质的工作。盘古是众所周知的开天辟地大神，而这位男性的开辟神，却是直到三国时代才见诸记载的，可知其起源之晚。盘古"垂死化身"，化为山川草木、日月风雷等；而经所载女娲之肠，化为十神，却早已启其端倪。又女娲和伏羲本是配偶神，而盘古据有的学者说，乃是伏羲的音转。如所说无误，则其因神话的流传演变，使女性开辟神让位于男性开辟神的迹象，更是显明可见。除此而外，《北次三经》记叙的精卫填海神话，也当属于这个时期的产物。《中次十二经》记叙的洞庭山帝之二女神话，《海内北经》记叙的舜妻登比氏生宵明、烛光二女神话，这两对女神，也只有产生在原始母系氏族社会，才能具有那么重要的神格。至于《大荒南经》记叙的羲和生日，《大荒西经》记叙的常羲生月，羲和与常羲，虽然神格极高，却是作为"帝俊之妻"而生日生月的，那当已是进入父系氏族社会以后在神话上的反映了。而作为大祖母的女神，则当统一在如《归藏·启筮》（《大荒南经》郭璞注引）所记的"是主日月"的羲和身上才是。

男性的神和神性英雄开始受到注意而被颂歌，是从原始氏族社会母权制到父权制，乃至父权制确定以后才有的事。从这以后，出现了一大批这样的神和英雄，构成《山海经》神话的主要部分。神话中的最著名者，有夸父追日神话，刑天断首神话，鲧、禹治水神话，黄帝与蚩尤战争神话，等等。或表现为与大自然进行的斗争，或表现为部族与部族之间的争战，或属神国内讧，或带有反抗神的意愿：种种色色，充分展现出男性的阳刚之美，构成一幅幅宏丽壮伟的画图。《海内经》所记鲧、禹治水神话，其中"鲧复（腹）生禹"的情节，则是原始社会某些由母权制刚刚进入父权制的部落里男人乔装生子叫作

"库瓦达"的习俗在神话上的曲折反映，给我们提供了人类学和民俗学上很好的认识价值。

天帝的出现是奴隶制社会初期反映在神话上的显明标志。《山海经》里有众多的天帝：黄帝、颛顼、炎帝、少昊、帝尧、帝喾（kù）、帝舜……大都具有着神帝而兼人帝的神格，表明这些神话英雄人物，初由原始社会跨进了阶级社会的门槛，所以即使作为天帝，还有时难免遗留下一些部落酋长的形姿。唯独《荒经》以下五篇所记的有二妻为之生日生月的帝俊，其宇宙大主宰的色彩灿然分明，显然已是神帝而非人帝，表明帝俊是奴隶制社会确立以后的产物。帝俊即殷人奉祀的高祖夋（qūn），他又是作为祖先神而在神话上被夸张扬誉的。

进入奴隶制社会时期的神话，《山海经》所记不多，只有《大荒西经》所记成汤斩夏耕一段可以作为代表。夏耕断首，到巫山去逃避罪咎，和刑天断首、犬操干戚以舞形成鲜明的对比：不但状写了作为失败的奴隶主——夏桀一方（夏耕是夏桀的部将）的畏葸可耻，而且也正面歌颂了作为新兴奴隶主——成汤的神勇无敌。这段神话虽然简单，它却打破了神话只能和原始社会同终始、不能进入阶级社会的旧说，所以值得注意。

《山海经》还记有一段神话，展示了从原始社会进入阶级社会、阶级大划分的生动情景。我们将在分论"颛顼'绝地天通'"节中予以论述，这里就不多赘。

总之，《山海经》的神话是多方面的，是神话处于综合体状态和多种学科相结合的神话：有些只是有神而无话；有些是半神话，是残缺不全的神话；有些则近于奇闻异说，贴附在各种学科上面。正因为如此，所以它显得五光十色，绚丽多彩，如入深山宝谷，见到的都是琳琅珍宝，教人应接不暇。所以研究神话，应该以此书为首要的津梁。

二　神话的起源

　　研究神话，不能不涉及一个极重要的问题，即神话的起源的问题。神话的起源——即它产生的最早时期（上限），究竟在什么时候呢？要确切回答这个问题，很不容易。我也只能从原始思维的角度，就文献记载以及现在少数民族口传神话遗留的痕迹中试做过一些探讨。我国著名人类学、民族学学者杨堃先生在《论神话的起源和发展》（见《民间文学论坛》1985年第1期）一文中将神话起源推断为旧石器时代晚期，即蒙昧期的高级阶段，比马克思在《摩尔根〈古代社会〉一书摘要》中所说的神话产生于野蛮期的低级阶段略早。我是基本上赞成杨先生的推断的，因为较符合事实。而我根据自己的探讨设想，甚至比杨先生的推断更早。杨堃先生推断为旧石器时代晚期，其时已进入母系氏族社会；我的设想则在原始社会前期，即蒙昧期的中级阶段，那时人类还过着原始群居生活，便已有萌芽状态的神话产生了。这种神话，略近于后世所说的"寓言""童话"，而与后世概念中的"神话"则有较大的差异。

　　19世纪末叶，英国人类学者泰勒提出著名的"万物有灵论"以后，对学术界曾发生很大的影响，宗教起源和神话起源的问题由是得到了比较充分的说明。但是，这个学说是有缺陷的。随着时间的推移，已一天天地暴露出它的不足来。"万物有灵"，是说万物都有灵魂，以此解释原始社会后期母系氏族社会以后产生的关于自然崇拜、图腾崇拜等的宗教与神话是可以的，而对以前的情况则很难予以圆满的解释。早在三十多年前，已经有人指出：泰勒的"万物有灵论"，"并不是完全适当的一个名词"，"在宗教发展的开头阶段，人们还没有特殊的关于灵魂的概念；早期宗教意识实质上不过是人与自然浑然一体，自然具有活力这样一个一般的并且是颇不明晰的概念"（见柯斯文《原始文化史纲》）。后来，其他一些学者对泰勒的"万物有灵论"也各有批评。因而，泰勒的继承者马利特又提出"前万物有灵论"这样一个术语来作为它的补充。看来，这完全是有其必要，并且是合乎实际的。

我在1964年发表的《神话的起源及其与宗教的关系》（见拙著《神话论文集》）一文中，也对泰勒的"万物有灵论"做了适当的修正：

> 原始人萌芽状态的宗教观念，还不是泰勒所谓的"万物有灵论"。万物有灵，是说万物都有灵魂，原始人开始还不会有这样高深的宗教观念。原始人最初的宗教观念，大约认为大自然的一切，包括自然现象、生物和无生物，都像自己一样，是有生命、有意志的活物。如果像这样地来理解"万物有灵论"的所谓"灵"，那就接近问题的实质了。至于灵魂的观念，乃是从原始人对于人死这回事的虚妄的理解而逐渐得来的。

这种修正自然并不彻底。原始人最初的宗教观念（亦即神话观念），实在不是"万物有灵论"的"灵"所能概括的。后来我接受了"前万物有灵论"这样的概念，写了《前万物有灵论时期的神话》（见《民间文学论坛》1985年第4期）一文，才把神话和宗教起源的问题大致解决了。

神话和宗教起源的问题，看来谁也不应该在谁的前面。我先前以为宗教在神话之前，那是受了"万物有灵论"的影响而产生的误解。以为既然是神话，就应该有我们概念中所谓的"神"做它的内容的中心。其实"前万物有灵论"时期，在原始初民的思想观念中，并没有神，仅仅有一点萌芽状态的宗教意识，却仍然可以产生像我前面所说的近似童话或寓言的神话。所以我赞成潜明兹同志在《神话与原始宗教源于一个统一体》（见《北京师范大学学报》1981年第2期）文中的论点，应把神话与宗教的起源看作是同步，或者是一对孪生兄弟才对。

现在我们就试从神话研究的角度来谈谈神话起源的问题。

刚从动物脱离出来的原始人类，开始制造并学会使用简单粗陋的工具，从事集体劳动生产。在生产过程中，逐步使分节语言发展完善起来，借以交流经验，表达思想感情，并凭借着它从事简单幼稚的思维活动。这种思维活动的特征，乃是以好奇作基因，把外界的一切东西，不管是生物或无生物、自然力或自然现象，都看作是和自己相同的有生命、有意志的活物。而在物我之间，更有一种看不见的东西做自己和群体的纽带，就成为宗教意识的萌芽。这种物我混同的思维状态，法国学者列维·布留尔称之为原始思维；从神话研究的角度出发，可以叫它作神话思维；由此而产生的首批传说和故事，我们便叫它作神话。

最原始的神话当然不是什么开天辟地、创造人类之类，那已经是相当后起的了。处于蒙昧时期的原始先民还不可能有这么恢宏深远的想象。把这些放在神话故事的开头，那是神话故事的整理者（不管是巫师还是诗人、作家）有意识的安排。那时人们只能从物我混同的心理状态，就眼前所见切近的景物创造神话。白族史诗《创世纪》第一部"洪荒时代"描写洪荒时代的景象说：在洪荒时代，树木会走路，石头会走路，牛马会说话，猪狗会说话，鸡鸭会说话，飞鸟会说话，等等（见李缵绪《白族文学史》）。这些和自己一样能言会走的活物，就是早期原始人类创造神话的材料；自然这些材料在他们神话思维的眼光中已先神话化了。

最早的一批神话，实在便是一批动物、植物故事，尤其是描述禽言兽语的动物故事是神话的核心。先秦诸子书中有些寓言是以讲述动物故事为主的，说不定便是这类古代神话的转化。如"狐假虎威""鹬蚌相争""坎井之蛙""涸泽之鲋"等，但已经难于实指。早期原始先民用神话思维的眼光看世界，以身边切近的动植物为题材，从而创作出的首批神话故事，就其活泼生动的表现形式看，略近于童话；就其内容含意（任何神话故事，总是要包含一点用意的）看，又略近于寓言。因而原始社会的这类神话，流传演变到了后世，就成了童话或寓言，文学家得以利用它来驰骋想象，哲学家也得以利用它来发展思辨。它和童话、寓言不同之点只是在于：它所叙写的能言会走的动植物，在原始先民看来，都是实有的东西，而且因有看不见的纽带和这些东西相联系，精神上还会起到一种震颤；而童话或寓言里能言会走的动植物，却不过是拟人化的文学形象，或者竟是一种譬喻，一种假设。但童话和寓言的总根子，还是在古代神话。无怪《韦伯斯特英语词典》把"寓言""童话"列为"神话"的同义词，那是自有它的道理的。

在原始狩猎时代，和人们接触最频繁的是动物，因而表现禽言兽语、表现禽兽和人类打交道的动物神话，无疑占神话的主要部分。然而这些神话或者由于失了传，或者由于流传到后世变成了寓言、童话之类的东西，已很难找到还具有本来面貌的例子。不过根据史传记载，古代却有这样一个了解禽兽语言的人物，给我们提供了远古时期确实有过动物神话的信息，那就是伯益。《汉书·地理志》说："伯益知禽兽。"《后汉书·蔡邕传》说："（伯益）综声于鸟语。"伯益是传说中尧舜时代（这个时期相当于原始社会末期）的人。从伯益这个神话人物的身上，曲折地反映出了早期原始社会由于神话思维而感知的人和禽兽可以语言相通的一些情况。人可以和禽兽语言相通，禽兽之间自然更能语言相通，这就是产生动物神话的神话思维的认识基础。扩大这个范围，那么自然界的一切——花草树木乃至日月山川风云——都可以成为活物而进入神话表现的领域。因而原始社会前期的神话，若要根据其性质而给予一个概括的名称，我看可以称之为活物论神话较为适宜。

属于活物论神话的动物神话，大致残存在古代寓言中，已如上述。属于活物论神话的植物神话在古文献中已经很难见到了。因为既称"活物"，就须具有能言、会走两个条件。而《山海经》所记"范林方三百里"（《海外南经》）、"寻木长千里"（《海外北经》）、《淮南子·地形篇》所记"建木在都广，众帝所自上下"，等等，虽都具有一定神话的意味，但还不足当活物论植物神话之称。白族史诗中"洪荒时代，树木会走路"这样的话，在汉族古文献中尚未见到。只在后世民间传说如《中山狼》《天仙配》等里，才见到有老杏树能说话、诉其身世之苦；老槐树也能说话，而且做了董永和七仙女的媒人。这都可算是原始植物神话的遗存。《异苑》卷三所记三国吴孙权时，永康人所见的龟树共语的异闻，可能也是洪古时期动植物神话曲折传嬗下来的。

矿物如山石等原始神话的遗存物，在文献记录中还能见到一些，虽然已非本貌。《述异记》上说："桀时泰山山走石泣。"山能"走"、石能"泣"，也略带早期原始社会活物论神话的意味，虽然它是以记述妖异的面貌出现的。《艺文类聚》卷六引《尸子》说："禹产于昆石，启生于石。"《西游记》说孙悟空从花果山仙石中迸裂降生出来：石头能生子，也该是活物论时期神话思维的产物遗存于后世的。段成式《酉阳杂俎·物异》说："莱子国海上有石人，长一丈五尺，大十围。昔秦始皇遣石人追劳山不得，遂立于此。"石人和劳山居然赛起跑来，真是壮观的景象，推本溯源，仍应是原始先民的幻想。除上所举而外，还有山崖说话、山峰飞来等等的奇异，也是原始社会人类幻想的遗存，则从前人的笔记以及近人所集的民间故事中已有不少记叙，就不再详细举例了。

三　神话与宗教

前面我们说过，在原始社会前期，即蒙昧期的中级阶段，或旧石器时代的早中期，神话和宗教意识的萌芽是同时出现的。当原始人类把大自然的一切都看作是有生命、有意志的活物从而在口头创作出首批活物论神话的时候，在这些神话中就已经含有某些宗教的意识了。但是需要注意：这仅仅是宗教的意识，还并非宗教。真正的宗教，是需要伴随着一定的场所、仪式才能算作宗教的。

宗教意识的进一步加深，需要有一个灵魂观念的逐渐形成。而灵魂的观念，则是从原始人对于人死这回事的虚妄理解而逐渐得来的。刚刚进入历史的原始人，的确浑噩得像动物，连生和死都不能分辨。后来渐渐能理解到受创出血的死，但是对于睡眠状态的死还是不能理解。再后来连睡眠状态的死也能理解了，却又因为做梦看见死者向他走来，因而幻想人的身体内有一个灵魂住在里面，人死了就是灵魂离开了躯壳，然而灵魂也许还能重新回到躯壳里让死者复活起来。基于这种虚妄的观念，才有埋葬死者和殉葬等最初的宗教仪式出现。

由于相信人有灵魂，推而广之，自然界的万事万物，也都被设想为有灵魂的了。"万物有灵论"实际上是从这个时候才开始的。这个时候，应当是在蒙昧时期的高级阶段，即旧石器时代的末期，也就是母权制氏族社会从发生到发展的时期。

"万物有灵论"是原始人对自然界各种物事初步的拟人化。以为环绕在他们周遭的自然界物事有神灵主宰，能够为祸为福于人，由此而产生的对自然的崇拜，就成为原始的拜物教。水、火、太阳、月亮、石头、大树、牛、蛇等，都可能成为他们崇拜的对象。

《山海经·山经》所记叙的各种山林水泽的怪神怪兽，《海经》所记叙的火神祝融、水神河伯、海神禺虢（guó）、禺京，《楚辞·九歌》所记叙的日神东君、云神云中君，《国语·鲁语》所记叙的展禽劝止臧文仲祭祀的海鸟爰居，《搜神记》所记叙的秦时走入丰水、化为青牛的树神，《华阳国志》所记叙的五丁为蜀王作墓志所立的大石（巨石崇拜），等等，虽然已经演变，但从中仍可见到原始社会自然崇拜的迹象。

原始人的宗教观念并不是很单纯的。除以上所说的而外，图腾主义也是原始人的宗教观念的有机组成部分之一。图腾（totem）一语，出自北美印第安部落联盟之一的亚尔京干人，意思是"它的亲族"。图腾主义相信人和动物、植物乃至自然现象以及无生物之间，存在着某种不可见的联系。在母权制氏族社会的发生期，图腾主义就开始有了。当时人们依母系为中心建立起社会组织，住在一定的社会地区打猎和采集野果。由于如上所述的宗教观念，也由于社会生活和经济生活的实际需要（需要有别于其他氏族和对生产对象进行劳动分工），就很自然地认定某一动物或植物为自己氏族的图腾，相信氏族成员和被认为图腾的动物或植物有亲族的关系，从而产生图腾崇拜的宗教仪式以及禁止伤害或食用图腾动植物的规定等。氏族的图腾多半是动物，其次是植物，也有少数是自然现象或无生物。由于当时人们还过着半血族群婚制的"不知有父"的生活，并且根本不知道性交和生育的关系，因而妇女生孩子往往被认为是图腾钻进了肚子，后来一切感生神话的兴起，追本溯源，都应当是从这个时候开始的。

这就是所谓的图腾主义，或者图腾崇拜。

图腾主义在我国古代神话（或历史）的记叙中曾留下许多痕迹。如说黄帝号有熊氏（见《史记·五帝本纪》裴骃集解），可能黄帝就是属于熊的图腾；又如说"黄帝与炎帝战于阪泉之野，帅熊、罴、狼、豹、貙（chū）、虎为前驱，（以）雕、鹖（hé）、鹰、鸢为旗帜"（见《列子·黄帝篇》），可能就是作为部落联盟酋长的黄帝，率领着这些以鸟兽命名的氏族集团与炎帝（实即蚩尤）在阪泉地方作战；又如说蚩尤死后，"太原人祭蚩尤不用牛头"（见《述异记》卷上），可能蚩尤的氏族图腾就是牛；又如说"太皞（hào）庖牺（伏羲）氏，风姓，蛇身人首，有圣德"（见《史记·司马贞补〈三皇本纪〉》），可能伏羲的氏族图腾就是蛇，等等。这使我们知道在我国原始社会确曾有过图腾崇拜的风习。

原始宗教的另一个有机组成部分是魔术即巫术。巫术是基于这样一种歪曲的、虚妄的信念：相信人和自然界之间存在着一种看不见的联系和影响，个别的自然现象可能影响人，反过来人也可能用种种幻想的手段去控制自发的、害人的自然现象。原始宗教的一切仪式差不多都充满着巫术的色彩。巫术施用的范围，最初是人对付自然，后来便扩展而为人对付人（一个集团对付另一个集团、个人对付个人）了。巫术当中最为常见的一种，便是咒语，人们相信凭借语言的力量可以去影响自然和制胜敌人。

从我国古书的记载中，亦可见到有关巫术的直接叙写，如《六韬》载姜太公画丁侯的图像而射之，《拾遗记》载苌弘为周灵王从空中招致能"变夏改寒"的两个异人；也可见到咒语的力量，如《山海经·大荒北经》载旱魃给逐魃者的咒语一咒，就马上逃跑，以至天降大雨；也可以于神话的外衣下见到施用巫术的痕迹，如黄帝和蚩尤战争，蚩尤作大雾，请风伯雨师纵大风雨；黄帝以夔牛皮为鼓，吹角为龙吟等。虽写神通，实状巫术。如此，等等，在古书的记载里是不少的。

总之，原始宗教发展到巫术盛行的阶段，就表明原始人虽说实际上还是无知的和软弱的，但是在他们的思想观念中，已经有了要用各种虚幻的方式去控制自然、战胜敌人的愿望。这种愿望，便和神话所表现的某些精神实质，有些相近了。

作为原始宗教组成部分的巫术，虽然也幻想通过某些虚幻的方式去控制自然、制胜敌人，接触神话的某些精神实质，但是仔细考察起来，巫术和神话仍然是有本质上的区别的。这是因为巫术所采取的那套根本不可能达到目的的方式，乃是彻底唯心主义的；它的产生和流行，足以说明那个时代人们的愚妄。巫术发展下去，只能成为纯粹欺骗人的幌子。而神话，虽说也带着浓厚的幻想和想象的色彩，但神话的幻想和想象的翅膀所翱翔的地方，却每每成了科学上创造发明的先声。高尔基在《苏联的文学》一文中所举的"快靴""飞毯"，一夜造成宫殿，一夜织成大量布匹等例子不必说了；我国神话中也有奇肱国人造飞车、公输般做木鸢、黄帝造指南车、偃师做能歌善舞的木偶人，千里眼顺风耳、扁鹊易心、嫦娥奔月，等等。这一切可说都已经被科学所实现了。神话，它的基调实在是唯物主义的。

我国神话中的女娲补天，古书上说，是熔炼五色石子去补苍天的窟窿；现代民间传说更说，女娲圣母拣选了三万六千块大青石，去把天空中的窟窿镶补好，后来就成了天上的星星。这一神话就具有朴素的唯物主义风格。又如精卫填海，投下的是小石子、小树枝；夸父追日，是用他的长腿；刑天断首，是"以乳为目、以脐为口、操干戚以舞"；羿射日除害，真的就是用箭去射，用肉体去和诸怪搏斗……

这些神人的行迹,差不多都是用艰苦卓绝的体力劳动去征服自然,战胜敌人,很少看见施用什么神通法术。我国古代神话的可爱可贵处,就在于它的基调是唯物主义的而不是唯心主义的,所以它永远激励人心,鼓舞斗志,具有永久的魅力(马克思语),成为文艺园苑的一朵奇葩而被人欣赏。它和宗教以及原始宗教的组成部分的巫术之类相去自然很远了。

四 神话与仙话

在中国古代,有一种和神话同属幻想虚构,然而性质却比较特殊的故事。这种故事以寻求长生不死途径为其中心内容,进而幻想人能和仙人们打交道,终于由仙人们的导引,采取各种修炼的方式而登天。故事的大体模式虽是这样,表现出来的面貌却是多种多样、丰富多彩的。这种故事,我们叫它作仙话。仙话和神话,就其精神实质而论,有它相同的一面,也有差异较大的一面。相同的一面,是神话不屈从于自然和命运的支配,仙话也是如此。万物有始必有终,有生必有死,人亦同然。用科学的眼光看,这实在是一个无法违抗的自然规律。而仙话表现的种种,竟然违抗了它,用幻想的胜利(升仙)来向威胁人类最大的噩运(死亡)进行了挑战。我们曾叹赏神话中"夸父追日""精卫填海""愚公移山"的精神为勇壮,为"知其不可为而为之"的难能可贵;而仙话在这方面表现的精神,似乎也差足当之。不同的一面,是仙话的出发点,终于是个人主义和利己主义的。它和古神话里所表现的神人们的那种奋斗牺牲、振民济世的精神当然是很有差异的。古仙话已是如此,道教建立以后,那种专以炼丹修行、服食采补为能事的后代大多数仙话,更是等而下之,少有可观了。

但是,道教毕竟是中国本土产生的宗教。仙话虽然并不始于道教的建立,但道教建立以后,却推波助澜,促进了仙话的发展。而仙话的发展,也使道教的基础更加巩固。道教和仙话之间,自然有着密切不可分割的关系。这些仙话，实际上可说便是道教的神话。既然我们承认了出于巫的原始宗教的神话，道教的根柢也在巫，为什么又不能承认道教的仙话呢？所以我说仙话是中国神话的一个分支，尽管它的糟粕较多（就是神话，也有少量糟粕），我们还是应该将它置于中国神话的考察范围以内，这才是研究中国神话应有的恢宏的气度。

现在把神话和仙话相通的四点理由略述于下：

一、神话人物的仙话化，使仙话与神话相通。由于神话的发展、流传和演变，神话人物渐渐浸染上了仙话的色彩，走上了仙话化的途径，这就使得神话和仙话、神话人物和仙话人物之间有互相沟通之处，难于做明确的辨析。最显著的例子莫过于黄帝神话的仙话化。《山海经·西次三经》写黄帝在峚（密）山服食玉膏，那光景就和后世炼丹修行的道士几无二致。可见仙话侵入神话范围之早，也可见二者之间原无大的差别。而黄帝最明显的仙话化事端，是《史记·封禅书》所记他在荆山脚下铸鼎，鼎成，有龙垂胡髯在鼎上，来迎他骑龙升天一事。《史记》描写此事，气氛十分热烈。黄帝鼎湖升天，后来竟成为文学有名的典实。而就在后世所传的黄帝与蚩尤战争的神话中，也有仙人或神、仙难别的人物掺杂其间。例如广成子，是有名的仙人，却传说他曾教黄帝以夔牛皮为鼓，制服了蚩尤（见吴任臣《山海经广注·大荒北经》引《广成子传》）。又如玄女，也曾以"人首鸟形"的姿态，自天而降，教黄帝"万战万胜"之法，像是神女；后来又明说是为"王母"所遣，自称"九天玄女"，"授（黄）帝以三官五意阴阳之略，……灵宝五符五胜之文，遂克蚩尤于中冀"，道姑的形象相当浓厚，显然又该是仙女（见《太平御览》卷十五引《黄帝元（玄）女战法》及《广博物志》卷九引《玄女法》）。像这类神话与仙话杂糅难分的地方，正说明了黄帝神话仙话化的总的趋向。这方面他的"同母异父"兄弟炎帝的情况似乎好些。他本人似乎少有仙话的迹象可寻，但是他的几个女儿，除变为小鸟精卫衔石填海的女娃纯系神话人物而外，其余都不同程度地仙话化了。尤其显明彰著的是曾经托梦给楚怀王自荐枕席的巫山神女瑶姬。到唐末道士杜光庭在《墉城集仙录》里记叙的帮助大禹治水的瑶姬，却成了"王母"（西王母）的"第二十三女"，有着"在人为人、在物为物"、变化无方的能力，完全成了道行高妙的仙女了。然而这个仙女的品质，倒真具有古神话英雄人物的品质。要说是神话吧，这段穿了仙话外衣的瑶姬助禹治水的故事，倒算得上是真正的神话。由此可见神话、仙话的难别。西王母这个神话人物的变迁，从神人变到仙人，大概也经过一个自然的演变过程，而以嫦娥窃药奔月为西王母神话仙话化的契机。西王母既然有了不死药，这就使她由神人逐渐转变做了仙人，因为仙话的中心思想是以长生不死为鹄的的。嫦娥窃药奔月，嫦娥这个神话人物（她是"生月十二"的帝俊妻常羲的演变）便成了月中的仙人。可见神话、仙话原可互相沟通。

二、长生不死的思想是仙话与神话共有的。一切仙话，固然以长生不死为其中心思想，莫不围绕着此一思想而展开其故事情节。但是，此种思想，在中国和外国的神话中，其实也并不缺乏。古巴比伦的史诗《吉尔伽美什》就是一个显明的例子。史诗叙写曾经为民除害的神话英雄吉尔伽美什，由于他的好友恩启都的死，在死亡面前困惑彷徨了。他怀着探索自然法则和人生奥秘的强烈愿望，长途跋涉，翻山越海，终于从列入神籍的先祖那里得知有一种仙草可以"将生命获取"。可是当他跳进深渊去探取仙草，仙草已经摘到，不幸却在归途中被蛇叼去。吉尔伽美什只得"悲痛号啕，满脸泪水滔滔"，凄凉地回到他的故居乌鲁克城。史诗的基本内容是相当古老的，据说在公元前三千多年的苏美尔和阿德卡时期已经具备雏形。可见珍爱生命、盼望长生不死原是人类共通的心理。大约在原始社会末期，人们在其生活实践取得的认识中，已经对死亡问题有所思考了。已故学者林惠祥于其所著《神话论》第五章中，举出北美平原黑足族印第安人、北美太平洋海岸印第安人、非洲沮鲁人、非洲巴干达族人等关于死亡探讨的种种神话。大意说人本来不应该死，但由于某种失误，后来终于死了，等等，便可以作为上述推论的证明。保存神话资料最丰富的《山海经》中，也有不死国、不死民、不死山、不死树，乃至不死药等记述，可作为不死思想原是神话、仙话所共有的证明。至于少数民族神话如苗族叙诗《榜香由》中的豆楼仙果，纳西族神话《崇人抛鼎寻不死药》中的延寿草和回生水，拉祜族神话《纳布娄斯》中的纳布娄斯即起死回生树，更是所见非鲜，给我们提供了神话里也有仙话的某些根源的信息。

三、神话和仙话的法术变化彼此相通。如果说长生不死思想是仙话的骨骼，其中一部分和神话相通，那么构成仙话情节的许多法术变化就是它的肌肉，它和神话所表现的种种幻想虚构的东西几乎就是完全相通的了。先拿形体变化来说，神话有盘古化生万物，女娲之肠化为十神，女娃化为精卫，杜宇化为杜鹃，高辛氏的两个儿子化为参、商二星，鲧化黄龙跃入羽渊，禹化熊开山，颛顼化为鱼妇死而复苏，等等；仙话则有王子乔化白蜺、化履、化大鸟，丁令威化鹤，修羊公化白石，黄石公化黄石，左慈化羊，等等，也是多难胜举的。至于法术方面，神话里展示的法术，实际上是来源于原始社会的巫术。原始先民为了生活和生产的需要，企图用语言和一些模拟的行动来控制自然，战胜敌人，于是产生了巫术。这反映在神话上就成了神或神性英雄所具有的神通和法力。仙话中仙人或术士具有的神通法力实际上也来源于巫术。道教经典《洞神八帝元变经·禹步致灵第四》说："禹步者，盖是夏禹所为术，召役神灵之行步，以为万术之根源，神机之要旨。昔大禹治水……届南海之滨，见鸟禁咒，能令大石翻动。此鸟禁时，常作是步。禹遂摹写其步，令之入术。自兹以还，术无不验。因禹制作，故曰禹步。"禹步是道教主要的方术之一，而其来源，乃在古代的巫术。而且和神话人物大禹直接挂上了钩，由此可见仙话的法术和神话的法术差别甚微。二者的例子要举起来实在太多，就从略了。

四、仙话中有积极意义或至少是无害的部分与神话相通。中国神话的一个最主要的特色，就是从神话里英雄们的斗争中，我们常常可以见到那种为了达到某种理想，敢于战斗、勇于牺牲、自强不息、舍己为人的博大坚忍的精神。这种精神，在仙话里确实是稀有的。仙话的中心思想是长生不死，虽然也是一种对人生的探求，一种对命运的搏斗，但出发点毕竟是个人主义，它和神话的主要精神是不相同的。但也有一小部分仙话，它的内容情景特殊，可以和神话相通。一种是仙话中有拯民济世思想表现的，如像许逊诛蜃、赵昱斩蛟、樊夫人刺白龙等，其主人公勇武果决的精神，并不亚于神话英雄人物。另一种仙话，是教人诚心坚信、百折不挠、有志竟成的。如像《真诰·甄命授》记的老君教傅先生用木钻钻石盘，钻了四十七年，钻尽石穿，终于得道，升天而去；《神仙传》卷七记的张道陵七试赵升，第七试是悬岩摘桃，亦惊险万状，赵升终于通过考试而成了仙；又如像《东游记》记叙的"八仙过海、各显神通"事，其施法虽殊，而坚信则一，故风浪中的八位神仙，终俱得渡海。像这类仙话，无疑是有益人们心志的。还有一种仙话，民间神话的色彩灿然。像《裴航遇云英》《刘阮入天台》《萧史弄玉吹箫引凤》等，描写的都是人仙恋爱，它和汉代所传描写人神恋爱的《园客与神女》《董永与织女》等神话初无二致，而风光旖旎，则又过之。还有一种是显示仙乡乐土的仙话。这类仙话在阶级社会中虽然有引起人们逃避现实斗争的不好的方面，但也有展示洁身自好的小生产劳动者追求人生理想的好的方面。《山海经·大荒南经》记叙的巫载民，《海外西经》记叙的沃民，《列子·汤问篇》记叙的终北国，都是古神话中的仙乡乐土。仙话中叙写的仙乡乐土，陶潜《搜神后记》卷一记的"袁相、根硕入赤城"就已经启其端倪。后来又有刘义庆《幽明录》所记的"刘晨、阮肇入天台"，都是同一类型的故事。海外的仙乡乐土，则有《史记·封禅书》记的三神山，《列子·汤问篇》将它扩充为五神山，《十洲记》又扩充为十洲三岛。最后这一扩充，写得陆离光怪：仙乡的色彩固然还有，乐土的意味似乎反倒少些。总的说来，这类仙话，所以能和神话相通，因为它们那种超现实的奇幻境界，会起到使人开拓视野、扩展胸襟的作用的缘故。

有了以上所说的四点理由，所以我们应该承认仙话是中国神话的一个分支，而将仙话纳入中国神话的范围内予以考察。

五　历史人物的神话

　　研究中国古代神话，有一个复杂、有趣、值得探讨的问题，就是神话人物本身的性质问题。不能简单地断定，神话人物都是虚构的。固然，大部分的神话人物，例如开天辟地的盘古、火神祝融、水神玄冥、木神句芒、金神蓐收、土神后土、河伯、雨师、风伯、四海海神、诸山山神、玄女、素女、瑶姬、精卫、夸父、刑天、共工、烛龙、相柳、钦䲹（péi）、贰负、窫窳……自然一望而知其为虚构。这类神话人物，是最纯粹的、百分之百的神话人物。可是论到其他一些神话人物，比如说与盘古同属开辟神的女娲吧，问题就没有那么简单了。女娲蛇身人面，造人补天，论理应该算是虚构人物，然而却不能说这个人物是百分之百的虚构。在女娲的身上，似乎总还残留着——或者不如说是闪动着——一二分远年历史上"大祖母"的影子吧。女娲当然并不代表具体的某一祖母，却能够代表某一段时期的祖母之群。近十多年来我是逐渐比较相信"史影"之说了。我认为相当一部分神话并不都是凭空虚构的，从神话五光十色的三棱镜中，总或多或少会曲折地反映出一些历史的面影来的。女娲的情况是如此，至于西王母，她身上的"史影"可能就更多些。"蓬发戴胜、豹尾虎齿"，可能是某偏远地区一个部落酋长幻想折射的写像，后来演化为穆天子去晤见的雍穆的人王，当然是顺理成章的事。论到黄帝、尧、舜、禹等神话人物，他们身上历史的面影就更为浓厚。黄帝在神话中虽然表现为具有上帝身份的至高无上的天神，但从他和炎帝以及蚩尤战争的情况看，又隐隐显示出他在原始社会后期作为部落联盟酋长的身份。神话中的尧、舜、禹，除禹的天神性较重而外，尧和舜都已经由神性渐趋向于人性了。因而要把这些神话人物看作是纯属虚构，那是很难做出这种勇敢的判断的。只能这么说，他们有可能是出于虚构，但也很有可能是原始氏族社会时期的著名领袖，确实为人民做了不少好事，受到人民的尊崇敬爱，因而在传说中将他们神话化了。

还有一种是，历史上确有其人，由于他们所做的事业得到人民的拥护，人民在他们的口头文学——民间传说中，给这些人附会上了神话的因素，使他们一方面既作为历史人物，另方面也并不妨碍以神话传说人物的身份出现在神话传说中。高尔基说："古代'著名的'人物，乃是制造神的原料。"（《苏联的文学》）不错，这完全是有此可能的。像伊尹、傅说、成汤、姜太公、李冰乃至秦始皇等，这些都是确凿有据的历史人物，然而也都几乎成了半神的人物。以这些人物为题材而创作的神话（自然先是口头创作，然后才记录为书面文字），哪怕是零星片断，我们也该予以承认，纳入神话考察的范围。其他具有神话因素的历史人物我们在分论中还要大略谈到，现在且把我国历史上一个最著名的人物——孔子的情况谈谈。举此一例，庶见一斑。

孔子的生年卒年，以及平生事迹，都般般可考，是一个最翔实的历史人物。《论语》又曾说他"不语怪、力、乱、神"。像这样一个专以研究政治、哲学、伦理、道德为务的极平实的学者、教育家和思想家，照一般的情况而论，应该和神话很少关联了。是的，传说孔子还竭力否定过神话。像"黄帝四面"（《尸子》）、"夔一足"（《韩非子》）之类的神话传说，孔子一概不予相信，而巧妙地用历史的现象去解释它。孔门弟子一个个也都脚踏实地地研究学问，从不发表略带幻想的玄虚的言论。如果将孔子和他的门徒，和"神话人物"这样的词语联系起来，一定会使人感到吃惊，或许还会觉得是对于圣贤的亵渎的。

然而，事物往往依从辩证法的规律向着自己相反的方向发展。孔子和他的几个著名弟子，在民间传说中，都渐渐被附会上许多神话的因素，使他们不自觉地从历史人物走向了神话人物，最后是兼二者于一身。

拿孔子来说吧，《论语》说他"不语怪"，民间传说里他却大量地"语"了"怪"。诸如防风之骨、羵（fén）羊、萍实、奇鸧（cáng）、商羊等，都是孔子所语的怪。现在姑不论孔子语怪的事实，只说他本人身上的神话因素。《史记·孔子世家》说："颜氏女祷于尼丘，得孔子，生而首上圩（yú）顶。""圩顶"，就是头顶四旁高而中间凹，是个凹脑袋，相貌就很奇特。《法苑珠林》卷八引《春秋演孔图》说："孔子长十尺。"《太平御览》卷六九引《论语隐义注》说："孔子履长一尺四寸，与凡人异。"《吕氏春秋·慎大篇》说："孔子之劲，举国门之关。"《淮南子·主术篇》说："孔子足蹑郊菟。"菟是虎的意思，楚人方言，谓虎为菟：孔子一脚可以踢翻山野的老虎。以上传说，都把孔子描绘作雄赳赳的武夫的模样，一点也不像是文质彬彬的学者。《琴操·孔子厄》写孔子被匡人所围，"数日不解，弟子皆有饥色。……孔子乃引琴而歌，音曲甚哀。有暴风击拒，军士僵仆，于是匡人乃知孔子圣人，瓦解而去"。孔子的琴音，竟能呼来暴风，驱散匡兵，似乎比诸葛亮"借东风"还要神效。岂不是把孔子当作是一个具有神性的人物了么？孔子似乎确也有些不同寻常，从下面一个故事中便充分地表现出来：

> 孔子厄于陈，弦歌于馆中。夜有一人，长九尺余，着皂衣高冠，大吒，声动左右。子贡进，问："何人耶？"使提子贡而挟之。子路引出，与战于庭。有顷，未胜。孔子察之，见其甲车间时时开如掌。孔子曰："何不探其甲车，引而奋登？"子路引之，没手仆于地，乃是大鳀鱼也，长九尺余。孔子曰："此物也，何为来哉？吾闻物老则群精依之，因衰而至。此其来也，岂以吾遇厄绝粮，从者病乎？夫六畜之物，……老则为怪，杀之则已，夫何患焉。……"弦歌不辍。子路烹之，其味滋，病者兴。明日，遂行。(《搜神记》卷十九)

孔子能见怪不怪，指挥门徒和妖物作战，毙而食之，解了陈蔡之围，确实有超人的胆识。然而此非历史故事，乃是神话幻想，孔子和子路在这个幻想故事中一同染上了若干神话的色彩。

最使孔子具有神话色彩、成为神话人物的，是下面一个故事：

> 昔鲁人有浮海而失津者，至于亶洲，见仲尼及七十子游于海中。与鲁人一木杖，令闭目乘之，使归告鲁侯，筑城以备寇。鲁人出海，投杖水中，乃龙也。具以状告，鲁侯不信；俄而有群燕数万，衔土培城，鲁侯乃大城曲阜。迄，而齐寇至，攻鲁，不克而还。(《太平御览》卷九二二引崔鸿《(十六国春秋)北凉录》)

这是孔子死后多年的事了，忽然被鲁人发现他竟安然无恙，和七十门人弟子俱游于海上的亶洲；而且由于爱国心的激发，还授予鲁人一条龙杖，叫他乘了回去告知鲁侯，筑城备寇。后来事情发展的经过竟悉如预料：这里孔子及其门人岂不都成了神人或仙人了么？

是的，不仅孔子身上神话的因素浓厚，就是孔门的几个著名弟子，像颜渊、子路、澹台子羽、公冶长等，都各有不同的神话因素。公冶长识鸟音是众所周知的一段富有神话意趣的民间传说，从古到今流传下来，还流传到某些少数民族地区（如布依族），形成若干异文，几乎妇孺皆晓：这就是历史人物而有神话因素最能说明问题的。子路和澹台子羽都是著名的勇士，常和妖怪邪魅战斗，他们身上具有神话因素且不用说了；就连孔子最称赞的"贫而好学""不幸早死"的颜渊，在民间传说中，他居然也是一个无畏的勇士：

> 颜渊、子路共坐于门，有鬼魅求见孔子，其目若日，其形甚伟。子路失魄口噤。颜渊乃纳屐拔剑而前，卷扯其腰，于是化为蛇，遂斩之。孔子出观，叹曰："勇者不惧，知者不惑，仁者有勇，勇者不必有仁。"（《古小说钩沈》辑《小说》）

颜渊和鬼魅战斗，自然也是神话幻想，颜渊和孔子在故事中都充当了神话人物。连最不可能染上神话色彩的颜渊尚且如此，那么各个时期历史人物身上丰富多彩的神话因素就大有考察的必要了。

六 通向文学的神话

原始社会的神话，大致可以分为"前万物有灵论"和"万物有灵论"两个时期。"前万物有灵论"时期，是在母系氏族公社建立以前，属蒙昧时期从中级到高级阶段。这个时期的神话，是以讲述动植物故事和阐释自然现象为主；有一些萌芽状态的宗教因素，但并不十分浓厚。倒是文学的因素显得比较突出，从形式上看有点像后世的童话和寓言，却和后世的童话和寓言有本质的区别。那区别就在于，后世的童话和寓言中讲述的动植物或自然现象故事，不过是一种假设，或是一种比喻；而在早期原始人类口中讲述的这些，却以为是活生生的实有，所以它们是神话，不是童话或寓言。那时还没有"神灵"的观念，有的只是"活物"的观念。这些"活物"，不管是动物、植物，乃至山川日月风云，都被认为是和人类一样具有生命和意志的。这就是我们所谓的"活物论神话"。

到了"万物有灵论"时期（主要包括从原始母系氏族公社建立到整个原始社会解体这段时期），神话的发展就进入到一个以宗教为主的混沌状态的多学科的综合体中。这时候我们所看见的神话，便是各种学科和神话紧密地结合在一起（尤其是和宗教紧密结合在一起），文学的因素在这当中便隐而不彰了。《山海经》就是记录"万物有灵论"时期处在混沌状态多学科综合体中的一部巫书。然而我们研究中国神话，如果只把目光限制在《山海经》所涉及的范围，那我们的视野就未免太狭隘了。还须把目光从这当中解放出来，向下延伸。要看到神话中文学因素的发展，逐渐从综合体中分离出来，又和后来的宗教、历史、地理环境及民情风俗等相结合，造成千变万化、绚烂多姿的复杂情况。这就是我设想的广义神话。不看到《山海经》显示的神话，不得神话之真；不看到通向文学的广义神话，不得神话之全：譬如鸟之两翼，缺一不可。

神话，若要仔细研究，当然也很复杂，需要费许多笔墨。其实概略说来，它不过是原始先民通过原始思维探索自然环境和社会环境所讲述的故事。其中有迷信的因素，发展起来，就成为宗教；有科学的因素，发展起来，就成为天文、地理、历史、哲学等各种学科；有文学的因素，发展起来，就成为我们所说的广义神话。广义神话原本是存在于神话本身当中的，不过是循着审美的文学的这条主要发展途径发展下去所形成的。不是在神话本身之外，另有什么广义神话。

前面说过，神话在它的产生之初，即在"前万物有灵论"（活物论）时期，是比较单纯的。除了有点萌芽状态的宗教意识以外，最鲜明突出的，还是文学的因素。这方面的例子，少数民族神话中可举的很多，我们只需举壮族的《太阳、月亮和星星》这篇简短的神话来做说明就足够了：

相传，太阳、月亮和星星是一家人。太阳是父亲，月亮是母亲，星星是孩子。

太阳很残忍，每天清早起来，总要吃掉许多生命。它吃掉的不是别人，而是自己的孩子——星星。被太阳吃掉的星星流出许多许多的鲜血。每天清早，我们看到天边红彤彤的，那就是被太阳吃掉的星星流出来的鲜血啊！这时，没有被太阳吃掉的星星，就都赶忙躲起来了。所以，当太阳起来了以后，我们就看不到天上有一颗星星了。

尽管太阳每天都要吃掉许多许多的星星，但星星总是吃不完的。你看，每天晚上，还是有那么多的星星在闪烁呐。这是因为月亮每个月有十多天生孩子（星星）。我们看到月亮浑圆浑圆时，就是她怀孕的时期；我们看到月亮扁弯扁弯时，就是它生完了孩子呐。

月亮是个很慈善的妈妈。在明朗的晚上，它总是带着自己的孩子在天空里漫游。所以，每当明媚的夜晚，我们就看见月亮周围有满天星斗。它们在月亮周围欢欢乐乐地游戏，调皮地闪动着蓝色的眼光。

星星在晚上虽然很欢乐，跟着妈妈，绕在妈妈身旁游玩。可是，它们一想到白天就要被太阳吃掉，就忍不住悲哀起来。有时想一阵，哭一阵，洒下许多伤心的泪水。每天早晨，我们看到树叶上和草地上，有一颗颗亮晶晶的水珠，那就是星星掉下的眼泪啊。

这不是童话或寓言，实在是原始初民解释自然现象的活物论神话的很好的范例。谷德明同志以之编入《中国少数民族神话选》及《中国少数民族神话》，实在是非常恰当的。虽然在口头传述中，通过历史的长河，难免留下某些一看便清楚的积淀：如做父亲的太阳的残忍，做母亲的月亮的慈善，等等，无疑是原始社会后期从母系过渡到父系时期留下的。但是很明显，就它的基调看，它确不是"万物有灵论"时期的神话。因为其中并没有神灵的观念，它只是把太阳、月亮和星星都看作是等同于人类的活物。它仅有一点微弱的宗教观念，那就是日月星辰和人类之间还存在着某些看不见的联系。而更主要的，却是文学的因素。我们看这篇神话，岂不就像是一篇美丽的散文诗吗？其他几篇可以举以为例的活物论神话，如像苗族的《娘阿莎》《阳雀造日月》《公鸡请日月》，佤族的《老虎与蜗牛》，达斡尔族的《杀莽盖》，藏族的《马和野马是怎样区分的》，景颇族的《蝙蝠》，珞巴族的《阿巴达尼试妻》等，都有相似的情况。这样看来，我们可以大胆地说，文学的因素是伴随着神话与生俱来的。从神话起源的角度立论，审美的文学的因素实在就是神话的基因，当神话一开始以故事的形式出现的时候就有了这种东西。

　　文学因素虽是伴随着神话有生俱来的，但是随着神话的发展，我们又可看到一个很有意思的现象：就是文学因素的或浓厚或淡薄，是和宗教观念的或浓厚或淡薄恰成反比的。当神话刚产生时，由于那时人们的宗教观念相对地比较淡薄，神话的文学因素就显得十分浓厚；当神话发展进入"万物有灵论"时期，宗教的观念浓厚了，神话的文学因素便被掩盖在宗教观念和其他用神话眼光探求知识的多种学科中，变得暗淡无光了。这时开始出现许多主宰自然界的大小神灵，和企图用语言和行为来控制自然、战胜敌人的巫术，和作为神与人之间的媒介、沟通神人关系的巫师。巫师的出现最为重要，有了巫师，神话便作为宗教宣传的工具，在巫师祀神的袍服下，用以作宣传工具的神话便只见宗教的严肃，文学的活泼精神自然相对削弱了。

　　进入"万物有灵论"时期的神话，除了和宗教紧密结合而外，还朝着人类知识领域的各个方面，作横向发展。于是在天文、地理、历史、哲学、动物学、植物学、人类学、民族学、民俗学、医药卫生学，等领域，无不染上神话的色彩。巫师在原始社会的社会地位是很高的，他是那种社会模式中的知识分子。他除掌握宗教（神话）的知识外，还掌握其他如上所述多种学科的应有知识。而这些知识，又都是通过他的神话思维的特殊方式去探索获得的，故各种知识无不被打上神话的烙印。作为具有深层次神话性质的巫书《山海经》，就是这样一部体现巫师知识总汇的生活日用百科全书。

但是，神话向下延伸，终于还是会从综合体中逐渐分离出来。首先是从宗教意识中分离出来，走向以审美为主的自己的道路，即文学的道路。这个时期，大约是在原始社会解体、奴隶制社会开始的时期。这以后的神话，虽然可能仍夹杂着在综合体中夹杂过的其他一些因素，但只能算是残余，至于大端，则是以文学的因素为主了。以文学的因素为主的神话，便是我们所说的广义神话。

七 中国神话发展的途径

在混沌状态综合体中和宗教结合紧密具原始性的神话，一般可称之为狭义神话；从混沌状态综合体中脱离出来，走向神话本身固有的文学因素的文学道路以后，我们就可称之为广义神话了。

至于中国神话从狭义到广义的具体的发展途径，我看是有两大端。一是从混沌状态综合体中脱离出来，沿着文学化的方向一直发展下去，成为后来的神话小说和具有神话意味的说唱文学，等等。另一是有了文学化的倾向以后，又和后来的宗教、历史和地方风物、民情风俗等相结合，成为仙话中的神话、历史人物的神话和附会地方风物、民情风俗的神话，等等。这些神话，一般都产生在后世，距原始社会已经遥远；或即使是从原始神话演变而来，却明显能见其有文学渲染的倾向：都属广义神话考察的范围。

先说沿着文学化方向发展的一大端，这又分三种不同的情况。一种是本来是原始神话，经过后世的口传和记录，从记录中可以见到已有某些历史的积淀和文学化的倾向。如像《风俗通义逸文》（见卢文弨辑《群书拾补》）记的盘瓠神话，《搜神记》卷十四记的蚕马神话，就属这种性质；再如1964年第三期《民间文学》发表的陈钧搜集整理的《伏羲兄妹制人烟》以下三篇神话，也是由原始神话口耳相传，流传演变到了今天，再经记录者适当艺术加工整理编写而成：历史的印痕和文学化的倾向二者都可从中见到。这三篇虽是出于当代人的记录,却不得谓之非神话,自应属于广义神话所能概括的范围。

还有一种情况是,用了一些神话材料,编写为神话故事,因其生动逼真,在群众中有了较大的影响。群众爱之信之,认为故事中所说的一切,都是实有,从而产生了一些类似宗教的信仰。如像唐代李朝威的小说《柳毅》,李公佐的小说《古岳渎经》,明代吴承恩的长篇小说《西游记》等,便属于这种性质。这些小说,既是优美的文学作品,又是瑰丽的神话故事,所以感染性强,深入人心。《柳毅》小说问世不久,洞庭君山便出现了柳毅井,还给柳毅建了祠,塑了作为"洞庭神君"的柳毅神像。《古岳渎经》问世后,无支祁神话即流被民间,演为僧伽降伏无支祁或泗洲大圣降伏水母的故事;北宋时代且有造作了铁制的无支祁神像投入水中以镇黄河者。《西游记》问世后的影响更大,孙悟空很快便成为家喻户晓、妇孺皆知的神话人物,且有人专门在福建福州、广东潮州给这一神话人物建立了"齐天大圣庙",据说"香火甚盛"。这些现象说明什么?说明虽是文人根据神话材料造作的神话,却因为适应了神话走文学化道路的正确方向,在艺术上取得了辉煌的成就,有了强大的生命力,成为被群众信仰的新神话;像这样的神话,自是广义神话词义所当容纳的。

再有一种是民间流传的神话。这些神话,大都起自后世。或根据当时的民间传说,或有一点古神话的凭依,星星点点地在口头积聚起来,又通过各种不同的民间艺术形式——变文、鼓词、宝卷、子弟书、地方戏等——不断地丰富它和完善它。如像"牛郎织女"(地方戏有《天河配》)、"董永与七仙女"(地方戏有《天仙配》)、"白蛇传"(有《雷峰塔传奇》和各个剧种的《白蛇传》)、"沉香救母"(地方戏有《宝莲灯》和《沉香救母》)、"刘海戏蟾"(有湖南花鼓戏《刘海戏金蟾》),等等。这些民间神话,除戏剧表演而外,还有说唱形式的东西为之宣扬，更通过口头传说这个渠道广为流传。它们形式上属文学，性质上属神话，自应纳入广义神话考察的范围。

以上所说，是神话沿着文学化方向发展的一个大端。另一个大端，仍是沿着文学化的方向发展，但又和后来的宗教、历史和地方风物、民情风俗等相结合，成为表现在神话上的各种绚丽多姿的形态。

先说神话和后来的宗教相结合。神话的产生，本来和宗教是紧密相连的，正像一对孪生兄弟：在诞生之初，实在难分彼此。中国的原始宗教是什么呢？遍查古籍，并未见有确切的名称。它只是以巫术为根柢，以自然崇拜为鹄的的原始多神教，随着地区、民族的不同而各异其情况。假如一定要给这种原始宗教定个名称，"巫教"两个字也许勉强用得着。如果说礼仪、巫术等是巫教的外壳，那么神话就该是涵藏在它核心里的教义了。因而神话在某些原始宗教组织中具有保密的性质和法术的作用。

中国的这种原始宗教，时间的跨度很大：从原始社会到封建社会末期，都有它的踪迹。自然愈到近代，随着社会的发展、文明的进步，它的活动范围和活动力量也就相对地削弱了。但是直到今天也还没有确切的凭据说明这种原始宗教在我们的国度已经完全绝灭。

中国也有本土产生的正式宗教，那就是道教。道教是继承中国古代原始宗教而又杂以黄老神仙家言建立起来的正式宗教，它的创始者是汉代的张道陵。张道陵入鹤鸣山修道，改造了蜀地氐羌族的原始巫教而创建了道教。至今羌族民间还有张道陵和羌族巫师同师学法的传说，可见道教和中国原始宗教的血缘关系。神仙思想本来并非道教所特有，在道教形成以前的七八百年间，早已有丰富的仙话在民间流传了。道教成立以后，更是推波助澜，把以往仙话表达的思想内容，都做了它道义的重要组成部分。从而使神话的这种特殊品种，得到了迅猛而畸形的发展。说它畸形，就是说在道教成立后的众多仙话中，大都难免是出于宣传宗教的目的陈陈相因编造起来的：这便是它的畸形，也是它的糟粕。然而也有一小部分能承续古神话的精神，有民间传说的凭依，沿着文学化的道路发展，设想超卓，异境别开，宗教的意味少，文学的情趣多，具艺术魅力，能脍炙人口：像这类仙话，自应视为广义神话所能包容的部分。

　　神话从综合体中分离出来，沿着文学化的道路发展——后来又别出一枝，和历史人物结合上了。使有文字记录的许多确切的历史人物，像殷代的成汤、伊尹、傅说，周代的姜太公、周穆王、苌弘，春秋时代的伍子胥，战国末年的李冰，秦代的秦始皇、徐福，汉代初年的文翁、东方朔等，都染上了神话的色彩。这类附会在历史人物身上的神话传说，记录的时间一般都比较晚：看得出来，属于文学的构想远胜宗教的崇拜。我们可以名正言顺地将它们作为广义神话看待。

　　最后说说附会到地方风物和民情风俗中的神话，那就更是明显可见，是沿着文学化的这条路子发展下去的。其例子也就更是多难胜举。一部《水经注》，就记叙了许多有关地方风物的神话；一部《风俗通义》和一部《荆楚岁时记》，也记述了不少有关民情风俗的神话。除此而外，其他各种书籍和大量的地方志中，记载这类神话故事的还多，大都极为琐碎，或附会于神话人物，或附会于仙话人物，或附会于历史人物，只言片语，便可成为神话研究的绝好材料。这些零碎的神话材料，宗教的因素少，文学的情趣多。它们和宗教的关系，是在若即若离之间。宋龚明之《中吴纪闻》卷四有一段记牛郎织女的神话说：

　　　　昆山县东三十六里，地名黄姑。古老传云，尝有牵牛织女星，降于此地,织女以金篦划河,河水涌溢,牵牛因不得渡。乡庙之西,有水名百沸河,乡人异之,为之立祠。……祠中旧列二石像,建炎兵火时,士大夫多避地东岗,有范姓者,经从祠下,题于壁间云:"商飙初起月埋轮,乌鹊桥边绰约身;闻道佳期唯一夕,因何朝莫(暮)对斯人?"乡人遂去牵牛像,今独织女存焉。

这段记叙的前半段,无疑是属于地方风物的神话。只因"黄姑"(河鼓)这个地名,遂有牵牛织女神话的附会流传。一般民间传说是:王母娘娘拿金簪划河,将牛郎织女阻隔在银河的两岸。此独说:"织女以金篦划河,河水涌溢,牵牛因不得渡。"算是异文,值得采取。但表现的只是文学情趣,和宗教关联很少。后半段记乡人因此为二人立祠,似乎有些宗教关联了。但这宗教却因了某一士大夫的发现破绽,吟诗嘲讽,乡人立刻"从谏如流",修改了神像的布局。看来这种联系也并不是十分巩固的,倒是从中表现了有趣的民情风俗。像这类有关地方风物和民情风俗的神话,正是神话研究者很好的取材,应纳入广义神话考察的范围予以考察。我曾泛览了这类零星点滴的众多的神话材料,得到一个总的印象:觉得文学的因素实在多于宗教迷信的因素。因而大胆设想这一条神话发展的途径也是循着文学化的倾向而来的,因为山川风物和习俗民情处处需要美的装点,而神话性质的东西正适合于此种需要,起码是适合群众心理的需要。

八　零散的中国神话

　　以汉民族为主的中国神话的文献资料，有两个显著的特点。一个叫作"零"，零就是零星片断的意思：所有用文字记录的神话，完整的很少，都是比较零星片断的。还有一个叫作"散"，散就是分散、散乱的意思：文字记录下的神话，除保存在《山海经》里的一部分比较集中而外，其余则分散在按照中国图书分类法的四大类经、史、子、集里，甚至连书注、类书、古籍佚文里也常有它们的踪影。就是保存在《山海经》里的那部分神话材料，虽然比较集中，却还是使人有散乱凌杂的感觉，尤其以未经整理的《荒经》以下五篇更甚。"零散"两个字，可以概括从文献资料所见的中国神话的大概情况。

　　这两个字又可以分成两层意思说。

　　先说零星片断。中国神话为什么会是零星片断的？是像有些人所说经过散亡以后只剩零星片断吗？还是神话的本来面貌就是如此？我先前是倾向于前一种说法的，后来渐渐悟出前一说不符合实际。如果依据前说，那么就会认为原始神话在人们的口头传说中早已经有了系统的、完整的一套了：这在幅员广袤、多民族共居的古代中国，是绝不可能也是绝难想象的。按照神话自身发展的规律，也绝不可能在产生之初忽然出现有系统的完整的一套。不但中国神话是这样，就是世界上号称文明古国的几个国家如希腊、埃及、印度等的神话，也都莫不是这样。拿希腊神话来说吧，如今我们所见的希腊神话，好像既完整而又有系统。不知这正是经过若干世纪诗人和作家的努力，将存在在希腊诸小城邦的零片、分散的神话故事缀集起来，熔铸而为一个有系统的大的神话故事的结果。宙斯的多妻和多子女，正是缀集、整理、熔铸后留下的痕迹。中国神话没有经过这种缀集、整理、熔铸，所以仍呈零星片断的状貌，分散记录在各种性质不同的古书里。

这种零星片断的东西，有它的优点也有缺点。它的优点是，接近原始本貌，便于利用它来作科学研究的材料；缺点则是，支离破碎，不利于神话自身的弘扬。所以中国文献记录的古代神话，到汉代以后就慢慢消歇了，没有像希腊神话那样对欧洲学术文化产生那么大的影响。然而正因为它始终是零星片断，没有定型，它便以另一种形态，转化增生，朝着文学化的道路发展，成为文学化的神话、仙话、历史人物的神话、地方风物及民情风俗的神话，等等。涓涓细流，浸润到中国文学艺术的各个领域，其影响的普及也是不容忽视的。

再说分散。零星片断的神话材料，又分别记录在各种性质不同的古书里，呈异常分散的现象。为什么会出现这种现象？这就不得不先弄清古代记录神话的四种人以及他们记录神话时的不同情况。

一种人是巫师。《山海经》就是一部以巫师为主记录的神话的结集。记录神话，自是出于他们宗教的目的。神话在其产生之初，本来和宗教关系密切，故作为巫书《山海经》记录的这一部分神话，最接近原始神话本来面貌，也最质朴可信。然而此书是以图画为主的，文字只不过是用作图画的说明。晋陶潜诗有"流观山海图"语，可作一旁证。当用作祈禳（主要恐怕是用作为病者招魂）的此书的原始图画悬挂在壁间，由巫师在法堂上对着图画举行法事时，人们一看图画便已知道平时所熟悉的神话故事的大要，用不着文字更做详尽无遗的说明。故《山海经》记录的神话多疏略且随图画的变换而自成片断。

其次一种人是历史家。历史家取上古神话来充实自己的历史，这在古代是不分中外都是同样的。茅盾在《中国神话研究初探》一书中曾将古代历史家分为原始的历史家和半开明的历史家两种，认为原始的历史家（如希腊的希罗多德）将神话里的神都算作古代的帝皇，把神话当作历史抄了下来——虽说也要动手改动几处，大概不至很失原样。后来来了半开明的历史家，便会捧着这些由神话转变的史料皱眉头。于是他们放手去删削修改，结果成了看来是尚可示人的历史。但实际上既非真历史，并且也失去了真神话。"中国神话之大部分，恐是这样的被'秉笔'的'太史公'消灭了去了。"云云，都很值得我们参考。事实确实是这样：历史家记录神话，同时又修改神话。但要说神话的大部分是被历史家"消灭了去"，却也未免过分些。归终说来，他们保存神话之功更不可没——虽说多半是经过修改而变形的神话。如像《左传》所记的少皞以鸟纪官，《国语》所记的颛顼绝地天通等。

再有一种人是诗人。从西周到战国末年，诗人们的诗作中，也记录了不少神话的片断。《诗·玄鸟》有"天命玄鸟，降而生商"，《生民》有"厥初生民，实维姜嫄（yuán）"，《长发》有"洪水芒芒，禹敷下土方"等；屈原的《天问》《离骚》《招魂》等中，神话材料的被运用，更是层见叠出；宋玉的《高唐》《神女》二赋，也将巫山神女的神话首次引入文学作品中。这些神话被记录引用进作品，如系首先引用，那就差不多成了原始记录；如系和其他书籍大体相同，也会存在情节上的小差异，可以互相参考。这部分经诗人记录保存下来的神话，虽然也是零星片断，却是很可珍贵。因为诗中叙写，但有文学上的渲染，却少任意修改，比历史家和哲学家作的更可信些。

最后一种人便是哲学家。大约因为神话本身具有寓言的性质，哲学家最喜欢借它来说理、寓意——从道家的《庄子》开始，就已经启其端倪。《庄子》所写的鲲鹏之变、触蛮之争、黄帝失玄珠、倏忽凿混沌等，无非都是古神话的改装：看来确实已经不太像神话，而像是纯粹的寓言。此外如像墨家的《墨子》，法家的《韩非子》，杂家的《尸子》《吕氏春秋》《淮南子》等书中，也都记录了不少神话的片断，虽则仍是用以说理，不过记得比较平实。除《墨子》所记宗教气息较浓而外，其余尚都未失神话的本貌。尤以《淮南子》所记女娲补天、羿射日除害、共工触山、嫦娥奔月四大神话，既系首见，又最全备，可算是保存神话的一大功臣。其后王充《论衡》，以"疾虚妄"为宗旨而反对神话，不料因此反转保存了不少有用的神话材料。晋人张湛缀辑的《列子》，亦替我们保存了愚公移山、终北国、归墟五神山等几段可贵的神话——虽然看得出来，后者已经有些和仙话合流了。

记录保存中国神话的，大约不外是上述四种人。他们在记录保存的过程中，又都怀着不同的目的而对神话各有不同程度的改动。改动得最大的，是历史家和哲学家中的道家。虽然神话有时被他们改得面目全非，却也不能泯没他们保存神话的功绩。巫师记录神话，对神话固然较少改动，但像《山海经》那样可能有文人才士参加的记录，也未必没有因为造语遣词的需要而做的顺手改动。总之，中国现存的这些零星片断的、分散在若干古书里的神话，其性质虽接近原始，然而已经不是原始神话的本来面貌了。

至于论到希腊神话，那就更非原始神话的本来面貌。早在1927年，黄石在《神话研究》一书中就曾说：

> 神话原出野蛮时代的想象，所以多少总带有野蛮粗犷的气味。希腊神话则曾经诗人的审慎选择，增删改削，以期与后世的

文明，符节相合，故无粗鄙之气，反觉温文可爱。这么一来，于神话的本质，虽不免改观，然以艺术的见地论之，则愈增其价值，故能流传千古。

这番论述是确切可信的。所以我们不要过分迷信所谓的原始神话，原始神话的本来面貌已不可能靠文字的记录而完全重现了。一切用文字记录的神话，都已经开始走上文学化的道路。对于这种神话，我们一定要用广义神话的观点去巡阅、检视，才能得到神话的真谛。

九　中国神话的散亡与整理

　　零星片断的神话，虽然接近神话的原始面貌，但是这种东西，如果不及时将它们缀集起来，熔铸成为一个有系统的大的神话故事，而听凭它们以各种不同的情况分散地记录在若干性质不同的古书里，本来就很容易散亡；加上神话历史化这个因素，就更会加速它们散亡的过程。现在试从以下几点，大略谈谈中国神话散亡的原因。

　　一、当时的记录未全，未经记录的那一部分自然就会在口头逐渐散亡、消失。如像羿射日除害神话，《楚辞·天问》只记了羿射日："羿焉彃（bì）日？乌焉解羽？"《山海经·海外南经》只记了羿与诸害之一的凿齿战斗的情况："羿与凿齿战于寿华之野，羿射杀之。在昆仑虚东。羿持弓矢，凿齿持盾。一曰（持）戈。"若非后来《淮南子·本经篇》有羿射日除害神话较完整的记叙，则《天问》和《山海经》未记录的那一部分零片，就只好听其散亡了。以此推论，在神话记录的当时（这段时间当然不会很短，可能前后达数百年之久），必然会有未经记录而已散亡的神话。

　　二、记录简单疏略，未经记录的细微的情节在记录时便已散亡了。这一点在以问语体出之的《天问》所保存的神话材料中更甚。《天问》记录的神话，因限于问语体的文体，只是发问，未作解答。使人识其大端轮廓，但在细微的情节这方面，却往往模糊不清。如"鸱龟曳衔，鲧何听焉？顺欲成功，帝何刑焉"那一段，似写鲧听从鸱龟的献计,以息壤堙洪水,后被天帝"刑"于羽山。情节与《海内经》所记那一段大体相同,只是增了"鸱龟曳衔"的事。本来是鲧神话很好的补充,却因写得不明确,教人相当费解。又如记后稷诞生,有"何冯弓挟矢,殊能将之?既惊帝切激,何逢长之"语。似初生婴儿的后稷,便曾以小弓小矢拟天,使天帝受到惊骇。这本来又是后稷神话很好的补充,但他为什么要做出这样的举动,也未能在诗中找到答案。像这类细微的情节,在记录时便只好因记录的简单疏略而散亡了。这类情况《山海经》里往往也有,就不再多举例。

三、古书经过删改,不雅驯的情节便会因删改而散亡。这种例子要举起来是并不困难的,但举《列女传》所记舜神话中二女教舜服鸟工龙裳以救井廪之难及《淮南子》所记嫦娥奔月神话中嫦娥"托身于月、是为蟾蜍、而为月精"二事为证,便可以说明。上举二事,在今本的《列女传》和《淮南子》中,都被憎恶"不雅驯"的"缙绅先生"们删改而荡然无存了。若非《楚辞·天问》洪兴祖补注引古本《列女传》和《初学记》卷一引古本《淮南子》,这两段神话的本来面貌就不可能再看见,就会因删改而散亡了。以上所举,仅仅是在书注和类书里还能查证到的两个小例子。由此推想,经过删改而查证不到的事例,想必也还有的:那就真正是无影无踪地散亡了。

四、古书全部佚亡或部分佚亡,零片神话也会因古书的佚亡而散亡。先秦古书记录神话较多的有《归藏》《古文琐语》《随巢子》《尸子》等,然而这些书却全都佚亡了。现在我们只能从书注或它们的辑本里,见到一些尚保存着的零片神话材料。推想必还有相当一部分神话材料,会随着全部古书的佚亡而散亡。又还有的古书,现在保存了一部分,却佚亡了大部分。如像汉末应劭撰的《风俗通义》,原三十一卷,今仅存十卷。其中很重要的女娲造人神话、李冰斗犀神话等,都见于卢文弨所辑十卷以外的《风俗通逸文》中,就可想见或尚有神话材料随着大部分佚书而散亡了。此外还从现存某些古书的佚文中见到一些神话材料,如从《淮南子》佚文中见到"乌鹊填河成桥而渡织女"的记叙,从《吴越春秋》佚文中见到眉间尺神话中"三头相咬"的景象——这些自然都是极其珍贵的幸存的神话零片。但由此可以推想,必还有其他神话零片随着佚文散亡了。

五、因神话历史化而导致的神话散亡。神话历史化,就是将神话来转化做历史。这种工作,从《尚书》《左传》《国语》已开其先河:《书·舜典》记的"益让于朱、虎、熊、罴",《左传·昭公十七年》记的少皞挚以鸟纪官,《国语·楚语》记的颛顼命重黎绝地天通等,便是其例。后来司马迁的《史记》,赵晔的《吴越春秋》,袁康、吴平的《越绝书》等,还在继续做着这种转化的工作。不过在当他们做这种工作的同时,又对某些历史人物,附会上了一些神话的因素,所以显得情况比较复杂。总的说来,他们还是力图将神话转化作历史。这种工作,直到宋罗泌作《路史》而未绝。罗泌的《路史》,因为事涉洪古,简直是集神话转化为历史的大成。他的这种工作,除了给我们提供一些研究神话的线索而外,其结果却是徒劳的。因为这样一来,诚如茅盾所说:"实际上既非真历史,也并且失去了真神话。"神话经过这样陆续不断地向着历史转化,剩下零星片断的材料,愈益不为人所重视,自然也会导致神话的散亡。

有以上五点原因,中国神话的散亡乃是必然的、肯定的趋势。但是究竟散亡多少,也须有个大略估计。据我从各方面搜集到的材料推想,散亡的可能也只是小部分,而不是大部分。若按比例估计,可能散亡有十分之三,而保存有十分之七。由于中国神话是零星片断地记录在众多古书里的这个特点,真要大量散亡也是不太容易的。因为它们常有重复的、大同小异的记载。此佚彼存或彼佚此存，这种现象应当是常见不鲜的，不会一散亡便全都散亡。故估计散亡只是小量，不是大量，并且还估计散亡的是在细微情节方面的材料。至于大端，我们都掌握有了，没有太大的损失。就现有各种文献所保存的中国神话的零片材料看，基本上还是可用"丰富"二字来给予形容的，不是像没有调查研究的某些人心目中那样的贫乏可怜。

既然我们的神话基本上是丰富的，就给我们提供了一个整理它的良好的基础。古代神话因未经整理而有小量的散亡，这是无可挽回的损失，用不着再去慨叹惋惜。现在就须赶紧利用所掌握的这一大堆神话零片材料，细心地去做整理的工作。

如何进行整理？从茅盾《中国神话研究初探》结论中所说的一段话，给了我们相当的启示。他说："我们能不能将一部分古代史还原为神话？上面讲过，我们的古代史，至少在禹以前，实在都是神话。如果欲系统地再建起中国神话，必须先使古代史还原。否则，神的系统便无从建立。"我过去做的整理中国神话的初步工作，便是老老实实的，把神话放在历史的肩架上，又用由神话转化的古代史，尽量恢复其本来面貌，去填充它的空隙。这样，便能勉强建立起一个有神的系统的中国古代神话，舍此似乎亦无他径可循。

至于整理的步骤，我以为大致有二：一是连缀，二是熔铸。我所做的只是初步的连缀工作，在连缀中又稍微做点局部的小小的熔铸：那就是在当材料不足或古书的文义有疑难时，加入的"一些推想和假定"（茅盾语）；或当神话情节引起感情共鸣时，做了些文字上的渲染，实际上并没有放手去做熔铸的工作。

我在《碎陶镶嵌的古瓶》（见 1988 年 9 月 13 日《今晚报》）一文中曾说：

中国神话本来是零星断片的，它们有可望成为一个较完整的古瓶或是一幅较完整的古壁画，但因为没有像希腊荷马和赫希俄德那样的"神代诗人"产生（茅盾语），"终不闻有荟萃融铸为巨制，如希腊史诗者"（鲁迅语），加以过早地历史化，本来是零星断片的东西，又散失了相当一部分，因而显得更加零星断片了。我所做的工作，并不是修复古瓶，而是把可望成为古瓶的碎陶片，从泥土尘埃的埋藏中，从烂砖破瓦的混杂里，东一处西一处地拾掇起来，加以拂拭、清理、鉴别，然后仔细地镶嵌、拼凑，缺空处又审慎地用其他一些类似的材料来予以填充、修补，使它大致成为一个在古代原应该有实际上却没有的古瓶。古瓶的真实性只是用了尽可能真实的材料，在合理的推想中的模拟的缔造。

这就把中国古代神话的本来面貌以及我如何对它进行整理的情况大致勾画出来了。我不知道这样做是否恰当，只是提出来仅供参考。至于说到熔铸，那是高才博学的大手笔的工作，一时尚不可轻言熔铸，尤其不可笼统地将整个古代神话全部予以熔铸，尚宜先分几个大段落逐段尝试为之。我的意思可以分为：一、开天辟地（包括女娲、伏羲等神话），二、黄炎之争，三、舜象斗争，四、羿与嫦娥，五、鲧禹治水这几个大段落来作为熔铸的考虑。即使开始尝试做这样的工作，也要注意以下两点：一是要具有中国作风和中国气派，因为写的是中国神话，不是希腊神话或其他外国神话，不要把外国神话的情调搬到中国来；二是即使是熔铸，也要对熔铸认真负责，熔铸进去的东西大致仍须有所依据，不能徒逞臆想，横添枝叶。要知道古代神话原是古代人民的创造物，今天的人是不能再创造古代神话的了。那种信口开河的"神话"，只能是对神话的践踏、蹂躏，和熔铸这个庄严的词儿是根本联系不上的。

一〇　中国神话的特色

中国神话和其他国家的神话比较起来，有许多共通处，但也有几点显明可见的特色。

首先我们感到，在我国神话当中，响彻了劳动的回音。马克思主义的艺术观，认为一切文学艺术都起源于劳动。神话既然是古代人民的口头文学，它的起源，虽不一定直接源于劳动，但总是密切地关系着劳动的。神话中所歌颂的神，或是神性的英雄，像开天辟地的盘古，炼石补天的女娲，发现药草的神农，教民耕稼的后稷，治理洪水的鲧和禹，亲自在历山种田、在雷泽捕鱼、在河滨制陶器的舜，他们的所作所为，几乎无一不与劳动有关。例子如果再要举下去，还可以举出若干，但这已经足够了。

高尔基在《苏联的文学》中说："神并非一种抽象的概念，一种幻想的东西，而是一种用某种劳动工具武装着的十分现实的人物。神是某种手艺的能手，人们的教师和同事。"从以上介绍的中国神话的主要内容看，这种论断可说是确切不移的。

至于说到神话里"劳动英雄"所从事的劳动工作，也很有意思，值得探讨。当然，既曰"神话"，那么他们所从事的劳动，就不是平常的劳动，而是生上了"幻想翅膀"的劳动。有的或者是凭借了神力，如女娲炼石补天；有的或者是使用了法宝，如鲧禹治水，使用了从天帝那里窃取来的息壤；有的神力、法宝和技术兼而用之，如射日除害的羿，既有天帝赐予的神弓神箭为之助，又倚仗着本身的神力和技艺；有的则干脆变作异物，以从事某种特殊的劳动，以达到他所预期达到的目的：如传说禹治理洪水，曾变做熊去凿山开路，等等。神话中英雄们所表现的劳动方式虽殊，其目的却无非想要达到如高尔基所说的"减轻自己的劳动，提高它的效果"这样的愿望罢了。在这生产力低下、长时期被生存的困难和与自然灾害做斗争的困难所压迫着的原始社会的人们，通过幻想制造这些神话英雄来鼓舞他们劳动的热情和征服自然的信心，原是容易被我们理解的。

其次，中国神话的一个最主要的特色，就是从神话里英雄们的斗争中，我们常常可以见到那种为了某种理想，敢于战斗、勇于牺牲、自强不息、舍己为人的博大坚韧的精神。这种精神表现在古神话传说里，的确是富于传统的民族风格的。

最典型的例子就是大神鲧盗窃天帝息壤用以平治洪水的神话。这个神话的部分内容和希腊神话取火者普罗米修斯神话非常相似。不过普罗米修斯神话到神话中英雄被锁上奥林匹斯山，让宙斯派遣的岩鹰来日夜啄食他的心肝为止，也就临近尾声，于此见到他为人民有宁死不屈的奋斗精神。而和他相似的鲧的神话，到此却还没有休止。鲧被天帝压杀在羽山，死了三年尸体都没有腐烂，又从肚子里化生出他的儿子禹来继续去完成他父亲的功业。"鲧复（腹）生禹"，自然是神话，但这神话却包含着多么丰厚而动人心魄的思想内容啊！《庄子·养生主》说："指穷于为薪，火传也，不知其尽也。"稍微有点和鲧、禹神话的意境相近。为人民谋幸福的宏大理想，使鲧坚韧到能抗击死亡，将自己全部的心血和精魂化生出新的一代，去夺取斗争的胜利，那非凡的英雄气概，自然又超胜普罗米修斯了。神话中鲧的形象实际上就是世世代代和反动统治者做斗争，"野火烧不尽、春风吹又生"的英雄人民的形象；此其所以为动人心魄，为万古常新。

不仅是鲧，就是鲧的儿子禹，为了秉承鲧的遗志，继续去平治洪水。神话里说他逐共工，杀相柳，诛防风氏，擒无支祁，化熊开山……坚持战斗，百折不回地以求达到目的；传说里更说他"沐甚雨，栉疾风"（《庄子》）"手不爪，胫不毛"（《尸子》）"颜色黧黑，窍藏不通"（《吕氏春秋》）"身执耒臿，以为民先"（《韩非子》）"居外十三年，过家门不敢入"（《史记》）等等：那种舍己为群、忘我劳动、大公无私的精神，又何尝多让于他的父亲！

不仅是禹，就是那射日除害的英雄羿，他也能够无惧于触忤天帝，居然一气射落殃害人民的天帝的九个儿子，又杀猰貐（yà yú，即窫窳），诛凿齿，射大鹏，斩巨蟒，屠戮九头水火怪，生擒活捉大野猪，后来更和"化为白龙""溺杀人"的河伯战斗，射瞎了河伯的左眼。他那不顾利害，不计安危，只要是人民的义之所在，就一往直前的战斗精神，也是令人深深感动的。

不仅是鲧、禹、羿，就是那荒古神话传说中追日的巨人夸父，填海的小鸟精卫，以及被斩断了头颅，而犹"以乳为目，以脐为口"，左手执盾，右手持斧，在那里挥舞不息的无名天神刑天。他们的那种被某种坚强的信念所萦系着，虽然在他人看来事情已经"不可为"，可是他们却还奋斗不懈，为之不已的勇迈精神，也是多么鼓舞和激动人心，教人神往！

不仅是上述的那些神人，就是后来《列子》所记叙的、穿着寓言外衣的神话"愚公移山"里的愚公，他为了要搬去阻挡在他家门前的太行、王屋两座大山，说干就干，马上和他的儿子、孙子动起手来。河曲智叟笑他愚拙，他反驳河曲智叟的那番话："虽我之死，有子存焉，子又生孙，孙又生子，子又有子，子又生孙，子子孙孙，无穷匮也，而山不加增，何苦而不平？"这也是使人于平易中悟出非凡的真理。愚公的精神实在和古神话里许多神人的精神是一贯的。

总之，不管是鲧、禹、羿也罢，不管是精卫、夸父、刑天也罢，不管是后来传说的拔蛇的五丁、斗蛟的李冰也罢，他们的形象实在就是我国世世代代勤劳勇敢的英雄人民的最生动的概括。

在阶级社会的阶级斗争中，反抗暴君的专制，也是中国神话的一个显著的特色。鲧和羿的反抗天帝，姑无论了。即如在关于桀纣的神话传说中，代表人民的成汤和武王的反抗桀纣，同举义师，吊民伐罪，诸神也是站在成汤、武王这一边的。仙人师门为孔甲驯龙，不能投合孔甲的心意，孔甲就把师门杀了。但是葬身荒野的师门，却以焚烧王城附近的山林使孔甲受惊而死。周宣王冤杀杜伯，死去的杜伯突然出现，用箭射死了正在田猎佚乐的周宣王，报了他的冤恨。如果还往下推，那么还有干将的儿子眉间尺对楚王所做的斗争：被煮在汤镬中的头，至于"七日七夜不烂"，后来终于凭借"道逢客"的宝剑报了父仇。还有韩凭的妻子对宋康王所作的斗争，当"阴腐其衣"的她从青陵台上跳下毅然就死的时候，被牵挽的她的衣服竟化作了片片蝴蝶。凡此种种，都表明人民和残暴的统治者是站在不可调和的对立的地位的。"时日曷（hé）丧，予及汝皆亡！"《书·汤誓》里的这两句有名的誓词，就代表了处在阶级矛盾斗争尖锐时期广大人民群众对于残暴统治者的切齿的愤恨。因而许多神话传说也就通过幻想的形式鲜明地反映出了群众的这一斗争的正义性。

又还有，在长期遭受着严酷统治的中国封建社会，随时也在产生着新的神话。这些神话的主题，往往就是描写青年男女对于爱情幸福和婚姻自由的追求，从而向封建势力展开了不屈的斗争。牛郎织女的神话首先唱出激情的歌子来，其次是七仙女和董永的神话，接着又是华岳三娘和她的儿子沉香的神话，然后又是白娘子和许仙的神话……这些神话几乎都无例外地通过人神（只有白娘子是正统派眼光里所谓的"妖"，然而我们还当她是神）恋爱的关系向封建社会吃人的"礼""法"掷出了投枪。梁山伯祝英台故事是一个美丽而悲凄的民间传说，然而"化蝶"的结尾，也带着充分的神话意味，并且把这一对以死来反对封建压迫的青年男女的斗志高扬了。凡是这类主题的故事，不论是神话也罢，是传说也罢，从中都可以见到那种神话中包含的鼓舞人心的积极的浪漫主义精神。因而，如果说在阶级社会主要是封建社会中产生的一些神话传说还不可避免地有它封建性的糟粕的话，那么它的民主性的精华就从以上所说的特色中闪射出熠耀的光芒来。

一一　少数民族的神话

中国的少数民族——包括台湾的高山族在内——目前已确定为单一民族的，一共有五十五个。它们的人口，约占全国总人口的百分之六点七。

在新中国成立以前，我国少数民族的经济文化发展，一般地说来，是处于低阶段的水平。但是，按照马克思主义的观点，某种艺术的一定繁荣时期绝不是同社会的一般发展成比例的。神话就是产生于人类经济文化发展低阶段的特殊的艺术。正由于如此，因而在我国各兄弟民族中，还保存着大量的神话。这些神话绝大部分是在口头传述的，近年才由文艺工作者搜集整理出一小部分。从搜集整理的这一小部分看，已可见到它们的丰富多彩、宏伟瑰丽。以前有些人以为中国没有神话，中国人缺乏神话幻想的能力，那是由于他们只看到汉民族中古文献里一点残缺零散的神话材料（有的可能连这一点也没有看到），没有注意到还有大量神话蕴藏在我国少数民族中的缘故。

目前我手头掌握的，已有五十三个少数民族的六百多篇见诸文字记录的神话（俄罗斯族和塔塔尔族的神话至今未搜集到），要详细地将它们评介出来，非我力之所能及，也不是短短的篇幅所容许的。现在且将所有神话分成十大类，就每类包容的神话举其大端略作介绍。

一、开天辟地神话。开天辟地神话，不是最早产生的神话，我们在"神话的起源"节中已经说过了。但是为了叙述的方便，还是暂从这里说起。开天辟地神话,为许多少数民族所共有,宏伟壮丽,各放异彩。归纳其说,大概可以分为四种。一种认为天地是神或神性英雄所创造的。如彝族史诗《梅葛》说,天神格兹苦用九个金果变成九个儿子,用五个去造天;又用七个银果变成七个姑娘,用四个去造地。瑶族神话说,万能女神密洛陀的师傅死了,密洛陀便拿师傅的雨帽来造天,拿他的手脚做柱子撑起天边四个角,拿他的身体当大柱撑起天的中央,等等。第二种是说古时天地不分,是神或具有神性的人将天地分开的。如水族神话说,古时天地相连,昼夜不分,漆黑一片,有女神伢俣,出来开天。她用手抓住两块,猛力一掰,天地就分开了。第三种是天地自分说,这种说法是将天和地都设想做了人。例如珞巴族神话说,最初,天地不分,混沌一团。后来,天从中间鼓了起来,逐渐离开了地。天和地结了婚,不久,大地便生了九个太阳。第四种是大鱼或巨兽创造了天地万物。例如哈尼族神话说,大鱼将右鳍上甩为天,左鳍下甩为地,又摆动身子,从背脊送出七对神和一对人,世间才有了天、地、神和人。怒族神话说,宇宙万物都是被巨人砍死的巨兽所变化的:巨兽的血化成石头,血脉化为金、银、铜、铁;毛化成树木森林;剩下两只眼睛,一只未腐烂,化成太阳,一只已腐烂,化成月亮,等等。

二、创造人类神话。创造人类神话经常是和开天辟地神话紧密相连的。天地开辟以后,就必须有人类来做天地的主人。所以汉民族神话有女娲抟黄土作人,达斡尔族也以为人类的起源是天神用泥土将人捏出来的,所以人身上的污泥总是搓不完。傈僳族神话则以为大地上最初的人类乃是远古聪明的神匠削木头作偶人制造出来的。瑶族神话女神密洛陀造人更是别致:她先设计用泥土、米饭、苞芒叶、红薯等造人都不成,后来背回一个蜂窝,白天炼三次,晚上炼三次,装在木箱里，经过九个月，听见箱子里哭叫声很大，打开箱子一看，见箱子里所有蜜蜂一个个都变成了人。以上是说神或神性的人直接用各种材料创造人。至于洪水遗民、兄妹结婚、再造人类，则是各少数民族创世神话共同的主题，举例就从略了。

三、始祖诞生神话。与创造人类、再造人类神话比较接近。所不同的是，前者往往带着泛指的意味，而后者乃是说某一民族乃至某一民族的一个支系的特定的始祖诞生的由来。如汉族神话说简狄吞燕卵生商民族始祖契，姜嫄履大人迹生周民族始祖后稷，就是这样的例子。此外如像满族神话《佛库伦》、朝鲜族神话《天王恒雄》、蒙古族神话《天女之惠》、傣族神话《叭阿拉武》、德昂族神话《德昂祖先》等，则大抵叙写神或人误吞异物（例如满族佛库伦误吞朱果，傣族叭阿拉武之母误饮椰子水）或人（包括动物）与神结婚（例如朝鲜族熊女与天王恒雄结婚，蒙古族青年猎人与天女结婚，德昂族仙人后裔与龙女结婚），因而生出该民族的始祖。而高山族神话《两粒蛋》说，高山族排弯人的始祖生在两粒圆蛋中，更是民族支系始祖诞生神话的独具一格者。

四、活物论神话。这是一切神话中起源最早的神话，在"神话的起源"节中我们已经大略讲述过了。汉族的活物论神话，保存在文献记录和口头传说中的，已经不多了，而具有活物论神话因素保存在少数民族中的，却极为丰富。前面所举开天辟地、创造人类、始祖诞生诸神话中，都杂有活物论神话的成分。单篇活物论神话可举为例的，有苗族的《阳雀造日月》《公鸡请日月》《美丽的娘阿莎》、藏族的《马和野马是怎样区分的》、达斡尔族的《杀莽盖》、珞巴族的《阿巴达尼试妻》等。至于近似寓言、童话的龟兔赛跑型的活物论神话，也有数例可举，姑且从略。

五、解释自然现象神话。鲁迅先生在《中国小说史略》中说："昔者初民，见天地万物，变异不常，其诸现象，又出于人力所能以上，则自造众说以解释之。凡所解释，今谓之神话。"可知解释自然现象神话，实在是除了动植物神话而外一切神话的开始。这类神话，常视自然现象为活物，因而又带着浓厚的活物论神话色彩。我们在"通向文学的神话"节中所举壮族神话《太阳、月亮和星星》，就可作为一个能说明问题的很好例子。不具活物论色彩的，可举的例子尤多，如哈尼族的《风姑娘》、赫哲族的《彩虹》、黎族的《兄弟星座》、藏族的《七兄弟星》，以及白族民间传述的《望夫云》等，都是。现将珞巴族的《雷鸣和闪电》引述如下：

哈鲁木男神和哈尼亚女神是兄妹俩。哈尼亚长得十分漂亮，哈鲁木就整天追求她，并要求哈尼亚同他结婚。可是，美丽的哈尼亚却不喜欢他，总想避开哈鲁木的追求。为了掩护自己，不让哈鲁木发现她，便摆动长长的浓发，使天空顿时变得乌云滚滚，从而发生怕人的雷鸣；有时，哈尼亚不得不用长发上的长针，刺追赶他的哈鲁木，从而发出了耀眼的闪电。

六、推原神话。"推原"，就是推寻事物的本原。汉族有蚕马神话，借一个被马皮所裹而化身为蚕的姑娘的神话故事，以推寻蚕桑的来源。作为解释自然现象的共工触山神话，也可以当作推原神话看待。因为"天倾西北""地不满东南"地貌的形成，正是共工触山事件造成的结果，触山事件是它的本原。由此看来，推原神话包括的范围是比较广泛的。扩而言之，乃至天地开辟，人类及万物的由来，莫不与推原神话有关。少数民族的推原神话，常常零星片断地结合在开天辟地、创造人类的神话里,并不单独构成一个神话。例如彝族神话《创造万物的巨人尼支呷洛》说,尼支呷洛去射太阳和月亮时,被他踩过的蕨草,后来头一直往下垂着,葡萄藤也被压得到现在都直不起腰;白公鸡去请太阳月亮,用刀在自己的红帽子上割了几条口,借以表示双方永不反悔,直到今天,公鸡冠子上仍然留着几条锯齿形的痕迹,等等,便是。

七、风俗神话。推原神话又和风俗神话关系密切。在某个风俗神话中,叙述某种风俗、习惯的起源,自然也可算是一种推原。只不过推原神话所推的原是具体的事物,而风俗神话所推的原是风俗、习惯罢了。有关风俗的神话、传说和故事,在汉族是所见不鲜的。也有专门记载这类神话、传说和故事的书籍,例如汉末应劭的《风俗通义》、六朝梁宗懔的《荆楚岁时记》以及宋陈元靓的《岁时广记》等都是。少数民族中,风俗神话也占着一个显著的地位。拿有关节日的神话来说吧,就有白族、纳西族、彝族等的火把节,苗族的芦笙节,壮族的达媓节,傣族的泼水节,仫佬族的依饭节,布依族的牛王节,等等,都各有神话传说来说服它们的起源。至于纯粹的风俗神话,则有瑶族的"黄泥鼓"、壮族某些地区的"牛头舞"、蒙古族的"保牧乐"(将一指宽的牛皮缠在牛骨头上以为天神的象征而奉祀之)、满族祭祖时所祭的"北极星"、东乡人婚礼时有呼"哈利"的习俗,等等,都各有一段神话传说,以作这些风习来源的诠释。

八、征服自然神话。以上所说三种神话——解释自然现象神话、推原神话和风俗神话——大都偏于对自然现象或社会生活现象作解释。神话进了一步,就有要征服自然、支配自然和改变不合理的社会生活的愿望,这就产生出了一批征服自然和曲折地反映阶级斗争以及与此相联系的民族斗争的神话,后者大都演化做了民间神话。汉族的

"夸父追日""精卫填海""愚公移山""羿射九日""鲧禹治水",等等,所表现的都是对自然的征服。少数民族神话所表现的,则比较集中在射日月尤其是射日这件事上。瑶族神话有格怀射日,壮族神话有侯野射日,水族神话有旺虽射日,布依族射日神话最为丰富,有年王射日、王姜射日、伏羲射日或伏羲兄妹射日,等等。日月兼射的有彝族史诗《勒乌特衣》中的支格阿龙,苗族神话叙事诗的《杨亚射日月》等。单独射月亮的只有瑶族民间所传的《射月亮》故事中雅拉射月一个,大约是羿与嫦娥神话的演变,是把带悲剧性质的神话演变为带喜剧色彩的故事了。

九、民间神话。民间神话的内容和格局,原是多种多样。一般说来,它们的故事性较强,有曲折动人的情节,有比较合理的结构与安排,表现的内容,属于社会生活的较之属于自然现象的比重更大。有的叙写了人神恋爱,如羌族的《木姐珠与斗安珠》、怒族的《女猎神》;有的叙写的是英雄历险,如鄂温克族的《不怕磨难的巴特尔桑》、哈尼族的《阿扎》;有的还带着活物论神话的痕迹,如东乡族的《蛤蟆灵丹》、蒙古族的《猎人海力布》;有的则是历史的曲折反映(其中一部分写了阶级斗争和民族斗争),如纳西族的《人类迁徙记》、壮族的《岑逊王》、侗族的《吴勉》、羌族的《太子坟》;也有叙写英雄诛妖、为民除害的,如裕固族的《莫拉》、撒拉族的《阿腾其根·麻斯陆》;也有叙写畸形儿不平凡的经历的,如高山族的《人生蛋》、拉祜族的《独头娃娃》;也有的是受了佛经神话的影响,如傣族的《金羚羊夫妇》;也有的是受了汉族神话的影响,如白族的《雕龙记》。真是种种色色,不一而足,表现了神话丰富的幻想,无往而不宜。

十、融入史诗和叙事诗中的神话。有些神话,不是通过口头传述，而是早已融入各民族史诗和叙事诗中，在民间广泛传唱而保存下来的。史诗著名的有苗族的《苗族古歌》、布依族的《开天辟地》《十二个太阳》《洪水朝天》《兄妹成婚》《万物起源》、彝族的《梅葛》《阿细的先基》、瑶族的《密洛陀》、纳西族的《创世纪》、白族的《开天辟地》、拉祜族的《牡帕密帕》等。英雄史诗最著名的有藏族的《格萨尔王传》，它长达数十部，有一百多万行，气势宏伟，色彩绚丽，是目前所知的世界第一长诗，它所塑造的格萨尔王也是世界第一流的神话英雄人物。其余著名史诗尚有蒙古族的《江格尔》、柯尔克孜族的《玛纳斯》、维吾尔族的《乌古斯传》、布依族的《安王与相王》等。民间叙事诗在少数民族中更是发达，举其具有神话意味的，则有彝族的《虎皮骑士》、彝族支系撒尼人的《阿诗玛》、傣族的《召树屯》《相勐》《千瓣莲花》、蒙古族的《两匹骏马》、纳西族的《赶马人之歌》，等等，其中以《阿诗玛》尤为著名。

一二 研究神话的初阶

　　研究神话，自然要用马克思主义的立场观点去探讨并解决问题。但因中国古代神话，多从古书的零散记载中得来，因而在研究之始，还有一个最初的阶段，就是要通过识别古书文字的这一关。这包括两个方面：一是对文字本身正确与否的识别，这就需要用校勘去解决，研究这方面的学问，叫"校勘学"，或"校雠学"；另一是对文字意义的理解，究竟作何解释，这就须要用训诂去解决，研究这方面的学问，叫"训诂学"。

　　拿《山海经》这部书来说吧，虽然并不是一部太难读的古书，但因"其言不雅驯，缙绅先生难言之"（司马迁语），不为后世以儒家为正统的士大夫所重，没有经过很好的整理，首先文字本身就存在很多问题。兼以简策错乱，更是难读。归纳起来，大约有下面几种情况。

　　一种是讹文，就是错误的文字。如《海外北经》说："拘缨之国在其东，一手把缨。"郭璞注："言其人常以一手持冠缨也。或曰缨宜作瘿。"这个"拘缨国"的"缨"字，正应该作"瘿"——瘿就是颈瘤。这一国的人并不是"常以一手持冠缨"，而是常常用手托着颈脖上的肿瘤。《山海经》所记远荒诸国，非异形即异禀，无为"一手把缨"而能自成一国之理，赖有郭注"或曰缨宜作瘿"，才纠正了这一错误。

　　一种是脱文，就是漏掉的文字。例如《海内南经》说："夏后启之臣曰孟涂,是司神于巴,人请讼于孟涂之所。"人上漏掉一个"巴"字。《大荒东经》说:"大荒之中,有山名曰鞠陵于天、东极、离瞀,日月所出。名曰折丹。"名曰上漏掉"有人"二字。凡此,等等,都该根据确凿的证据和周密的推理而予以补充。

再一种是衍文,就是多余的文字。古书不论竹帛,通常是抄写流传。抄写者一时思想不集中、不注意,在字句中间多抄出一两个字,这就成了衍文了。如《海外西经》说:"形天与帝至此争神,帝断其首。"郝懿行云:《御览》引此经无'至此'二字。"我去查了《太平御览》三七一、五五五、五七四、八八七各卷,见所引确均无"至此"二字。而"至此"二字的"此"究指何地,经内亦无明文。于是断定这两个字确系衍文,应该删去。

还有一种是倒文,就是被弄颠倒的文字。如《大荒东经》说:"有女子名曰羲和,方日浴于甘渊。"《初学记》卷一引此经"日浴"作"浴日",宋尤袤池阳郡斋本亦作"浴日",可见是弄颠倒了,应该颠倒过来。

除了上述几种文字本身存在的问题而外,还有正文入注、注入正文、错简、脱简、他书阑入和文字缺坏等问题,情况相当复杂,这里就不多举例了。必须用种种有效的方法,先把文字本身弄清楚,然后才能进行科学的分析研究。《山海经》的情况是如此,其他几部保存神话资料较多的古书也有程度不等的类似情况。

文字本身的情况弄清楚了,进一步还要明了文字包含的意义,这就需要用训诂去解决。训诂就是对文字意义的解释。一个字,一个词汇,可能有几种不同的解释。要找出这个字,这个词汇,用在这个地方的最确切、最妥善的解释,才算是完成了训诂的任务。读古书,往往因为一个字,一个词汇的解释准确了,整段文章的光彩都焕发出来。所解释的这个字、这个词汇就成为理解这段文章的钥匙,离了它就会陷于混乱。我曾解释《山海经·南山经》"毛用一璋玉瘗"的"毛"字为"祀神所用毛物",解释《海内经》"大暤爰(yuán)过"的"过"字为"缘着建木、上下于天",等等,自觉有比前人的解释略为确切、能使神话的本来面貌显示出来的地方。不过这也没有什么,"为学譬如积薪,后来居上"。古人不是早已说过了吗?值得令人钦佩的,是闻一多先生对《楚辞·天问》神话的好些新解。其中对"顾菟"一解,尤见精义。《天问》说:"夜光何德?死则又育;厥利维何?而顾菟在腹。"前两句好解,谁都知道"夜光,是月的代称,是说月缺了又圆;后两句中的"顾菟",旧释咸以菟即是兔,谓"菟何所贪利常居月腹而顾望乎",其实是大谬不然的。闻氏《天问释天》,举出了十一个证据,证明顾菟即是蟾蜍,这才解释得确切不移了。《天问》这几句诗,才焕发出了古神话本来的光辉。因而古本《淮南子·览冥篇》嫦娥窃药奔月,"化为蟾蜍、而为月精"的记叙,才从《天问》这几句诗中,得到了切实的印证。这说明文字训诂对了解古书的重要性。

除了对古书文字校勘和训诂应当注意而外,研究神话,还应当从多方面取材。

半个多世纪以来,陆续出土了许多珍贵文物,其中一些就和神话研究有密切关系。

例如伏羲女娲神话,见于文字记载的,从零星点滴的资料中,综合起来,知道他们是以兄妹结婚而为夫妇的,并且知道他们的形貌,是人头蛇身,然而却从未有过完整的概述。东汉王文考(《楚辞》注者王逸的儿子)的《鲁灵光殿赋》虽然有"伏羲鳞身、女娲蛇躯"这样的话,但也只隐隐约约提示了一下,如果不结合着其他有关二人的神话资料参看，也是很容易忽略过去的。自从山东嘉祥武梁祠的东汉石刻画像出土，内有穿袍子、戴冠帽、人头蛇身、手执规矩的古帝二人（其一题曰伏羲）互相交尾的画像被发现后，伏羲女娲兄妹结婚神话才得到了确实的印证。以后在新疆隋高昌故址阿斯塔那出土的绢画上，也得到了相同的印证。又如西王母和东王公神话，文字的记载始见于疑是六朝人伪托的东方朔《神异经》。最初以为只是彼时人的构想，直到汉代文物陆续出土，于汉石刻画像上屡见有西王母和东王公相会的图像，才知此一神话在汉代民间已早有流传，于是《神异经》的著作时期甚至可因此提早二三百年——这些都是出土实物对神话研究所作的贡献。

还有殷周时代的鼎彝，那上面常见有刻饰的雷纹、蝉纹、交龙、饕餮等形，也有神话考古的价值。例如饕餮，可能就是传说中那个"铜头铁额、兽身人语"并能"飞空走险"的蚩尤的变形；而蝉纹呢，则当是作为灶神的颛顼之子穷蝉的印记。关于这方面，以后在分论中有机会还要谈到。

甲骨、钟鼎文字，以象形最多，有时对于我们研究考察某些神话的内容，也常有一定的帮助。

例如历史传说中舜和他的弟弟象斗争的故事，经我们考察研究，在古神话中，原来是他和野生象做斗争而终于驯服了野生象。其他许多证据这里姑且暂不谈，单说甲骨文中一个"为"字，其形作👤，画的就是人手牵象的光景；而舜的居地妫，字恰从为，自然和"服象"的传说有关。故从甲骨文的一个"为"字，便可以为舜服野象找到一个有力的旁证。又如甲骨文的"凤"字，其形作👤，或作👤，字下面的那一只鸟，画的就是一只大孔雀，它和"风"是同一个字。《淮南子·本经篇》所记的羿所"缴"的"大风"，其实就是大凤，也就是大孔雀；古神话里所说的"风伯"，便应当是这个形状。又如传说蜀国古代第一个称王的，叫作蚕丛，他曾经教民养蚕。其实"蜀"字甲骨文作 ♀ 或 ♀，画的就是一条蚕。因而推想那个所谓蚕丛的古帝王，恐怕本身也是一条蚕。又如刑天，前面已经讲过，是一个敢于和天帝抗争而被天帝砍掉脑袋、犹手持盾斧、挥舞不息的无名天神。但他这个无名之名的"刑天"二字，却存在着一些问题。此二字在古籍记载中有各种写法：或作形天，或作邢天，或作形夭，或作刑天，究竟哪一种写法更正确呢？考"天"字，甲骨文作 ♀，钟鼎文作 ♀，□与●均像人首，义为颠为顶。刑天，就是断首的意思，与神话内容符合，当然长于其他各种写法，这才断定下来，以作刑天为是。诸如此类，还可以举出一些，姑从略。

乃至就连近代坊间出版的卑不足道的小册子，如果你肯去留心，有时也可遇到和神话研究有关的东西。例如清末民初出版的《二十四孝图说》，首绘"大舜耕田图"，使用的牲畜，确就是长鼻大耳的象，以知这乃是舜服野象神话在民间的残留；而屈原《天问》所问的"舜服厥弟……"，反倒是受了神话历史化影响的结果。

二十世纪六十年代初，我曾在四川灌县（今都江堰）二王庙一座据说是建造于明代末年的小戏台边沿，发现一幅神采飞动、栩栩如生的木刻线雕涂金横幅，无题识。据我考察，当是李冰斗犀，其子二郎与"梅山七圣"前往助战神话故事的描写。当时很引起我一些有关二人传说的遐想，足见即使是偶然发现的一幅民间工艺品，往往也有助于神话研究。

中国古代神话，现代民间还有流传。将现代民间流传的神话去和古书记载的神话相比较，从它们的异同中，可以见到神话演变的情况以及劳动人民和文人士大夫间意识形态的不同。

例如有关杜宇化鸟的神话，现在川西平原还有流传，然而已经和古籍记载的大异其趣了。《说文解字》说："望帝淫其相妻。"那是对英雄杜宇的诬蔑。现代民间流传的却是作为猎人平治洪水当了国王的杜宇，被做宰相的他的朋友阴谋霸占了他的妻子：单这一点已经可见二者思想内容的不同。又如黄帝的臣子宁封，《列仙传》说，宁封为黄帝"陶正"，"陶正"就是管理烧陶事业的官，由于研究烧陶，得了仙人传授的作火法，"积火自烧"，因而火化登仙。现在灌县（今都江堰）民间传说则是，上古洪水泛滥，人民居洞穴，无取水物，以润湿泥土为之，易碎。偶烧野兽，宁封于火中得硬泥，遂悟作陶之理。故传说宁封为黄帝陶正。某次架火烧陶，宁封升窑顶添柴火，不意窑烧空了，窑顶柴忽塌下，宁封便葬身火窟。人见火烟中有宁封形影，随烟气冉冉上升，人便谓宁封火化登仙了。灌县青城山有丈人峰，本是传说中宁封登仙之所，经民间传说给宁封仙话这么一解释，便赋予了它全新的积极的意义。再如女娲补天、伏羲女娲兄妹结婚、神农尝百草、嫦娥奔月等神话，四川及各地民间也都有流传。和古书记载相比较，便看得出来，其间有同有异：有些是受了古书记载的影响，但也有不少新的东西，其朴质、刚健、清新处，常为古书记载所无。将它们作比较研究，是很有意思的。

总之，中国神话内容丰富，历时久长，盘根错节，牵涉颇广。关于这方面的研究，确实应当培养深厚的学殖，并且应从多方面取材。

分论之部

一　世界的构成

世界是怎样构成的问题，原是这样提出来的：在人类社会的童年，不论是哪个民族，总有些关于天地开辟的幻想性质的东西，从神话里反映出来，因而提出了世界构成的问题。早在两千多年以前，我国伟大爱国主义诗人屈原的诗篇《天问》里就曾这么写道：

> 遂古之初，谁传道之？
> 上下未形，何由考之？
> 冥昭瞢暗，谁能极之？
> 冯翼惟像，何以识之？
> 明明暗暗，惟时何为？
> 阴阳三合，何本何化？
> 圜则九重，孰营度之？
> 惟兹何功，孰初作之？

郭沫若在《屈原赋今译》里翻译此诗的大意说："请问，关于远古的开头，谁个能够传授？那时天地未分，能根据什么来考究？那时混混沌沌，谁个能够弄清？有什么在回旋浮动，如何可以分明？无底的黑暗生出光明，这样为的何故？阴阳二气，渗合而生，它们的来历又从何处？穹窿的天盖共有九层，是谁动手经营？这样一个工程，何等伟大,谁个是最初的工人?"屈原所提问题,已经是文化发展到较高水平时的知识分子头脑中的构想,故在古神话的反映中还没有一个能够圆满地解决他所提的问题的。直到三国时代吴国的道士徐整著《三五历纪》,出现了一个开天辟地的盘古,才为屈原所提问题找到了比较完善的解答。在此之前,则只有一些神话的零片,来做部分回答。

例如《淮南子·精神篇》说,上古天地未分的时候,世界的景象只是窈冥混沌,看不出一点形迹。混冥之中,慢慢生出阴阳两个大神,在那里苦心经营天地。后来阴阳判分了,八方的位置定出来了,刚和柔彼此相成,于是才形成世界万物。这无疑是以古代神话为蓝本、又加上一些哲学思想的描述而表达的神话。它恰好解答了屈原所提"阴阳三(渗)合、何本何化"那个问题。

此一神话,在更早的《庄子·应帝王》里,又表现为儵与忽凿混沌的寓言。寓言说,南海的天帝名叫儵,北海的天帝名叫忽,中央的天帝名叫混沌。儵和忽常到混沌那里去作客,混沌待他们很好。他们想报答混沌的恩情,便在一块私下商量道,每个人都有眼、耳、口、鼻……七窍,用来看呀、听呀、吃东西呀,等等,偏那混沌一窍也没有,未免美中不足。于是带了斧头凿子之类的家具,去给混沌开窍。一天开一窍,到第七天上,就把他们的这个好朋友活活凿死了。

儵、忽,譬喻的是一瞬间的时间,当宇宙还是混沌一团的时候,就连一瞬间的时间观念也不会产生;直要到混沌开辟,才有时间的观念产生。这虽是寓言,其实也是古老的开天辟地神话在寓言形式下的再现。

《山海经·西次三经》记叙了一只"状如黄囊,赤如丹火,六足四翼,浑敦无面目"的天山神鸟帝江。毕沅于其下注云:"江读如鸿。

《春秋传》云：'帝鸿氏有不才子，天下谓之浑沌。'是此。云帝江，犹言帝江氏子也。"毕沅这一条注上半段很好，使我们知道帝江便是帝鸿。引《春秋传》即《左传》的话也引得好，不过他不知道《左传·文公十八年》这段话是已把神话历史化了。帝鸿的"不才子"浑沌，实即帝鸿本身。这里的帝江，亦即帝江本身，而不是什么"犹言帝江氏子"。帝江既即帝鸿，帝鸿又是谁呢？《史记·五帝本纪》集解引贾逵云："帝鸿，黄帝也。"这是说对了：作为中央天帝的黄帝，原来就是浑沌。所以《庄子》寓言，才有"中央之帝为浑沌"的说法。在神话或寓言里，天地开辟以后，浑沌自然是死了。但是神话的流传演变，此开辟之前的浑沌神，却又成为后来赫赫有名的黄帝，却是非一般人始料所及的。

变相的阴阳二神开天辟地的神话，《山海经·大荒西经》有这么一段记叙：

> 大荒之中，有山，名曰日月山，天枢也。吴姖天门，日月所入。有神，人面无臂，两足反属于头山（上），名曰嘘（噎）。颛顼生老童，老童生重及黎。帝令重献上天，令黎邛下地。下地是生噎，处于西极，以行日月星辰之行次。

这里记叙的是一个管理日月星辰行次的名叫"噎"的时间之神的来历：他原是颛顼"令重献上天，令黎邛下地"，黎下地后所生的儿子（《海内经》记作"后土生噎鸣，噎鸣生岁十有二"）。重黎所为，是身为上帝的颛顼叫他们做的一件"绝地天通"的重要工作。此在《书·吕刑》和《国语·楚语》上都有记叙，自然是把神话来历史化了，但从中还是可以看出一些神话的影子。据说原来天和地相距很近，神可以下地，人也可以上天。自从蚩尤煽动苗民作乱，几乎威胁到做上帝的黄帝的宝座。为了"遏绝苗民"，使其"无世在下"，到黄帝的曾孙颛顼继黄帝做了上帝之后，便叫大神重和大神黎去将天地的通路阻隔断。他们是怎样去阻隔断天地的通路的呢？据韦昭注《国语》说："言重能举上天，黎能抑下地"，大约就是本《山海经》"重献上天，黎印下地"为言。那么就是说，重和黎这两个大神，奉了颛顼之命，各自伸出他们两只硕大无朋的手臂，一个把天尽量往上举，一个把地竭力往下按，这样就使本来连接的天地远离开来了。"绝地天通"和"开天辟地"在某种意义上说原来是同一性质的神话故事：重和黎实际上就是阴阳二神的化身。

最早的开天辟地神话，本来是由两个神来做这项艰巨的工作，后来才渐渐集中到一个神即盘古的身上，说他是从混沌中产生出来的唯一的天地开辟者，并且还说他"垂死化身"，以其尸体，创造了宇宙间的万事万物——世界就这样构成了。

二 造物主

作为一个造物主，盘古所做的工作确实是宏伟壮丽的。他不仅开天辟地，而且死后还化身为天空上的日月星辰以及大地上的万事万物，构成了整个世界。

拿开天辟地来说，徐整的《三五历纪》所记，似乎还只是盘古随顺阴阳二气的变化在那里变化，并不费什么力气。说什么"天地浑沌如鸡子，盘古生其中。万八千岁，天地开辟，阳清为天，阴浊为地"，又说什么"天日高一丈，地日厚一丈，盘古日长一丈。如此万八千岁，天数极高，地数极深，盘古极长"，等等。这显然是根据一些民间传说又加上道家方士附会的哲理玄谈造成的结果，不是神话的本来面貌。明末周游著《开辟衍绎》，说盘古氏开天辟地，是"左手执凿，右手持斧，或用斧辟，或以凿开"，这样地去完成他的工作的，把盘古描写得威风凛凛，很有英雄气概。这大约也是根据当时的民间传说，但似乎倒更接近古代神话的本来面貌，虽然后者记录的时间比前者晚了千多年。

不过，大约是同一作者徐整在他的《五运历年记》(《绎史》卷一引) 记录的盘古"垂死化身"的情景，却比较好：

  首生盘古，垂死化身：气成风云，声为雷霆，左眼为日，右眼为月，四肢五体为四极五岳，血液为江河，筋脉为地理，肌肉为田土，发髭为星辰，皮毛为草木，齿骨为金石，精髓为珠玉，汗流为雨泽，身之诸虫，因风所感，化为黎甿。

这里描述的是：盘古用他巨人的身体，化生出宇宙间的万事万物，甚至包括人类，世界就由盘古的献身而全部构成了。设想瑰丽奇伟，符合神话本来面貌。这类由神或巨人化身，创造世界的神话，不仅中国有，其他民族和国家也有。例如印度神话说，"自在天（即湿婆神）以头为天，足为地，目为日月，发为草木，流泪为河，众骨为山，大小便利为海"（《摩登伽经》）；北欧神话说，奥定杀霜巨人伊麦，以其肉造成土地，血造成海，骨头造成山，牙齿造成岩石，头发造成树木花草与一切菜蔬，髑髅造成天，脑子造成云，等等。其设想世界的构成，虽托之于"神"或"巨人"的"化身"，而其中心思想，则无非讴歌人创造世界业绩的伟大。因而作为造物主而创造世界的盘古神话，是有其意义和价值的。

在盘古神话出现以前或稍后，从某些古书的记载中，也还能看见一些神或人，有类乎盘古的行迹。

最早是《山海经·大荒北经》和《海外北经》所记的烛龙。这神，又叫烛阴，是一个"人面、蛇身、赤色""身长千里"的怪物。他的神力很大，"视为昼，瞑为夜，吹为冬，呼为夏，不饮，不食，不息，息为风"。据说他常衔一支蜡烛，照耀在北极阴暗的天门中。从他的神力看，很像盘古。而《广博物志》卷九引别本《五运历年记》却说："盘古之君，龙头蛇身，吹为风雨，嘘为雷电，开目为昼，闭目为夜。"其形貌和神通，倒很有点像烛龙。说不定烛龙是早期传说的盘古，而盘古却是烛龙流传演变的产物呢。

其次是汉代佚亡的纬书《遁甲开山图》里所描述的巨灵神。说

"巨灵与元气齐生"，那么他也和盘古一样，是从混沌中产生出来的；又说他能"造山川、出江河"，他的神力之大，也有点类似盘古。《水经注·河水》还记述了有关他的一段轶闻，说："华岳本一山当河，河水过而曲行，河神巨灵，手荡足踏，开而为两，今掌足之迹仍存。"就把他的神力描摹得非常具体。然而或者正因为太具体了，他只能局部地做一个河神，失掉了真正做一个造物主的资格。

《神异经·东南荒经》所记的"天初立时""开导百川""身长千里"的朴父夫妇，也有点类似盘古或六朝梁任昉《述异记》所说的"盘古氏夫妻"那样的人物。但由于他们治理黄河"懒不用意"，使河水"或深或浅，或溢或塞"，天帝罚他们赤精着身子"并立东南，男露其势，女露其牝，不饮不食，不畏寒暑，唯饮天露；须黄河清，当复使其夫妇导护百川"，形象太不美观。所以虽然类似，毕竟还是要差许多。

比较更相像的，是《述异记》记述的南海的鬼姑神。说这神的形状是："虎头龙足、蟒眉蛟目"，神通是"能产天、地、鬼；一产十鬼，朝产之，暮食之。""能产天地"，神力就超过了"开天辟地"，是很有做造物主资格的了。可惜产鬼而食鬼，从华夏民族的视角看来，终于不很光彩，因而不得不退居为某个地区的地方神祇，不能和开天辟地、创造万物的盘古竞胜。

不过这里需略微引起我们注意的，是在如今西南某些少数民族原始神话的概念中，神鬼含义无别。《述异记》所记南海鬼姑神"一产十鬼"，或许就是一产十神。它和《山海经·大荒西经》所记的"女娲之肠"化为十神神话，可能有某些联系——其联系究竟如何，现在已经不大清楚了。如果鬼姑神能产天、地、神的说法可以成立，那么此神作为古代南方少数民族所传的造物主，还是很够格的。

三　盘古与盘瓠

继盘古神话之后，又有六朝宋范晔在《后汉书·南蛮传》里记述的盘瓠神话。讲的是高辛王当国时，一只名叫盘瓠（hú）的忠勇的狗，因杀敌立功，娶了公主为妻，因而传下后代，成为南方"蛮"族始祖的故事。这是一个民族推原的图腾神话，在近代西南少数民族如苗、瑶、畲、黎等中，确还大同小异地流传着。唐李贤注《后汉书》，在这个故事的后面写道："已上并见《风俗通》。"《风俗通》本名《风俗通义》，是汉末应劭著的一部讨论风俗起源及其迷信禁忌等的书，已佚，今所见《汉魏丛书》所收乃是不全的辑本，盘瓠神话不在其中。果如李贤所说，那么盘瓠神话尚早于盘古神话。

近代学者多以盘瓠即盘古，说盘古神话原是受了盘瓠神话的影响而创造出来的。举出三点理由为证。一是盘古与盘瓠声音相近，由盘瓠音转而为盘古，是很自然的。二是盘古和盘瓠传说的地望都在南方。《述异记》说南海有盘古墓、盘古国，桂林有盘古庙；《路史》说"会昌有盘古山，湘乡有盘古堡，零都有盘古祠，成都、淮安、京兆皆有庙祀"；而《搜神记》说槃瓠封于桂林为桂林侯；《玄中记》说"浮之（槃瓠）会稽东海中，得地三百里封之"；黄闵《武陵记》说"武山高可万仞，山半有盘瓠石室，可容数万人，中有石床，盘瓠行迹"。这些地方，除《路史》所说京兆有盘古庙祀的"京兆"在今陕西省、算是北方而外，其余都在南方。三是刘锡蕃《岭表纪蛮》说，瑶族人民奉祀盘古很虔诚，称之为"盘王"，"天旱祷盘王，昇王游田间，视禾稼"；常任侠《沙坪坝出土之石棺画像研究》也说，苗族有《盘王书》，类乎《旧约·创世纪》，传唱于苗民当中，说盘王是种种文物器用的创造发明者。而苗瑶民族所称的"盘王"，类多与盘瓠无别。

根据上述的理由，我也认为，作为一个民族始祖神的盘瓠，演变而为开天辟地的人类共同的老祖宗盘古，是很有可能的。何况苗族原是住在中原的最古老的民族之一，由于古代民族战争，迁徙到了南方。故汉、苗神话，每每同源，盘瓠神话演变而为盘古神话，正无足怪。

除开上面所说的三点理由，我还可以补充如下两点。

《山海经·大荒北经》说：

> 有人名曰犬戎。黄帝生苗龙，苗龙生融吾，融吾生弄明，弄明生白犬，白犬有牝牡，是为犬戎。

这也是一个民族推原神话。是说黄帝的子孙中有雌雄两头白犬，它们自相婚配，就成为后来的犬戎族或犬戎国。郭璞在《海内北经》"其（大行伯）东有犬封国"下注释道："昔盘瓠杀戎王，高辛以美女妻之，不可以训，乃浮之会稽东海中，得三百里地封之，是为狗封之国也。"紧接着经文又有"犬封国曰犬戎国，状如犬"等语，郭璞又举上引《大荒北经》"白犬有牝牡"一段神话故事释之。郭璞的注释也许不很准确，经文可能也有脱误，这些都暂不必去管它了。有一点却是可以肯定的：即盘瓠神话确当由"白犬有牝牡"神话演变而来。神话的流传是由西北而渐及于东南；神话的内容则是作为白犬后裔的犬戎一变而为盘瓠所与斗争的敌国（《后汉书》说槃瓠衔"犬戎之将吴将军头"而还；郭璞注说"盘瓠杀戎王"，"戎王"就是犬戎王），白犬自相婚配也变作了盘瓠得美女（后来且说是公主）为妻。白犬神话演变成盘瓠神话，它显示给我们一个什么意义呢？那意义就在于：白犬（盘瓠）的老祖宗原是黄帝，而黄帝又是汉民族的祖宗神，这便是汉民族神话和西南少数民族神话每每同出一源而互相沟通的证据之一。这是我要补充的一个理由。

再一个理由是，根据近代西南少数民族传述的盘瓠神话或传唱的《狗皇歌》之类，知道盘瓠又名"龙孟"或"龙期"。当他从金虫变为"丈二长"的"五色花斑"的龙犬时，高辛皇帝给他取名叫"金龙"（福建、浙江舍民）；又据何联奎《畲民的图腾崇拜》（见《民族学研究集刊》第一期）一文所附图，盘瓠的头，确就是龙头：这说明盘瓠虽是狗，在神话传说中，又处处和龙有关。而盘古的形貌呢，恰好也关系于龙。《广博物志》卷九引《五运历年记》说："盘古之君，龙头蛇身。"《路史·前纪一》注引《地理坤鉴》说："盘古龙首人身。"不管"人身"也好，"蛇身"也好，盘古的头是龙头则和盘瓠相同。这也说明由盘瓠神话演变为盘古神话是很自然的。

又《山海经·海外北经》说："轩辕之国在女子国北，人面蛇身，尾交首上。"轩辕是黄帝的称号，轩辕国当是黄帝子孙聚居而成国的。其形貌是人面蛇身，推想古传黄帝必当也是这种形貌。古天神多人面蛇身（如伏羲、女娲、共工、贰负、窫窳等），这正是以龙蛇为图腾的古代华夏民族（汉民族的前身）所传述的神话中的神的形貌。盘瓠或盘古的形貌还残留着龙头的痕迹，说明有关他们的神话是和崇拜龙蛇的古代华夏民族同出一源的。照此说来，那么从记录时期较早的盘瓠神话演变而为记录时期稍晚的盘古神话，岂不是大有可能么？

四 女娲的功绩

女娲是我国古代神话中著名的英雄人物,她毕生干了两件惊天动地的大事,一是造人,二是补天,为人类立了大功。

说到造人,不能不想到东汉许慎《说文解字》对"娲"字的解释:"娲,古之神圣女,化万物者也。"这里的"化"字,自当作"化育""化生"解,那么女娲就是化育、化生万物的人,不仅仅是创造人类了。不过根据古书明确的记载,女娲首要的工作,还是造人。

女娲造人,又有两种不大相同的说法,一是女娲与诸神共同造人,另一是女娲单独造人。

《淮南子·说林篇》说:"黄帝生阴阳,上骈生耳目,桑林生臂手;此女娲所以七十化也。"高诱注:"上骈、桑林皆神名。"这就是女娲和诸神共同造人。这里的"化"字,仍当作"化育""化生"解,说得更具体一点,那便是"孕育"。《吕氏春秋·过理篇》说:"纣剖孕妇而观其化。"即是此意。这段神话的大意是说,女娲在与诸神合作共同创造人类、一天孕育多次的过程中,有来助其生阴阳性性器官的,有来助其生耳目手足的……通过神话的折射,隐约反映了原始母系氏族社会早期以女性为中心的非血缘群婚的景象。然而这段神话由于记录过于简单隐晦,毕竟流布不广,后来终于沉湮了。

女娲单独造人见诸记载的是应劭的《风俗通义》(《太平御览》卷七八引):"俗说天地开辟,未有人民,女娲抟(tuán)黄土作人,剧务，力不暇供，乃引绳絙（gēng）于泥中，举以为人。故富贵者，黄土人；贫贱者，引絙人也。"分析起来，这段神话的中心只有"女娲抟黄土作人"一语，其余都是后来的附加，是神话流传到阶级社会以后，统治阶级给古代神话打上去的阶级烙印。所以才有富贵贫贱的议论，才有"黄土人""引絙人"的区别。

神创造人这样的神话，在世界上好些民族的古代神话中都是有的。例如希腊神话说，普罗米修斯把具有生命的小片黏土来做成各种爬虫、鱼类、飞禽、走兽……最后才仿照神的形状做成人。希伯来神话说，耶和华上帝用地上的尘土造人。北美洲迈都族印第安人神话说，地开创者用暗红色的泥土掺合了水，做成男女两个人像，再用脂木烧煅使他们都活了起来，男名古克苏，女名晨星女人，以后世间便有了人类，等等。这些记述，造人者多为男性的神，足见已是进入父系氏族社会时期的传说。独女娲造人，乃是由一个女性的神来担负这项工作，不仅自然而亲切，更反映出原始社会母权制时期的遗迹，具有人类社会发展史的认识价值。

女娲的功绩，另一件是补天。补天的记载也是始见于《淮南子》。《览冥篇》说：

> 往古之时，四极废，九州裂。天不兼覆，地不周载。火爁（làn）焱而不灭，水浩洋而不息，猛兽食颛民，鸷鸟攫老弱。于是女娲炼五色石以补苍天，断鳌足以立四极，杀黑龙以济冀州，积芦灰以止淫水。

这以下还有一些哲学意味的渲染和议论，就不多引了。这段神话，是我国古代神话中最奇伟壮丽、最动人心魄的神话之一。它描写的是：在洪荒时代，当宇宙发生大变动、天崩地裂的时候，大神女娲为了拯救人类出于水火，毅然运用神力，与自然灾害做斗争，辛辛苦苦，做了许多工作，终于将灾祸平息，使沉溺在痛苦深渊中的人类得到苏生。它突出写的虽然是神，实际上还是歌颂古代敢于和自然威力做斗争而压倒自然威力的劳动人民。

女娲补天神话，看似情景纷繁，五花八门，而其中心内容，实际上只是一个洪水为灾、女娲用种种方法诛妖除怪、堙塞洪水的故事。女娲可说是神话中最早一个治理洪水的英雄。

当大雷雨来到的时候，引起原始森林炎炎的大火，兼以山洪暴发。恶禽猛兽无栖息处，纷纷从森林中逃奔出来，乱飞乱窜。洪波中还有大鼋巨蟒，随流而下。霖雨连月不息，洪水汪洋，惨淡的天空看来好像要坍塌，吼哮的大地听来好像要崩裂。在这种自然界的大灾变中，宇宙马上好像要毁灭——这就是女娲补天神话产生的背景。由于霖雨为灾，天色阴沉暗惨，看来像要崩塌，所以设想女娲"炼五色石以补苍天"。其实石头正是堙塞洪水的最好工具，"五色"不过是神话的渲染。女娲做的四项工作的第一项，就有一半成分关系到治水。其余三项——"杀黑龙以济冀州，断鳌足以立四极，积芦灰以止淫水"——说的就全是平息洪水的事了。巨鳌和黑龙，无非是当洪水暴发时出来兴涛作浪的水怪。鳌足撑天，极言其巨，杀黑龙而中原人民得到拯救，也足见其猛恶：二事皆关洪水。至于"积芦灰"，则明言"止淫水"，女娲补天神话的中心内容正在于此。

女娲补天，目的是在治水，从后世某些迷信行为和风俗习惯看，还可得到一些旁证。《论衡·顺鼓篇》说："雨不霁，祭女娲。"为什么要祭女娲呢？因为女娲补天，霖雨就止住了，所以女娲便被当作是主晴霁之神。后世相沿的所谓"天穿节"，便是由此而来。明杨慎《词品》说:"宋以正月二十三日为天穿日,言女娲以是日补天,俗以煎饼置屋上,名曰补天穿。"清俞正燮《癸巳存稿》卷十一"天穿节"条说它是"亦祝雨水无屋漏之意",这是对的。足见女娲补天,正是为了治水,补天神话的中心内容也是治水。但治水神话在我国神话中比较普通,治水英雄人物如鲧、禹、鳖灵、李冰等也并不鲜见。而补天神话及其神话英雄,则不但在中国便在世界也是罕闻的。因而,单纯的女娲补天神话便流传开来,而在此神话掩盖下的真正的女娲治水行迹反倒湮没不彰了。

五　婚姻之神的女娲

正因为有了"女娲抟黄土作人"的神话，接着而来的，便是人类后嗣延续的问题。于是很自然地，在稍后的神话传说中，造人的女娲又兼上了婚姻之神的职务。就在记载女娲造人神话的《风俗通义》这部书里，同时又记载着：

> 女娲祷祠神，祈而为女媒，因置昏姻。（《路史·后纪三》注引）

"祈"字，他书所引，或又作"示"字。那么这几句话，就该作如下断句："女娲祷祠，神示而为女媒，因置昏姻。"不过意思还是差不多，无非说女娲请求神允许她做女媒，然后才替人类建立了婚姻制度。不言而喻，这已经是染上了后世神话历史化的尘氛。其实古神话中造人补天的女娲，本来应当自己就是婚姻之神，哪里还用得着去祈祷别的神祇批准她做女媒呢？

《路史·余论二》说："皋（高）禖（meí）古祀女娲。"《后纪二》又说："以其载媒，是以后世有国，是祀为皋禖之神。"意思是说，由于女娲给人类建立了婚姻制度，所以后世的有国者，便把她奉祀做了高禖之神。高禖就是郊禖，把媒神的庙堂建立在郊野，就叫郊禖，也叫高禖。这是女娲为婚姻之神正式见诸古书记载的。闻一多在《高唐神女传说之分析》一文中说，夏人所祀的高禖是涂山氏，即女娲

（《史记·夏本纪》索隐引《世本》云："涂山氏名女娲。"）；殷人所祀的高禖是简狄；周人所祀的高禖是姜嫄："古代各民族所祀的高禖全是各该民族的先妣。"女娲是否即涂山氏姑且不论，说古代各民族都以各该民族的先妣（即神话传说中诞生该民族始祖的第一个女性）为媒神这话却是对的。那么除女娲而外，作为婚姻之神而被奉祀的，历史上还有涂山氏、简狄、姜嫄，等等，而女娲则当是她们中最早的一个。

《世本》说："女娲作笙簧。"传说中女娲制作的这件乐器就和青年男女的爱情与婚姻有关。"笙簧"是什么呢？笙簧其实就是笙，簧只是笙中的薄叶，吹之以振动发声成韵的。《诗》"吹笙鼓簧"，就是这个意思。《广雅·释乐》说："笙以匏（páo）为之，十三管，管在左方。" 匏就是葫芦，是葫芦挖空的半截。现代苗族人民所吹的芦笙，就是用半截葫芦上面插了些管子做成的，还基本上保留着传说中女娲所作笙的形制。女娲做笙，为什么要用葫芦呢？据说这和伏羲女娲藏入葫芦逃避洪水、后来兄妹结婚、繁衍人类的神话有关，下一节中我们就要讲到。总之，女娲所做的笙即芦笙乃是爱情和婚姻的象征。

说起吹芦笙，在西南地区苗族人民当中，是怎样欢乐的盛会呀！它和少年男女们的纯真爱情又是有着多么密切的关系呀！每年春二三月，桃李花开的时候，当天朗无云、月光明媚的夜晚，人们便预先在田间地畔选择了一块空地，作为月场。穿着节日盛装的少年男女们，都到月场上来，踏歌跳舞，叫作"跳月"。男女各成行列，双双对舞。男的吹着芦笙在前面做引导，女的摇着响铃在后面跟随着，盘旋舞蹈，通宵不倦。若是双方都跳得情意相投了，就可以手牵着手，离开人群，到秘密的地方去。这种跳舞，和古代青年男女在高禖神庙前的跳舞是多么相像啊。《礼记·月令》说："仲春之月，以太牢祀于高禖。"人们用猪、牛、羊三牲全备的隆重的"太牢"礼去祭祀他们所崇奉的婚姻之神。《诗·闷（bì）宫》说："闷宫有恤……万舞洋洋。"闷宫是奉祀高禖的神宫，祀高禖而用富于诱惑性的万舞，庙会的热闹欢乐可知。《周礼·媒氏》说："中春之月，令会男女，于是时也，奔者不禁。"据贾公彦疏，"令会男女"者，当是会男女于高禖神宫的意思。把这几段叙写合起来看，古代青年男女于仲春之月在高禖神宫前的欢会，那情景就和今天苗族青年男女在月场跳月相差不多了。

《诗·生民》说："克禋克祀，以弗无子。"传："弗，去也，去无子求有子，古者必立郊禖焉。"郊禖就是高禖，没有子嗣的人每每便到高禖神宫去求有子嗣，于是婚姻之神便又兼了送子娘娘的任务。这不但以后的简狄、姜嫄是如此，就连最早的女娲也不例外。"女娲作笙簧"就是一证。马镐《中华古今注》说："问曰：上古音乐未和，而独制笙簧，其意云何？答曰：女娲，伏羲之妹……人之生而制其乐，以为发生之象。"所谓笙，就是生的意思，传说女娲做笙，取义就在于人类的繁衍滋生。因而可以想见，婚姻之神的女娲，必然同时也兼有送子娘娘的职务。

六　女娲与伏羲

女娲与伏羲的关系是兄妹而兼夫妇，但在秦以前的典籍中，却没有这项记载。《路史·后纪二》注引《风俗通义》说："女娲，伏希（羲）之妹。"这才确定了他们的兄妹关系。唐卢仝《与马异结交诗》说："女娲本是伏羲妇。"又确定了他们的夫妇关系。其实从现代所发掘出的汉代石刻画像与砖画中，作人首蛇身以夫妇姿态出现的伏羲女娲画像是常见不鲜的。他们上身通作人形，穿袍子，戴冠帽；下身则是蛇躯，两尾相交，紧紧缠绕。两人的脸面，或正向，或背向。男的手拿曲尺，女的手握圆规。或是男的手捧太阳，太阳里面有一只金乌；女的手捧月亮，月亮里面有一只蟾蜍。有的画像还饰以云景，中间有生翅膀的人首蛇身的天使翱翔。有的画像还在当中着一天真烂漫的小儿，手拉两人的衣袖，双足卷走，状似飞腾，给我们呈现了一幅非常美妙的家庭行乐图。

不但石刻画像和砖画是如此，就是斯坦因在隋高昌故址阿斯塔那发掘出土的绢画也是如此。往上推则汉代初年所画的壁画也早就如此了。壁画如今已不可见，但从东汉王延寿（《楚辞》编辑并注释者王逸的儿子）《鲁灵光殿赋》"伏羲鳞身、女娲蛇躯"二语可以推想而知。灵光殿是汉景帝（公元前156年—前143年）的儿子鲁恭王的建筑物，到汉末王延寿游鲁见到此殿的壁画而作赋时，时间已经过将近三百年了。汉代初年即有伏羲女娲壁画，可见传说渊源之古。

但关于他们以兄妹结婚再造人类的神话,直到唐末李冗的《独异志》才有正式记录:

> 昔宇宙初开之时,有女娲兄妹二人,在昆仑山,而天下未有人民。议以为夫妻,又自羞耻。兄即与妹上昆仑山,咒曰:"天若遣我二人为夫妻,而烟悉合;若不,使烟散。"于烟即合。其妹即来就兄。乃结草为扇,以障其面。今时取妇执扇,象其事也。

这就是《独异志》的简单记录。这个记录虽然简单,却是非常可贵。第一,它证明了如今流传在西南地区少数民族如苗、瑶等中的伏羲女娲兄妹结婚神话,早在千多年前的汉族地区已有流传,说明二者是同出一源的。第二,神话称"女娲兄妹",说明是以女娲为中心的,还保存着原始社会母权制时期思想意识的残余;现在则无论汉、苗的民间传说,多已转到伏羲这方面来,说明已经经过从母权制到父权制的演变了。

不过这个简单的记录仍有一些缺点。头一个缺点就是漏掉了洪水的情节。女娲伏羲本是洪水遗民,后来兄妹结婚,乃是为了再造人类。但从这个记录中,女娲兄妹仿佛是当"宇宙初开之时"突然出现似的。既然是突然出现,他们的"兄妹"关系又从何而来呢?既然是"天下未有人民"而创造人民,那就是责无旁贷,又何"羞耻"之可言呢?第二个缺点是神话所写"结草为扇、以障其面"情节,应当完全是附会封建社会礼俗习惯的产物,不是神话本身所应有的。从整个神话看,记录者的目的大约也只在于说明"今时取妇执扇"这个风习的由来,神话在这个框子里因而被简单化和被歪曲了。

唐末道士杜光庭《录异记》卷八说:"陈州为太昊之墟,东关城内有伏羲女娲庙。东关外有伏羲墓,以铁锢之,时人谓之翁婆墓。"又说:"房州上庸界,有伏羲女娲庙,云是抟土为人民之所,古迹在焉。又华陕界黄河中,有小洲岛,云是女娲墓。"和李冗《独异志》所记"女娲兄妹"结婚神话相印证,知此一神话在晚唐时期已普遍流传在民间,因而才有他们的祠墓及有关他们的传说等。

流传在如今西南地区苗、瑶等少数民族中的伏羲女娲神话,情节大同小异,其中一则大致是这样的:

> 兄妹的父亲因争财产和天上他的兄弟雷公结怨,雷公前来报仇,被捉住,囚禁在铁笼里。父亲上街买盐,准备腌吃雷公,嘱兄妹好生看守雷公,不许给他水喝。兄妹可怜雷公,给口渴讨水的雷公喝了一点水。雷公得水,忽然轰开铁笼,从笼中飞出。临去,拔牙赠予伏羲兄妹,嘱咐他们赶快种入土中,如遇灾难,可逃入所结果实中躲避。父亲回来,发现雷公已逃,赶紧打造铁船。伏羲兄妹也试将雷公所赠牙种入土,顷刻发芽开花结果,长成一个大葫芦。雷公报仇,发洪水淹灭世间,父亲乘铁船直撞天门,天门不开,洪水退去。父亲和铁船从高空跌落,登时粉身碎骨。伏羲兄妹入葫芦避水,洪水退后,兄妹得以不死。那时世上人全因洪水而淹毙,他俩是人类中仅存的孑遗。他们常攀登天梯,到天庭游玩,因为其时天和地本相距不远。时光荏苒,他们都已长大成人,哥哥便要和妹妹结婚。妹妹起初不肯,经哥哥再三恳求,便答应绕树追赶,能追上便和哥哥结婚。于是围绕着一棵大树,兄妹追赶起来。追了许久,总追不到。哥哥心生一计,忽然转身而走,妹妹便落入哥哥的怀抱。于是二人结婚,成了夫妇。不久,女的产下一个肉球。夫妇觉得奇怪,便将肉球切碎,用纸包裹起来。

带着肉球碎块，仍然攀登天梯，去天庭游玩。刚升到半空，一阵大风吹来，纸包破裂，细碎的肉块散落到大地上，都变作了人。落到树叶上的，便姓叶，落在木头上的，便姓木，不论落在什么地方，便拿那个地方东西的名称来当作姓氏。从此世界上又有了人类，伏羲夫妇便成了再造人类的始祖。

伏羲女娲兄妹结婚神话反映了原始社会人类曾经经历的血亲婚配的艰难阶段。闻一多《伏羲考》说，伏羲当作鲍羲（xī），原本就是葫芦的意思；女娲又称"炮（páo）娲"，以音求之，实即鲍瓜，也是葫芦一类的东西。神话中说二人曾躲进葫芦逃避洪水，葫芦竟成了他们的名称。徐旭生《中国古史的传说时代》第六章说："有一部分（苗族）传说，说这个男子叫作Bu—i，女子叫作Ku—eh。Bu—i就是伏羲的古音，Ku—eh同娲字的古音也极相近。Bu字的原义为祖先，i是'一'或'第一'的意思——Bu—i就是指最早的祖先。照这样说，苗人最早的祖先就是伏羲、女娲。"我认为两种说法都有意义，足供参考。

伏羲、女娲之为苗族的始祖神，从《山海经·海内经》的一段记叙中已可见到：

> 有人曰苗民。有神焉，人面蛇身，长如辕，左右有首，衣紫衣，冠旃冠，名曰延维。人主得而飨食之，伯天下。

闻一多《伏羲考》说，这名曰"延维""人面蛇身""左右有首"的苗民所奉祀的神，实即交尾的伏羲、女娲，其说甚是。这神，郭璞注中已指明，即《庄子·达生篇》里记叙的齐桓公所见的怪物委蛇，起初把桓公吓得病得要死，等到管仲向他解释清楚：人主见到这怪物有霸天下的希望。桓公的病一下子就好了。闻一多说，"相传伏羲本是'为百王先首'的帝王，故飨之或见之者可以霸天下。"其说亦是。总而言之，伏羲、女娲在两千多年的古书记载中，已明确证实为苗族所奉祀的神了，实在令人惊异。

从苗、瑶民族所传伏羲、女娲神话中，有三点值得我们注意。一是关于洪水。伏羲、女娲由于逃避洪水灾祸才兄妹结婚再造人类的，因而反映在女娲补天神话中，女娲平息洪水便成了此一神话的中心内容。二是伏羲兄妹的父亲所与斗争的雷公，原是他们的亲族。推论起来，伏羲兄妹自然也当是雷族的后裔。这一点在有关伏羲的古神话中也有所反映。《太平御览》卷七八引《诗含神雾》说："大迹出雷泽，华胥履之，生伏羲。"而《山海经·海内东经》说："雷泽中有雷神，鼓其腹而熙（别本'而熙'作'则雷'）。"那么华胥所履雷泽的"大迹"，自当是雷神之迹——伏羲是雷神的儿子。三是伏羲兄妹所攀登的天梯，汉民族古神话中也有反映。《海内经》说："建木……大皞爰过。"就是说伏羲曾攀登天梯建木。关于此，下一节中我们就要讲到。

总之，将西南少数民族所传伏羲、女娲兄妹结婚神话来和古书记载的这一神话互作比较，就可发现两者实出同源，互相沟通：古书记载的某些情节既反映在如今少数民族的口头传述里，如今少数民族口头传述的某些情节也早反映在古书的记载里了。研究起来，是很有兴趣的。

七　天梯

《国语·楚语》说:"(楚)昭王问于观射父曰:《周书》所谓重、黎实使天地不通者何也？若无然,民将能登天乎？"楚昭王这个天真的问题,恰好说明了古代神话的真相。在颛顼派遣重、黎去隔断天路以前,天和地相去不远,本来是有道路从地面直达天庭的。所以那时人民确实可以"登天",神自然也可以下地。神话中所谓"民神杂糅"的时期,就指这段时期。《定庵续集·癸壬之际胎观》说:"人之初,天下通,人上通,旦上天,夕下天,天与人,旦有语,夕有语。"就准确地表达出了这段时期民神交通的自由状态。这种状态,自然是原始社会无阶级的人类生活在神话中的折射、反映,不是如楚昭王所想象的,人民真能登天。

即便如古神话所设想,其时天地相去未远,人和神可以自由往来。但若真要从地面登天,还得有阶梯可循,于是神话中便又有了关于天梯的神话。

中国古代神话中的天梯,都是自然生成物,一种是山,另一种是特定的大树。

作为山的天梯的,第一是昆仑山。《淮南子·地形篇》说:"昆仑之丘,或上倍之,是谓凉风之山,登之而不死；或上倍之,是谓悬圃,登之乃灵,能使风雨；或上倍之,乃维上天,登之乃神,是谓太帝之居。"高诱注:"太帝,天帝。"这一段把从昆仑山登天的过程,讲得极为详细、清楚。昆仑山就是我国古代神话中一座著名的山的天梯。

其次是《山海经·海内经》所记的华山青水之东的肇山，那里有仙人柏高，"上下于此，至于天"。说得也很明确，无烦多做解释。肇山自然也是一座天梯。

再其次是《海外西经》所记的巫咸国所在的登葆山，说它是"群巫所从上下"之地。所谓"群巫"，即《大荒西经》记的巫咸、巫即、巫盼、巫彭、巫姑、巫真、巫礼、巫抵、巫谢、巫罗十巫；"上下"当也是"上下于天"，做宣神旨、达民情的工作的意思。旧释"采药往来"，失之，从来巫师主要的工作并不是采药。登葆山自然也是一座天梯。

山的天梯古书所记大略尽于此了，此外便是树的天梯。

树当中具有天梯性质的，据现在所知，只有建木一树。建木生长在都广之野，据说是天地的中心。到了中午，太阳照在它的顶上，连一点影子都看不见。站在这里大吼一声，声音马上消失在虚空之中，听不见一点回响。建木的形状也生得奇怪：细长的树干笔端端一直钻入云霄，两旁不生枝条，只在树的顶端，生长了一些弯弯曲曲的树枝，盘绕起来像一把伞盖，树根也是盘曲交错的。把它的树干一拉，就有软绵绵的扯不断的树皮剥落下来，像缨带，又像黄蛇。

这座居于天地中央的天梯，据说是黄帝造作、施为的。各方的天帝就把它用来作了或上天、或下地的楼梯，而太皞伏羲就是他们当中第一个从此上天下地的。《山海经·海内经》记叙的"建木……大皞（伏羲）爰过，黄帝所为"；《淮南子·地形篇》记叙的"建木在都广，众帝所自上下。日中无景，呼而无响，盖天地之中也"，就是这种情况的写实，而伏羲的神性也于此可见。

此外古书里虽还记有若干奇特的树木，像北方海外的三桑、寻木（《山海经·海外北经》），东方海外的扶桑（《海外东经》），西方海外的若木(《淮南子·地形篇》),大荒北野的槃木(《大荒北经》)等,都是长达数十丈、数千丈乃至千里的大树。但是否具有天梯的性质,却没有明确的记载。只有建木,我们才确知其为天梯。

从我国后世民间传说中,还可以找到古神话中天梯的遗意。黄梅戏《天仙配》"槐荫别"一场,织女向董永说:"董郎,你看这两块顽石,一块高来一块低,好似为妻上天梯。"就存在着以山为天梯的古义。《中国民间故事选·春旺和九仙姑》写九仙姑下凡一整年,在天井里栽了棵葫芦,踏着葫芦叶子直升上天去给她爹做寿,就存在着以树为天梯的古义。

外国也有关于天梯的神话。唐李泰《括地志》说:"佛上忉利天,为母说法九十日。……佛上天青梯,今变为石,没入地,唯余十二磴,磴间二尺余。彼耆老云,梯入地尽,佛法灭。"这是以山为天梯的情景。赫胥黎《进化论与伦理学》说:"有这样一个有趣的儿童故事,名叫'杰克和豆秆'。这是一个关于豆子的传说,它一个劲儿地长,耸入云霄,直达天堂。故事的主人公,顺着豆秆,爬了上去,发现宽阔茂密的叶子支撑着另一个世界,它是由同下界一样的成分组成的,然而却是那样新奇。"这是以树为天梯的情景。

总之,不论古今中外,天梯总是人们想要从地面攀登到天上去看看那另一幻奇世界的构想。古人质朴,所以拿自然生成物的山或树作为通向天庭的工具。因而后世民间传说的天梯,总大都出不了山和树这两种自然生成物的范围,不过外貌上略为有些改变罢了。也有径把天梯想象做长长的梯子形状的,例如《旧约·创世纪》说:"雅各梦见一个梯子立在地上,梯子的头顶着天,有上帝的使者在梯子上,上去下来。耶和华站在梯子以上。"天梯真是一架梯子,那就更是直接而简单了。如今我国西南地区少数民族中还有以梯子形状为天梯的神话。

八　伏羲与燧人

伏羲又称太昊伏羲氏。"太昊"和"伏羲"这两个名称在秦以前的古书里还没有连起来称呼的，这是秦汉之际《世本》的作者给予的称号。从此"太昊"和"伏羲"就合而为一，成为一个人了。在这以前，说不定还是两个人，他们之间有着某种联系，但不一定就是一个人。但既已合而为一，我们也只好承认这个历史演变的事实。

伏羲一名，古书最是无定。或写作"宓牺"，或写作"庖牺"，此外还有"伏戏""包牺""伏牺""炮牺""虙（fú）戏""虙羲"等不同的写法。太昊也或写作"大昊""太皞""大皞"等。总之，在讲到伏羲的神职或神性事迹的时候，多用太昊一系列的名称；在讲到人事或历史的时候，多用伏羲一系列的名称。但也并不是绝对如此，也偶然有例外的。

在组成神国的"五方帝"中，伏羲是东方的天帝。《淮南子·天文篇》说："东方木也，其帝太皞，其佐句芒，执规而治春。"《时则篇》说："东方之极，自碣石山，过朝鲜，贯大人之国，东至日出之次，榑木之地，青土树木之野，太皞、句芒之所司者万二千里。"这就是作为东方天帝的伏羲和他的属神句芒的职司所管理的地方。高诱注《吕氏春秋·孟春纪》说："太皞伏羲氏，以木德王天下，死，祀于东方，为木德之帝。句芒，少皞之裔子曰重，佐木德之帝，死为木官之神。"高诱的解释是以历史观点释神话，把神话历史化了。其实伏羲本来就该是东方的天帝，句芒也本来就是他的属神，并不是两人"死"了以后才"祀"他们为神的。虽然"五方帝"的安排，也是把上古的神话人物，用人工组合而成的。

《山海经·海外东经》说："东方句芒，鸟身人面，乘两龙。"说明这"鸟身人面"的句芒，原本是神。至于说他是少皞氏的"裔子"（或说他是少皞氏的"四叔"之一，见《左传·昭公二十九年》），也是不错的，因为作为鸟国的王的少皞，本应该有这样一个鸟形的儿子。句芒司春，因而传说他掌管着人的寿命。郭璞注《海外东经》引《墨子》说："昔秦穆公有明德，上帝使句芒赐之寿十九年。"就是句芒司人年寿的证据，不过已经近乎宗教迷信了。

伏羲的神职已如上述，此外便是他的创造发明。

《蜀中名胜记》卷八引《学斋呫哗》说："资州地掘得汉碑，有'伏羲仓精，初造工业，画卦结绳，以理海内'等语。""初造工业"疑当是"初造王业"，可能因字迹模糊而有讹误。不过"工业"二字却很有意思，用来作为他在文化方面创造发明的表述还是比较妥当的。伏羲为后世人们所尊仰，还不在于他之作为东方天帝，或者是"为百王先"的人间的第一个帝王，而是在于传说他创造发明了许多有用的事物，为人类文明昭示了灿然的曙光。画卦和结绳两件事，就是伏羲的创造发明中的荦荦大者。

画卦，就是画八卦。八卦据说是最早的带哲理意味的文字，它是用代表阳的"—"和代表阴的"--"两种不同符号相互组合而成的，即 ☰乾、☷坤、☳震、☴巽、☵坎、☲离、☶艮、☱兑。照《易·系辞》的"古者包牺氏之王天下也，仰则观象于天，俯则观法于地，观鸟兽之文……于是始作八卦"一段话看来，本来是平淡无奇，没有什么神话意味的。但据《太平御览》卷九引《王子年拾遗记》说："伏羲坐于方坛之上,听八风之气,乃画八卦",就有了一些神话的意味。原来伏羲画八卦,并不是"观鸟兽之文",而是"听八风之气"。果然,高诱在注释《吕氏春秋·古乐篇》"帝颛顼乃令飞龙作乐,效八风之音"时就说:"八风,八卦之风",说明"八卦"和"八风"都含有相当的神秘性,二者有相通之处。

结绳,就是结网。《易·系辞》说:"包牺氏结绳而为网罟(gǔ),以佃以渔。"佃,就是打猎;渔,就是捕鱼。结绳为网来打猎捕鱼,反映了伏羲时代是处于原始社会的渔猎时代。《抱朴子·对俗篇》引《古史考》说:"太昊师蜘蛛而结网。"虽是简单一句话,却给伏羲的这项创造发明加上了传说的意味。从现在还流传在四川省中江县的有关伏羲的神话看,伏羲确实是受了蜘蛛结网的启发才编织成捕鱼的网去打鱼的(见《民间文学》1964年第三期《伏羲,伏羲,教人打鱼》)。不但伏羲创造发明了网罟,就连他的臣子句芒,据说也发明了捕鸟的罗(见《世本》张澍稡集补注本)。

伏羲在音乐的创造发明上,也大有贡献。据说他创造了琴和瑟这两种乐器(均见《世本》),还制作了《驾辩》这种乐曲(见《楚辞·大招》);又还为人类建立了婚姻制度(《古史考》:"伏羲制嫁娶,以俪皮为礼");由于画八卦,还开始用八卦来占卜吉凶(亦见《古史考》)。传说中伏羲的这些创造发明,使他在中国古史(其实应该说是古神话)上有了一个不亚于女娲的显著的地位,在以父系为中心的几千年来的中国社会中,他的名声不但和女娲并驾齐驱,甚至还等而上之。可惜有关伏羲的神话,历史化得很厉害,神话的因素所剩无几了。

在谈到伏羲的创造发明时,还得附带谈谈古史上号称发明了钻木取火的燧人氏。燧人,又或写作遂人,一般把他列在伏羲之前,也有把他列在伏羲甚至神农之后的，如东汉班固《白虎通义》就是这样。我们以为列他在伏羲之后、神农之前，最为合理。因为伏羲，又或写作庖牺，据说是"取牺牲以充庖厨"（《帝王世纪》）的意思，这当然是曲说附会；但是，"师蜘蛛而结网"、教人打猎捕鱼、"变茹腥之食"（《拾遗记》卷一）的伏羲，必然早已知道火的运用了。如果中国神话也有像希腊神话普罗米修斯那样的"取火者"，伏羲应当便是这样的一个，并且该早于"钻木取火"的燧人。伏羲所取得的火，想来便是天然的雷火。伏羲是雷神的儿子，又"以木德王"，雷击木而生火，取得雷火而又妥为保存之，以"变茹腥之食"，完全是合理的推想。因此，如果把神话人物放在历史的肩架上，燧人便当列于伏羲之后。

在古史上燧人虽和伏羲同列为三皇之一，实际上也是一个神话人物，有一段关于他发明钻木取火的神话故事：

> 有燧明国，不识四时昼夜。其人不死，厌世则升天。国有火树，名燧木，屈盘万顷，云雾出于中间。折枝相钻，则火出矣。后世圣人变腥臊之味，游日月之外，以食救万物，乃至南垂。目此树表，有鸟若鸮，以口啄树，粲然火出。圣人感焉，因取小枝以钻火，号燧人氏。（《太平御览》卷八六九引《王子年拾遗记》）

原来燧人发明钻木取火，是看见燧明国的"若鸮"之鸟口啄火树、"粲然火出"而得到的感受。实际上或者就是看见啄木鸟啄树，偶然溅出几点火星，这样便悟出钻木取火的方法来的吧？神话化了就有燧明国火树之类的情节。"太昊师蜘蛛而结网"，燧人也因看见鸟啄树而发明钻木取火，真是无独有偶，他们都从动物的生态中得到创造发明的感兴。不管是神话也好，传说也好，都是符合事物发展的实际情况的。只不过这些创造发明，不应是单独的个人，而应是经历若干世纪众多从事劳动生产的原始先民的智慧的积累，在神话传说中便把它们集中在某个"圣人"或英雄的身上罢了。

九　廪君与盐水女神

我们在神话里，经常总是可以见到：下方的许多民族，和这些民族所建立的国家，大都是由神的子孙后代所组成。黄帝、炎帝、少昊、帝俊……都有不少子孙在下方建立了国家，往后我们就要讲到。作为东方天帝的太昊伏羲，也有子孙在下方组成了民族，建立了国家。

《山海经·海内经》说：

> 西南有巴国。太皞生咸鸟，咸鸟生乘厘，乘厘生后照，后照是始为巴人。

"后照是始为巴人"者，是说后照于是就成了巴国人的始祖。伏羲和女娲，都是人首蛇身，他们原是以蛇为图腾的原始民族所奉祀的始祖神。"巴国"的"巴"，篆书作 𢀳，画的就是一条蟒蛇的形状。《说文》十四释此字说："巴，虫也；或曰，食象蛇。象形。"所像的就是食了巨物的蛇其腹彭亨鼓然之形。神话有"巴蛇食象，三岁而出其骨"（《海内南经》）的记叙。可知巴国也是以蛇为图腾的民族所建立的国家，故传说这个国家的始祖后照是伏羲的子孙后代。

秦嘉谟辑补的《世本》和《晋书·李特载记》各记了一段前后相连的有关廪（lǐn）君与盐水女神的神话，合起来就成为一个比较完整的美丽动人的故事，现将它们移录如下：

廪君之先，故出巫诞。巴郡南郡蛮，本有五姓：巴氏、樊氏、曋氏、相氏、郑氏，皆出于武落钟离山。其山有赤黑二穴，巴氏之子生于赤穴，四姓之子皆生黑穴。未有君长，俱事鬼神。廪君名曰务相，姓巴氏，与樊氏、曋氏、相氏、郑氏凡五姓，俱出皆争神。乃共掷剑于石，约能中者，奉以为君。巴氏子务相，乃独中之。众皆叹。又令各乘土船，雕文画之，而浮水中，约能浮者，当以为君。馀姓悉沉，惟务相独浮，因共立之，是为廪君。乃乘土船从夷水至盐阳。盐水有神女谓廪君曰："此地广大，鱼盐所出，愿留共居。"廪君不许。盐神暮辄来取宿，旦即化为飞虫，与诸虫群飞，掩蔽日光，天地晦冥，积十余日。廪君不知东西所向，七日七夜。使人操青缕以遗盐神，曰："缨此即相宜，云与汝俱生，宜将去。"盐神受缕而缨之。廪君即立阳石上，应青缕而射之，中盐神。盐神死，天乃大开。（《世本》清秦嘉谟辑补本）

廪君复乘土船下及夷城。夷城石岸曲，泉水亦曲。廪君望之如穴状，叹曰："我新从穴中出，今又入此，奈何！"岸即为崩，广三丈许，而阶陛相乘。廪君登之。岸上有平石，方一丈，长五尺。廪君休其上，投策计算，皆着石焉。因立城其旁而居之。其后种类遂繁。（《晋书·李特载记》）

神话的主角廪君姓巴氏，出生地又在巴郡，巴郡的前身是古巴国，故廪君也应该是伏羲的后裔。《路史》的作者罗泌和《世本》辑注者之一的张澍就有这样的意见，我们认为这种意见是可以成立的，因而把廪君神话的研讨放在伏羲神话之后。

廪君神话反映了后进民族要求发展的心理状态。而廪君，正是这种心理状态的形象的体现。这个人物，或者正因为传说是神裔，他本身就具有充分的神性("廪君之先,故出巫诞",与业巫的世家想来也大有关系),所以能掷剑而中石,乘雕花土船而不沉,足以为五姓的君长。而最难能可贵的,是廪君领导五姓人民去寻觅新居的途程中,遇盐水女神的阻留而不变初衷这件事。

　　对于一个容易苟安、把个人利益看得较重、把群众利益看得较轻的人说来,当盐水女神这么向他说"此地广大,鱼盐所出,愿留共居"的时候,他就该留下来和她"共居"了,然而廪君只是"不许"。并不是廪君对盐水女神没有感情,从后面的叙述:"盐神暮辄来取宿",廪君对她还是有感情的。只是廪君看出,"此地"并不如盐神所说的"广大",也不如盐神所说的能出产丰富的"鱼盐"。所以廪君不愿意在这里苟安下来,还是要领导着他的人民,去寻觅新的居地。作为一个领袖,廪君的行动是体现了人民要求发展、要求过更好生活的意愿的。

　　盐神为了挽留她的情人,是尽了她的心力,使用了一切可能使用的手段。"旦即化为飞虫,与诸虫群飞",阵势之猛,至于到了"掩蔽日光,天地晦冥"、使"廪君不知东西所向,七日七夜"的程度。"诸虫"或引作"诸神",那就是神们也化为飞虫来帮助盐神挽留她的情人。照常情说,廪君或者可以有所借口,并且确实也该知难而止了。然而不,不论是盐神也好,盐神再加上诸神也好,都不能动摇廪君所代表的人民要求发展的强烈意愿。于是才有廪君"使人操青缕以遗盐神"及"立阳石上,应青缕而射之"之举。盐神是为爱情牺牲了,廪君和他统率的人民却终于找到了适于繁衍种族的理想的新居。这是一个奋发图强的民族的宏伟壮丽的早期历史的神话,有它显明彰著的特色。它被详细地记录在一般是记事简略的《世本》里,并不是偶然的。

一〇　填海、追日

　　按照历史的顺序排列，女娲、伏羲之后出现的大神应该是炎帝神农。由于中国没有一个完整的诸神世系，叙述或研究诸神的神话时，只好权且按照历史的顺序排列。但是还有一些荒古的神话，就其性质而言，似乎还该在炎帝神农之前。例如本节所讲的"填海"和"追日"两个神话，下节要讲到的"断首"和"触山"两个神话。然而说也奇怪，这些神话的主人公，他们大都和炎帝神农有些关系，或是他的子孙，或是他的臣属。虽说是这样，由于神话的流传演变，情况非常复杂，有些关系是出于附会也未可知。再者这些神话各都有相对的独立性，因此便把它们放在炎帝神农的前面讲了。

　　先讲"填海"。"填海"就是"精卫填海"，这段神话差不多已为大家所熟知，用不着引据原书记叙的文字了。它出于《山海经·北次三经》，大意是说，炎帝的小女儿名叫女娃的，偶然去东海游玩，不幸淹死在东海里了。她的魂灵变化作一只叫作"精卫"的小鸟，形状有点像乌鸦，花脑袋，白嘴壳，红足爪，住在北方的发鸠山上。常常到西山去衔了小石子、小树枝来，抛掷在东海里面，想要把奔腾咆哮的大海填平。

　　故事就是这么简单，然而它所揭示的图景却是多么动人心魄，它所包含的思想内容又是多么丰富而深刻啊！

　　晋代大诗人陶潜《读山海经》诗说："精卫衔微木，将以填沧海。"虽也只是简单的两句，可是一种悲壮的赞美之情却已跃然纸上。因为小鸟对大海所进行的斗争，在这里成了鲜明的对比：在波涛汹涌的海面上，在高高的天空中，小鸟所投下去的，是"微木"，是细石，然而"将以填沧海"。她去而复来，成年累月、千秋万岁都干着这样艰巨的工作。从人们的理智上看来，她这工作当然是徒劳无益的；但从感情上看来，沧海固然浩大，然而小鸟坚忍不拔地想要填平沧海的意志却比沧海还要浩大。她的正义的斗争，或许终将有成功的一天。此其所以为悲壮、为值得令人赞美，充分体现出神话英雄人物的战斗精神。《述异记》还说"精卫偶海燕而生子，生雌状如精卫，生雄如海燕。"那么世世代代飞行在高空做填海工作的，就不只是一只单独的小鸟，而是成群结队的精卫了。神话的续闻也很有意思，使人容易想到那个著名的含有神话因素的寓言"愚公移山"。不论是"移山"也好，"填海"也好，人类和大自然所做的斗争，都须有世代相传、为之不已的精神才行。

再讲"追日"。"追日"就是"夸父追日"，《山海经》里有两处记叙到它：

> 大荒之中，有山名曰成都载天。有人珥两黄蛇，把两黄蛇，名曰夸父。后土生信，信生夸父。夸父不量力，欲追日景，逮之于禺谷。将饮河而不足也，将走大泽，未至，死于此。（《大荒北经》）

> 夸父与日逐走，入日。渴欲得饮，饮于河、渭。河、渭不足，北饮大泽。未至，道渴而死。弃其杖，化为邓林。（《海外北经》）

两处虽然都是简短的记叙，实际上却都是气势磅礴的诗篇。我们看神话的构思多么宏伟:居然有这么一个巨人,忽发奇想,要和太阳竞走,要把最后发射光芒的太阳在日没处的虞渊将它"逮"住。他不仅是这么想,并且马上提起他的长腿,真个去追赶太阳,在北方的原野上作万里的奔驰。他已经看着要追赶上太阳了,一片耀眼的金光笼罩住他的全身,灼热的气焰烤炙着他,使他"渴欲得饮"。黄河、渭水两条河川都被他喝干了,口渴还是止不住。他正想跑到北方去喝大泽的水——那大泽,又叫做瀚海,在雁门山的北边,纵横有千里宽广,是群鸟孳生幼儿和更换羽毛的地方——还没有到达目的地,就在中途口渴死了。临死时丢掉他手里的挂杖,马上变化作一片绿叶茂密的邓林(邓林就是桃林),满结嘉桃,给后来的人们解除口渴。

这就是整个神话的内容大概。在阐述它的意义以前还有几点应当补充说明。一是据《海内经》"炎帝……生后土"和《大荒北经》"后土生信,信生夸父"的记叙,可知夸父是炎帝的后裔。

在黄帝与蚩尤战争神话中,《山海经》屡有黄帝神龙应龙"杀蚩尤与夸父"的记叙,知夸父为一巨人部族名,追日夸父只是此族的一员。二是《列子·汤问篇》记夸父事末尚有夸父"弃其杖,尸膏肉所浸,生邓林,邓林弥广数千里焉"数语,更补充、丰富了神话的内容。三是说邓林即桃林,乃是根据清代学者毕沅就《中次六经》"夸父之山,北有桃林"所做的小考证,谓"邓、桃音相近"而来的。其说可信,当从。

这个宏伟壮丽的神话故事,它的意义安在呢?自然,我们得承认,我们今天的探索未必符合古人的构想,但也不是不可以探索。或者言人各殊,都是神话的新解,就让它是新解也好。例如有人说夸父追日,是象征对王权的夺取——"日"所象征的就是王权。又有人说,夸父追日,目的是为了像普罗米修斯那样的去盗取天上的神火,他手里拄的杖就是点火的枝。还有其他一些说法，都各有所见，不无道理。而据我的理解，则毋宁说是夸父对光明和真理的追求，无论他怎样快步奔跑，发展的真理总还是行走在他的前面。他只能接近真理，却永远也无法牢牢捕捉真理。黄河、渭水乃至大泽的水源，无非都是表示探求真理所需要的大量知识。巨人感到口渴，虽竭河、渭而还不能满足他探求真理所需具有的知识。他死在奔往大泽的中途了，他没有达到探求真理的目的。然而他仍将手里的拄杖，弃而化为桃林，给世世代代追踪他的足迹而来的光明和真理的寻求者解除口渴。神话向我们展示了一个巨大悲剧中涵藏的宏丽的图景：他鼓舞着我们为此献身的斗志，继世而起，嘤鸣相呼，前行不息。

一　断首、触山

如果说"填海""追日"是产生自原始社会表现人与大自然做斗争的神话,则本节所述"断首""触山"两段神话,虽然也可能是产生自原始社会,但已显明可见,是带上了阶级斗争的色彩。正如高尔基在《苏联的文学》中所说:"奴隶主愈有力量和权威,神就往天上升得愈高,而在群众中间就出现了一种反抗神的意愿。""断首"的刑天和"触山"的共工,就是以反抗神的神这样的姿态出现的,可以说明这两段神话从产生雏形到最后完成,大约已经由原始社会末期进入到阶级社会了。这也是我国古代神话中的两颗明珠,是和前节所述"填海""追日"神话性质不同的两颗。

先讲"刑天断首"。《山海经·海外西经》说:

> 刑天与帝争神,帝断其首,葬之常羊之山。乃以乳为目,以脐为口,操干戚以舞。

故事就是这么简单,记叙也是这么简明扼要,辞无多赘。然而整个神话却是表现得多么威风凛凛,充满着战斗的激情。陶潜诗说:"刑天舞干戚,猛志固常在。"用作这个凌厉无前的神话英雄的颂歌,洵非虚美。

"刑天"这个名称,就是"断首"的意思。"天"字金文作 ,甲

文作 ⿱, ●与口均象人首,义为颠为顶,刑天自然就是斫头、断首的意思了。有些书写作"形天"或"形夭"那是不正确的。

刑天这个断首者,你看他和天帝"争神"而被断首时,表现了何等的英雄气概!神话在这里发挥了充分的积极浪漫主义的幻想,描写和歌颂他虽被断首,竟然还"以乳为目,以脐为口,操干戚以舞"的斗志。戚就是斧,干就是古代战士们常用的长方形的盾。断头的刑天,还在那里手持盾斧,挥舞不息,继续战斗。让那些胡诌"脑袋掉了,原则还有什么用"的懦夫们在断头刑天之前发抖去吧。

作为神话的一个整体,刑天又是和炎帝神农有关的一个神话英雄。《路史·后纪三》说:"(神农)命邢天作扶犁之乐,制丰年之咏。""邢天"就是"刑天"的别写,可知传说他是炎帝神农的臣属,当有所本。又刑天葬首的常羊山,也和炎帝神农有关。《玉函山房辑佚书》辑《春秋纬元命苞》说:"少典妃安登游于华阳,有神龙首感之于常羊,生神农。"原来刑天的葬首地便是炎帝神农的降生地,则刑天在古神话中是炎帝系统的人物更无可疑。据我的研究,刑天原是在一个波澜壮阔、像荷马史诗《伊利亚特》那样的神话故事中,即黄帝与炎帝战争神话故事中的重要角色。炎帝兵败,他便和炎帝系统的神如蚩尤、夸父、共工等前仆后继,纷纷起来为炎帝复仇,向黄帝系统的神作不屈不挠的斗争。刑天所与"争神"的"帝",就是黄帝。但是作为一个独立的神话故事看,刑天和"帝"即天帝的斗争,是代表着被压迫与被统治者向统治阶级作坚决反抗的。他是高尔基所说的"反抗神的意愿"在神话中的最完美的体现。

再讲"共工怒触不周山"。这个神话始见于《淮南子·天文篇》,是个大家熟知的神话,用不着引据原书了。这个神话大意说:共工和颛顼争神座,战而不胜,一怒之下,以头触山,碰坏了撑天柱子之一的不周山，使世界天翻地覆，来了个大的变化："天倾西北，故日月星辰移焉；地不满东南，故水潦尘埃归焉。"从一个单独的神话讲，共工神话，是一个推原神话。所谓"推原"，就是推寻事物的本原。共工触山，解答了"天倾西北""地不满东南"造成原因的问题。本来是原始初民对众多自然现象不得其解的神话解答，看似妄诞，但却从中流露出科学求知的萌芽。从神话的整体讲，共工触山神话，也是黄、炎战争神话的一部分。《山海经·海内经》说，"炎帝……生共工""黄帝……生帝颛顼"。共工是炎帝的后裔，颛顼是黄帝的后裔，因而共工和颛顼的斗争，实在是炎帝兵败，共工继起举兵为炎帝复仇。但就单独的这段神话的性质看，还是和刑天断首神话的性质相同，体现了被压迫与被统治者反抗压迫统治的意愿。毛泽东同志在他的伟大诗篇《渔家傲》里，以"不周山下红旗乱"的火热语言，号召人民起来进行革命斗争，并且在按语里一则曰"共工没有死"，再则曰"共工是胜利的英雄"，确实是用他革命的睿智将这段神话的精神实质洞察出来了。

共工触山神话，据有些书籍的记叙，又常和女娲补天神话连在一起。神话说共工与颛顼争帝，怒触不周山，使天残地毁，这才由女娲去炼石补天的（见《论衡·谈天篇》）。历史化的神话更说是由于做诸侯的共工与做诸侯的祝融打仗，共工不胜而触山，天地残毁以后，才由做天子的女娲出来补天以收拾残局的（见《史记·司马贞补〈三皇本纪〉》）。这些其实都是牵强附会。共工触山与女娲补天两段神话，同时首见《淮南子》，本各不相谋，中间情节并无关联。从神话的内容看，女娲补天前的情况是："四极废，九州裂，天不兼覆，地不周载"，天地毁坏的局面大；而共工触山呢，仅仅使"天倾西北""地不满东南"，毁坏的局面小。而且毁坏以后，始终是倾陷的状态，未闻修复，何能以之牵扯到女娲补天神话上去呢？其为牵强附会，自无可疑。

一二 归墟五神山

从共工触山神话，自然地导致了归墟五神山神话；这段神话，见于《列子·汤问篇》，恰好列在共工触山神话之后。共工触山，既然使"天倾西北""地不满东南"，人们免不了要问："百川水潦"所归往的东南大地又是怎样一种情景呢？于是《汤问篇》在紧接着触山神话的记叙之后，就来给这个问题作了明确的解答：

渤海之东，不知其几亿万里，有大壑焉，实惟无底之谷，其下无底，名曰归墟。八纮九野之水，天汉之流，莫不注之，而无增减焉。

其中有五山焉，一曰岱舆，二曰员峤（jiào），三曰方壶，四曰瀛洲，五曰蓬莱。其山高下周旋三万里，其顶平处九千里，山之中间相去七万里，以为邻居焉。其上台观皆金玉，其上禽兽皆纯缟。珠玕之树皆丛生，华实皆有滋味，食之皆不老不死。所居之人皆仙圣之种，一日一夕飞相往来者，不可胜数焉。而五山之根无所连着，常随潮波上下往还，不可暂峙焉。

仙圣毒之，诉之于帝。帝恐流于西极，失群仙圣之居。乃命禺彊使巨鳌十五，举首而戴之，迭为三番，六万岁一交焉。五山始峙而不动。

而龙伯之国有大人，举足不盈数步而暨五山之所，一钓而连六鳌，合负而趣，归其国，灼其骨以数焉。

于是岱舆、员峤二山流于北极，沉于大海，仙圣之播迁者巨亿计。帝凭怒，侵减龙伯之国使厄，侵小龙伯之民使短。至伏羲、神农时，其国人犹数十丈。

这个神话的开头部分不但解决了触山神话所引起的问题，并且由此还引出关于五神山、仙人不死、巨鳌负山、龙伯钓鳌等一连串有趣的神话，其设想真是恢宏幻奇。就在今天，我们读了这段神话，也还是觉得新鲜、活泼、生动。《列子》这书，固然不少人疑心它是晋人的伪书（可能即是注释《列子》的张湛所为），这段神话的某些构思，无疑也是受了来自西域的佛经的影响。但是，要说它全是伪造，也不符合事实。就《列子》这书本身来说，其大部分材料，也是取自先秦古籍，只能说它是真伪参半，不能说它全是凭空捏造。就拿巨鳌负山这段神话来说吧，《楚辞·天问》不是已有"鳌戴山抃（biàn），何以安之"这样的问语了吗？王逸注且引古本《列仙传》说："有巨灵之鳌，背负蓬莱之山，而抃舞戏沧海之中。"可见的确是一个源远流长的神话故事。龙伯钓鳌虽未见其他古籍，但《庄子·外物篇》已有任公子钓大鱼的叙写，那情景也就与此相仿佛了。当然，归墟五神山神话的重点还在龙伯钓鳌，而龙伯钓鳌的精神所寄，也无非以此形容龙伯大人的身躯之巨伟罢了。诚如《列子》张湛注所说："以高下周围三万里山而一鳌头之所戴，而此六鳌复为一钓之所引，龙伯之人能并而负之，又钻其骨以卜计，此人之形当百余万里，鲲鹏方之，犹蚊蚋蚤虱耳，则太虚之所受，亦奚所不容哉！"这段神话的被引用，可能就是为了阐发如注所说的哲学思想。而龙伯国大人，竟成了神话中一切大人的鼻祖。

《史记·封禅书》说——

> 自威、宣、燕昭,使人入海求蓬莱、方丈、瀛洲。此三神山者,其传在渤海中,去人不远。患且至,则船风引而去。盖尝有至者,诸仙人及不死之药皆在焉。其物禽兽尽白,而黄金银为宫阙。未至,望之如云;及到,三神山反居水下。临之,风辄引去,终莫能至云。

归墟五神山神话,当即为此三神山神话演变而来。神话传说演变的通例,总是由简单而繁缛,由朴素而夸张。试将《列子》归墟五神山和《史记》渤海三神山的记叙相较,就可见到它们之间繁简朴夸的不同。别的姑且不论,单就几座山的地理位置而言,《史记·封禅书》说:"其传在渤海中,去人不远。"《列子·汤问篇》却说:"渤海之东,不知其几亿万里,有大壑名曰归墟,其中有五山焉。"由近而远演变之迹一望可知,绝没有先说得很远再说"去人不远"的道理。至于从三山增到"五山",也是神话演变由简而繁的通例。后来又把所增的岱舆、员峤二山说是因龙伯钓鳌而沉没在大海里了,以至只剩三山。这不过是因三山早已为世所知,听得耳熟,"五山"自己站不住脚,只好既增上了,又在神话中自行减去,以就三山的古说。不了解情况的人乍看起来,还以为"五山"之说更古,其实不过是根据旧神话创造新神话的人们所施用的惯技罢了。

说到根据,归墟五神山神话的每个材料片段,倒都是有根据的。例如神话所说的"八纮九野之水、天汉之流"所注的"大壑归墟",大约就是根据《山海经·大荒东经》"东海之外大壑"一语而来。《楚辞·远游》也有"上至列缺(quē)、降望大壑"这样的话。可见大壑是自古相传百川注海的所在。五神山中增添上去的员峤,当即《海外南经》郭璞注"有员丘山,上有不死树,食之乃寿"的"员丘"的别写(员峤上亦有"珠玕之树,食之不老不死")。岱舆未闻何据,不过南朝梁萧绮录的《拾遗记》卷十所记的八大名山中也有岱舆山,似乎别是一山,证明大家(《列子》的整理者晋张湛和《拾遗记》的原作者晋王嘉)都是根据传闻影响之谈而作了不同的描绘。至于五神山上的仙人都生有羽翼,能从此山到彼山,"一日一夕飞相往来",则东汉王充所著《论衡》已谈到过,南朝梁殷芸所著《小说》也说:"汉王瑗遇鬼物,言蔡邕作仙人,飞去飞来,甚快乐也。"证以现代发掘出土的东汉武梁祠石刻画像,于人首蛇身的伏羲女娲交尾像的近旁,的确常饰有好些生翅膀的小仙人飞行于云端。可见归墟五神山神话,不管是祖述旧闻也好,或是作意新创也好,从其片断的材料看,确实都各有所本。

一三　发现药草的神农

　　如果说神话英雄人物伏羲的出现是标志着原始社会渔猎时期的到来，那么神农的出现，就该标志着社会的发展已又朝前迈进一步，开始从渔猎时期进入到农耕时期了。

　　神农，全称是炎帝神农氏，在"五方帝"的神国组织中，他是南方的天帝。作为神的称谓，多称他为炎帝，或赤帝，作为人则多称他为神农。在秦以前的古书中，正像"太昊"和"伏羲"一样，"炎帝"和"神农"也是没有联起来称呼过的。联起来称呼是从《世本》开始。"炎帝"和"神农"肯定先前也有某种联系，但是其详今天已不可得知，我们只好承认二者是一个人物就是了。

　　为了研讨方便，先说标志农耕时代到来的英雄人物神农。顾名思义，他之得名，首先应该是由于他在农业上的贡献。果然，我们看《绎史》卷四引《周书》（今本无）说："神农之时，天雨粟。神农遂耕而种之，作陶冶斤釜，为耒耜锄耨（lěi sì chú nòu），以垦草莽。然后五谷兴助，百果藏实。"神农首要的贡献确实是在农业，"天雨粟"就是这段记叙的神话因素。《拾遗记》卷一并且把这点神话因素来加以发展了，说："炎帝时有丹雀衔九穗禾，其坠地者，帝乃拾之，以植于田，食者老而不死。"《帝王世纪》说："炎帝神农氏人身牛首。"《水经注·漻（liáo）水》说："神农既诞，九井自穿，汲一井则众水动。"各对他的形貌和诞生地做了一些渲染，都是关系到农耕和水利的。

但是，神农这个神话英雄，在人们印象中最深刻的，还不在于他对农业所做的贡献，而是在于他在医药上的发现和发明。我们看下面三条记叙：

（神农）教民播种五谷……尝百草之滋味……一日而遇七十毒。（《淮南子·修务篇》）

神农以赭鞭鞭百草，尽知其平毒寒温之性，臭味所主，以播百谷，故天下号"神农"也。（《搜神记》卷一）

太原神釜冈中，有神农尝药之鼎存焉。成阳山中，有神农鞭药处，一名神农原，亦名药草山。山上紫阳观，世传神农于此辨百药，中有千年龙脑。（《述异记》下）

看了这三条记叙，神话演变的过程就相当清楚了。第一条"神农尝百草""一日而遇七十毒"，是为了"教民播种五谷"。第二条"尝百草"变作了"以赭鞭鞭百草"，"百草"经过神农的神鞭这么一鞭，便"尽知其平毒寒温之性"，神话的意味陡然增长，并且也开始有了辨别药性的意味，因为"百草"中自然也可能包括一部分药草。但这里主要恐怕还是在于识别谷物类的草，所以下面有"以播百谷"这样的话。但是到了最后一条，重点就完全转移到医药这方面来了。什么"神农尝药""神农鞭药""神农辨百药"，从这个时候起，神农就成了医药界的老祖宗，以致后来还有什么《神农本草》之类的医书出现，民间甚至还将神农崇奉为"药王菩萨"。从这以后，"神农尝百草"就成了"神农尝药"的同义语了。现在四川民间，还有这么一种传说，说是神农皇帝尝百草，尝到一种断肠草，于是肠子断烂而死。这无异就是《淮南子》所记"神农尝百草、一日而遇七十毒"二语的现代民间新诠。

《说郛（fú）》号（jiǒ）（卷）三一辑元陈芬《芸窗私志》，说："神农时白民进药兽。人有疾病则拊其兽，授之语，语如白民所传，不知何语。语已，兽辄如郊外，衔一草归，捣汁服之即愈。"于是把人的神通和本领全移之于兽，"尝药""鞭药"都用不着了。这又是神农尝药神话的进一步的发展。

神农尝药神话，每个时期都有不同的流传演变。明末周游《开辟演绎》第十八回末附王子承"释疑"中，记述并评论当时有关神农的民间传说道：

> 后世传言神农乃玲珑玉体，能见其肺肝五脏，此寔事也。若非玲珑玉体，尝药一日遇十二毒，何以解之？但传炎帝尝诸药，中毒者能解，至尝百足虫入腹，一足成一虫，遂至千变万化，炎帝不能解其毒而致死，万无是理。……

一则以信，一则以疑，这人也未免太迂拘了。其实那都是神农尝药的好材料。神农尝百足虫致死，一如四川民间说他尝到断肠草肠子断烂而死一样，无非表现他艰苦卓绝、为人民牺牲的精神。至于有理无理，岂足道哉！

一四　炎帝和他的后裔

作为南方天帝的炎帝，他本身几乎没有什么神话可以记述。如果要记，还不是照例的那一套："南方火也，其帝炎帝，其佐朱明，执衡而治夏。"（《淮南子·天文篇》）"南方之极，自北户孙之外，贯颛顼之国，南至委火炎风之野，赤帝、祝融之所司者万二千里。"（《淮南子·时则篇》）文中所说赤帝就是炎帝，朱明就是祝融。好像都是经过人们精心结构，预先搭配好了似的。虽然也算神话，其实不是好神话。倒是炎帝的属神和后裔中，还有一些有意思的人物，可以谈谈。

首先一个，是他的属神祝融。据《山海经·海外南经》所记，他的形貌，是"兽身人面，乘两龙"。传说成汤伐夏的时候，他曾奉天帝之命前去助战，降火在"夏城之间，西北之隅"（《墨子·非攻下》）；武王伐纣时候，他又率领河伯、雨师、风伯等连他一共七神前去助周灭殷（《北堂书钞》一四四引《太公金匮》）；他又曾奉黄帝之命，前去杀戮敢于盗窃息壤堙洪水的鲧于羽山之郊（《山海经·海内经》）；又曾以"诸侯"的身份在女娲时代和触山的"诸侯"共工打过仗（《史记·三皇本纪》）：在神话传说中，祝融这个人物实在是相当显赫的。

他不但是炎帝的属神，据《海内经》所记，他还是炎帝的后裔，而且连水神共工，也是他亲生的儿子。但据《山海经·大荒西经》所记，祝融又是黄帝曾孙颛顼的孙子，足见古代神话传说的分歧无定。

但黄、炎古本同族，故传为炎帝系统的人物亦得属于黄帝系统。不过说他是炎帝系统的人物似乎更好些，因为祝融既是火神，又是炎帝的属神，而炎帝也是火神而兼灶神（《淮南子·氾论篇》："炎帝作火而死为灶"。）。祝融之于炎帝，似乎更亲近些。

祝融有个弟弟，名叫吴回，《山海经·大荒西经》记叙他的形貌说："奇左，是无右臂"。是个独臂怪人，也是火神。此人又名回禄（《左传·昭公十八年》），后世人称火灾为回禄之灾，出典就在这里。

《山海经·海内经》说："炎帝……生祝融，祝融……生共工。……共工生后土，后土生噎鸣，噎鸣生岁十有二。"祝融是火神，共工是水神，后土是土神，"噎鸣生岁十有二"，可能是时间之神。加上我们已经讲过和以后还要讲到的蚩尤、夸父、刑天等，炎帝系统的人物，也可算是"广大强壮"了。因而黄、炎之战，炎帝虽遭失败，还能此仆彼起，再接再厉，维持那么长久一段时间。

《山海经·海内经》还记叙了一段神话，说是炎帝的孙子伯陵，去到下方和吴权的妻子私通，生了鼓、延、殳三个儿子，殳创造发明了射箭的"侯"，就是箭靶；鼓和延则制造了钟，还创作了一些歌舞乐曲。这大概是中国神话叙写人神恋爱较早的一个，然而无非也是奴隶社会奴隶主阶级的荒淫生活在神话中的折射和反影罢了，而神裔的创造发明则还是值得称道的。

炎帝的后裔中最使人感到兴趣的，是《山海经·大荒西经》所记的氐人国（原作互人国，据王念孙、郝懿行校改）。这个国家的人原是炎帝孙子灵恝传下来的后代，"人面而鱼身，无足"（《山海经·海内南经》），能够乘着云雨，"上下于天"。他们的这副形貌，和人鱼几乎一般无二，简直可以说就是人鱼国。

说起人鱼，恐怕是古今中外极富情趣的一个话题。《山海经》中就记有不少人鱼或类人鱼，但大都是普通的水栖动物，就是动物学上所称的儒艮那种东西。至于《山海经·海内北经》所记的"人面手足鱼身在海中"的陵鱼，《山海经·海外西经》所记的"即有神圣乘此以行九野"的龙鱼，也都是人鱼。然而显明可见，它们却具有着神话的意味了。尤其是后者，既然可以载了"神圣"飞行于九域之野，它的神异性就非比寻常，恐怕除它而外，只有氐人国的国民才能办到了。

关于人鱼的神话，后世还有一些有趣的记载。《搜神记》卷十二说："南海之外，有鲛人，水居如鱼，不废织绩，其眼泣，则能出珠。"就很富意趣。《博物志》《述异记》并载之而文小异，鲛人或作蛟人。《述异记》还补充说："蛟人即泉先也，又名泉客。南海出蛟绡纱，泉先潜织，一名龙纱，其价百余金，以为入水不濡。南海有龙绡宫，泉先织绡之处。绡有白之如霜者。"说得真是活龙活现，仿佛亲睹。《太平御览》卷八〇三引《博物志》（今本无）也说："鲛人从水出，寓人家，积日卖绢。将去，从主人索一器，泣而成珠满盘，以与主人。"也是"鲛人泣珠"神话的补充。所谓"泣珠"者，大约就是滨海织绡劳工们痛苦眼泪的美丽的升华吧。诸如此类的人鱼神话，追本溯源，还在《山海经》所记炎帝后裔氐人国神话：氐人国神话可说便是一切人鱼神话的老祖宗。

一五　炎帝诸女

炎帝后裔的神话中,以炎帝女儿们的神话(虽然多已染上了仙话的色彩)最是值得称道。"精卫填海"的小鸟精卫,是炎帝少女女娃所变化的,前面已经讲过了,现在单讲炎帝其他女儿们的神话。《列仙传》卷上说:

> 赤松子者,神农时雨师也。服水玉以教神农,能入火自烧。往往至昆仑山上,常止西王母石室中,随风雨上下。炎帝少女追之,亦得仙俱去。

关于赤松子,我们后面还要讲到,现在单说这个"炎帝少女"。炎帝有众多"少女",她就是其中之一。这里说炎帝少女"追"赤松子,"亦得仙俱去",当非"追"其人之身,而是"追"他的行迹。赤松子主要的行迹是什么呢?我看恐怕就是"能入火自烧"。这是古代仙人们学道登仙的重要手段之一,而"服水玉"即水晶,又是使他"能入火自烧"的有效方法。炎帝少女所"追"的大约就是赤松子这一整套登仙的办法,所以终于"亦得仙俱去"。

和这无独有偶,《太平御览》卷九二一引《广异记》,又记了这么一段故事:

南方赤帝女学道得仙，居南阳崿山桑树上。正月一日衔柴作巢，至十五日成，或作白鹊，或女人。赤帝见之悲恸，诱之不得，以火焚之，女即升天。因名帝女桑。今人至十五日焚鹊巢作灰汁，浴蚕子招丝，象此也。

"南方赤帝女"不用说也就是炎帝女了。这个故事外貌看起来虽然诡异，又附会了一些后世的风习，实际上恐怕还是前一个故事的翻版。因为故事的中心内容还是在"火焚升天"这上面。不过前一个说是"自烧"，这一个却要假手他人，但必须"火焚"始能"升天"则是二者一致的。至于"帝女桑""浴蚕子招丝"等，则又掺入了蚕马神话的点滴。在神话传说的流传演变中，这类掺杂总是常有的，并不足异。

再一个是巫山神女的神话。巫山神女神话，早在《山海经·中次七经》的记叙中，已经有了一些影子了：

姑媱之山，帝女死焉，其名曰女尸，化为䔄（yáo）草，其叶胥成。其华黄，其实如菟丘，服之媚于人。

这是说，有个名叫"女尸"的天帝的女儿死了，变做了䔄草，叶子重重叠叠，长得十分茂盛，开黄花，果实像菟丝的果实，人若是服食了这种草，可以为人所爱。记叙就是这么简单。"帝女"自然是指天帝之女，但也未明说是哪位天帝。到《文选·高唐赋》注引《襄阳耆旧传》，便演变为如下所述的情节。大意说，赤帝（炎帝）的女儿名叫瑶姬的，未出嫁就死了，葬在巫山的南面。楚怀王游高唐，大白天睡觉，梦见与神女相遇，自称是巫山之女，怀王便和她交欢。后来在那里为梦中的神女建立了一座宫观,叫作"朝云"。在这个故事里,"帝女"被实指为"赤(炎)帝"女了,䔄草也变成瑶姬了。宋玉的《高唐赋》和《神女赋》,据说便是为这个神话故事而写的。章炳麟《菿汉闲言》二十五则说此二赋乃宋玉借怀王梦巫山神女事讽喻襄王宜在巫山设置重兵戍守,以防秦人觊觎,很有创见,可供参考。虽说这样,但从表面看,不管是神女故事本身也好,宋玉《高唐》《神女》二赋也好,终归是逃不了叙写男女欢爱(而且是不正当的)情状的圈子,意义不大。尽管后世封建文人士大夫的诗文中对此作了兴会淋漓的渲染,人民群众的反映却是冷淡的。然而神女的名气毕竟因此一天天大起来了,于是在人民群众中,又别有关于她的神话流传,那就是瑶姬帮助大禹治水的神话。三峡一带本来有大禹治水神话,又有瑶姬神话,在群众缅怀往昔的心情中,很容易将这二者结合起来而成为另一种别具风格的美丽动人的神话的。唐末道士杜光庭在他的《墉城集仙录》里于此有所记录,情节大略如下:

云华夫人,王母第二十三女,太真王夫人之妹也,名瑶姬,受回风混合万景炼神飞化之道。尝东海游还,过江上,有巫山焉,峰岩挺拔,林壑幽丽,巨石如坛,留连久之。

时大禹理水驻山下。大风卒至,岩振谷陨,不可制。因与夫人相值,拜而求助。即敕侍女,授禹策召鬼神之书。因命大神狂章、虞余、黄魔、大翳、庚辰、童律等,助禹斫石疏波,决塞导厄,以循其流。禹拜而谢焉。

禹尝诣之崇巘(yǎn)之巅,顾盼之际,化而为石。或倏然飞腾,散为青云;油然而止,聚为夕雨。或化游龙,或为翔鹤:千态万状,不可亲也。禹疑其狡狯怪诞,非真仙也,问诸童律。律曰:

"云华夫人,金母之女也,……非寓胎禀化之形,是西华少阴之气也,……在人为人,在物为物,岂止于云雨龙鹤、飞鸿腾凤哉!"禹然之。

后往诣焉,忽见云楼玉台、瑶宫琼阙森然。既灵官侍卫,不可名识,狮子抱关,天马启涂,毒龙电兽,八威备轩。夫人宴坐于瑶台之上,禹稽首问道。……因命侍女陵容华,出丹玉之笈,开上清宝文以授。禹拜受而去。又得庚辰、虞余之助,遂能导波决川,以成其功。奠五岳,别九州,而天锡玄珪,以为紫庭真人。

这则神话虽然经过道士的记录而带有仙话的气味,但基本上还是保持三峡人民改造制作的精神的。神话经这么一改,真是所谓"化腐朽为神奇",忽然一下子焕发出了新的光彩。从此以后,民间所传和诗文所述,都以瑶姬助禹治水为其中心内容,而先前宋玉那一班人笔下的所谓"高唐梦"神话,就逐渐变得黯淡无光,只供少数人欣赏了。

一六　黄帝和昆仑山

黄帝，是稍后于炎帝出现的一个大神。古书上也写作"皇帝"，它的意思就是"皇天上帝"。《书·吕刑》说，"蚩尤惟始作乱……皇帝清问下民"，这里的"皇帝"显然是指黄帝而言，不然就不会和蚩尤"作乱"的事联系起来。其实"帝"字见于《诗》《书》《易》和钟鼎、甲骨文的，本来就指上帝；"皇"又是"帝"的形容词，形容"帝"的光辉伟大。如像《诗·皇矣》说"皇矣上帝"，《正月》说"有皇上帝"，《閟（bì）宫》说，"皇皇后帝"：无非都是对辉煌的上帝的赞美。可见皇帝原和上帝是同义语。"皇"和"黄"古字通用，例如《庄子·齐物论》："是皇帝之所听荧也。"释文云："皇帝，本又作黄帝。"《吕氏春秋·贵公篇》："丑不如黄帝。"毕沅校正云："黄帝，刘本（按指明刘如宠本）作皇帝。"又虞荔《鼎录》："金华山，皇帝作一鼎。"即黄帝作一鼎。《风俗通义·音声篇》："皇帝尧舜垂衣裳而天下治。"即《易·系辞》："黄帝尧舜垂衣裳而天下治。"均是其证。黄帝原当如《吕刑》作皇帝，意指上帝，后来渐变为黄帝，乃指诸天帝中的某一天帝或下方的某一帝王，其义便由泛指而变为特称了。

作为诸天帝中的某一天帝，黄帝的地位也是很崇高的。他以中央天帝的姿态而出现，他的属神是后土。"皇天后土"，古语相对成文，无形中又证明黄帝原本是皇帝即上帝。黄帝这个天帝，是"五方帝"的首脑，他位居中央，周围四方，各有一个天帝及其属神专司其职。

《淮南子·天文篇》是这样来描写神国这种美妙组织的景象的"

> 东方木也，其帝太皡，其佐句芒，执规而治春；……南方火也，其帝炎帝，其佐朱明（注：旧说云祝融），执衡而治夏；……中央土也，其帝黄帝，其佐后土，执绳而治四方；……西方金也，其帝少昊，其佐蓐收，执矩而治秋；……北方水也，其帝颛顼，其佐玄冥，执权而治冬。

神国的这种美妙的组织，也并不是一下子就建立起来的，而是经过了一场激烈的斗争。《孙子·行军篇》说："凡此四军之利，此黄帝之所以胜四帝也。""黄帝胜四帝"，大约就是春秋战国时代的一段民间传说被借用在孙武的军事著作里了。从神话的角度看，应当就是黄帝组织成神国美景前所经历的激烈的斗争。但是其详则不可得知，直到三国魏蒋济著《蒋子万机论》其书已佚，据《太平御览》卷七九引），才又从历史化的记叙中，透露出一点古神话的大概来：

> 黄帝之初，养性爱民，不好战伐。而四帝各以方色称号，交共谋之，边城日惊，介胄不释。黄帝叹曰："夫君危于上，民安于下，主失于国，其臣再嫁。厥病之由，非养寇耶？今处民萌之上，而四盗亢衡，递震于师。"于是遂即营垒以灭四帝。

自然也没有更多提供些新鲜的内容。除了空发议论而外，只不过是说，黄帝是爱好和平的，而四帝则是侵略成性的，最后是黄帝消灭了四帝。对待历史化的神话，往往得从相反一方面去看，与其说黄帝出于自卫而胜四帝，毋宁说黄帝力量强大而找各种借口征服了四帝。

不管怎样，通过神话反映出来的，是群众希望把一个四分五裂的政治局面使它趋向统一，这在当时的历史背景下应该算是进步的愿望。

"黄帝胜四帝"而做了中央天帝之后，因而后来又有《尸子》所谓"黄帝四面"这样的传说。自然，长着四张脸的黄帝，对于作为中央天帝的他的神职说来，能够不费力地同时监视着四方的动静，倒确实是很方便的。

和黄帝密切有关的神话，就是关于昆仑山的神话。早在《穆天子传》这部神话性质的小说里，就有"吉日辛酉，天子升于昆仑之丘，以观黄帝之宫"这样的记叙：周穆王曾经登上昆仑山颠去参观过黄帝的宫殿。而《山海经·西次三经》却说："昆仑之丘，实惟帝之下都。"昆仑山是天帝在下方的都邑，这天帝自然是黄帝了。黄帝既以昆仑山为他下方的都邑，想来应该还有天上的都邑。其实天上的都邑在古神话里原本是没有的，昆仑山本身就是一座神山，像希腊神话的奥林匹司山一样，是群神聚居的地方，黄帝的神宫就在此山之巅。不过到了后来，当神们随着奴隶主的愈有权威而在天上升得愈高时，原住在昆仑山的黄帝便只得更往上搬，一直搬到天上去。本来可能是黄帝"上都"的昆仑山就一变而为"下都"了。并且由此还产生了这样一种奇怪的说法，说昆仑山原本是在天上，是因为禹治洪水，拿息土去填塞还不够，还把昆仑山从天上挖掘下来做了镇压洪水的工具（见《淮南子·地形篇》)，所以昆仑山就成为天帝的下都了。这山可也真高，从昆仑到凉风再到悬圃，就可一直上达"太帝之居"的天庭。它是以山为梯而登天的一座著名的天梯。

关于昆仑山的神话，以《山海经·海内西经》所记的最为完备：

> 海内昆仑之虚，在西北，帝之下都。昆仑之虚，方八百里，

高万仞。上有木禾,长五寻,大五围。面有九井,以玉为槛,面有九门,门有开明兽守之。百神之所在。在八隅之岩,赤水之际,非仁羿莫能上冈之岩。……昆仑南渊,深三百仞。开明兽身大类虎而九首,皆人面,东向立昆仑上。开明西有凤皇鸾鸟,皆戴蛇践蛇,膺有赤蛇。开明北有视肉、珠树、文玉树、玗(yú)琪树、不死树。凤皇鸾鸟皆戴瞂(fá)。又有离朱、木禾、柏树、甘水、圣木曼兑,一曰挺木牙交。开明东有巫彭、巫抵、巫阳、巫履、巫凡、巫相,夹窫窳之尸,皆操不死之药以距之。窫窳者,蛇身人面,贰负臣所杀也。服常树,其上有三头人,伺琅玕树。开明南有树鸟,六首;蛟、蝮蛇、蜼(wěi,金丝猴)、豹、鸟秩树,于表池树木;诵鸟、鹪(sǔn)、视肉。

这大约是昆仑山神话早期的记录之一,观其文笔的质拙及所写景象的朴野可知。《山海经·西次三经》也概略记叙了一下昆仑山的情况,不及此详。彼处所写司昆仑的"虎身而九尾、人面而虎爪"的神陆吾,当即此经所写"身大类虎而九首、皆人面"的开明兽;所写"司帝之百服"的鹑(chún)鸟,当即此经所写"戴蛇、践蛇、膺有赤蛇"或"戴瞂"的凤皇鸾鸟之属。

除此而外,各家所记的昆仑景象,又根据各自不同的传闻而有大同小异的叙写。例如《楚辞·天问》说:"昆仑县圃,其尻(jū,居)安在?增城九重,其高几里?四方之门,其谁从焉?西北辟启,何气通焉?"又另是一种景象。《淮南子·地形篇》所记,便大略本此为说,又综合了一些《山海经·海内西经》的记叙进去。而《史记·大宛传》引《禹本纪》则说:"昆仑其高二千五百余里,日月所相避隐为光明也;其上有醴泉、瑶池。"虽是简单的几句,却很能表现神话中昆仑的丰采神韵。所说的醴泉，就是《山海经·海内西经》所记的甘水；瑶池，就是《穆天子传》所记的穆天子觞西王母的瑶池。其他如《十洲记》《拾遗记》等所写的昆仑山，就显得繁芜琐杂，仙话气浓，矫揉造作，颇不足观了。

一七　视肉、离朱

《山海经》所述昆仑山所有的奇异物事中，视肉和离朱要算是最奇异的了。这两种物事，也常见于古帝葬所的附近，应该是属于"神物"之类。现在我们就单把这两种物事提出来讲讲。

先讲视肉。视肉是怎样一种物事呢？经无明文说明，只是郭璞于《山海经·海外南经》注中说："聚肉，形如牛肝，有两目也；食之尽，寻复更生如故。"也不知道他何所本，大概是古来有这样的传说吧。那就是一块吃不完的肉，吃了一片又长出一片来，永远都是原先那么大一块。

这种肉在后世的传说中也是有的。《神异经·西北荒经》说："西北荒中有脯焉，味如麇鹿脯，食一片复一片。"和郭璞注中所说的情景大略相似。

还有甚于此者。《古小说钩沈》辑《玄中记》说："大月氏及西胡有牛名为日反（及），今日割取其肉三四斤，明日其肉已复，创即愈。"《蜀典》卷九"稍割牛"条引《凉州异物志》说："月支有羊，尾重十斤，割之供食，寻生如故。"简直就是活的视肉。月支的这种羊，据俄罗斯李福清博士告诉我，他在新疆考古时，曾亲自见到。那就真是所谓"天下之大、无奇不有"了。古代人们在幻想中替他们的祖先设计出视肉这种永远吃不完的食品，表示他们奉祀的虔诚，其用心实在可说很是周到。

其次再讲离朱。比起视肉，离朱的情况更要复杂一些。首先这似乎是一个人的名字。《庄子·天地篇》说："黄帝遗其玄珠，使离朱索之而不得。"岂不正是一个人的名字吗？然而《庄子》无注，不知其为何如人。《淮南子·道应篇》说："离朱之明，察箴末于百步之外。"高诱注："离朱者，黄帝臣，明目人也。"总算是得到了解答。

但问题并没有这么简单。《山海经·海外南经》说："狄山，帝尧葬于阳，帝喾（kù）葬于阴。爰有熊、罴、文虎、蜼、豹、离朱、视肉……"郭璞于"离朱"下注云："木名也，见《庄子》；今图作赤鸟。"郭注"木名也"，疑当是"人名也"之讹，因《庄子》从无离朱是"木名"之说，而《天地篇》所记的离朱，则确系黄帝时的明目人。然而此经记狄山的离朱乃在熊、罴、文虎、蜼、豹、视肉之间，自又当是动物之名而非人名，故郭注"今图作赤鸟"——看来郭璞所见《山海经》古图是"图"是对的。此经所记，除昆仑山有离朱而外，古帝王墓所的奇禽异物中，也多有所谓离朱（或离俞）者，此离朱（或离俞）究竟是什么东西呢？

我有一个不很成熟的推想，以为此离朱（或离俞）者，当即《淮南子·精神篇》所说的"旧中有踆鸟"的踆（cūn）鸟。高诱注："谓三足乌。"对了，正是此物。三足乌又称阳乌、金乌，疑即古所谓的朱鸟。《文选·思玄赋》说："前长离使拂羽兮。"注："长离，朱鸟也。"《书·尧典》说："日中星鸟，以殷仲春。"传："鸟，南方朱鸟七宿。"离为火，为日，故神话中这一原属于日后又象征化为南方星宿的朱鸟，或又称为离朱。郭注云"今图作赤鸟"者，离朱的古图像正是如此也。此"赤鸟"即朱鸟，乃是日中神禽即所谓踆乌、三足乌、阳乌或金乌的。而世传古之明目人，或又冒以离朱之名，则喻其如禽在日中，日丽中天，明无不察也。这就是离朱为什么时而是动物、时而又是人的道理。

但是关于离朱的神话并没有完结。

《艺文类聚》卷九〇引《庄子》(今本无)说:"南方有鸟,其名为凤,所居积石千里。天为生食,其树名琼枝,高百仞,以璆琳琅玕为实。天又为生离珠,一人三头,递卧递起,以伺琅玕。"这里又出现了一个三头人离珠,而昆仑山上也有一个三头人。《山海经·海内西经》说:"服常树,其上有三头人,伺琅玕树。"他们同是三头,所做的工作又同是"伺琅玕",自然该是同一个人了。问题是三头人离珠是不是那个明目人离朱呢?回答也是肯定的。《文选·琴赋》说:"乃使离子督墨。"李善注:"离子,离朱也。《淮南子》曰:'离子之明,察箴(zhēn)末于百步之外。'按《慎子》为离珠。"可见珠、朱通用,离珠就是离朱。离朱原是日中神禽踆乌,即三足乌,进一步演变为人的时候,足讹为头,故又或传有三头离珠(朱),在服常树上,"递卧递起,以伺琅玕"。普通人的两只眼睛化而为六只眼睛,也算是"明目"的另一种表现吧。三头离珠在昆仑山做这种工作,和黄帝神话完全可以自然地联系起来,因为离朱本是黄帝时的明目人呀。而且还有理由可以设想他是出于黄帝的派遣。黄帝为什么要派遣此人去做这种辛苦的工作呢?原来《山海经·海内西经》所说的琅玕树,实即《庄子》所说的琼枝树。琼枝是"以璆琳琅玕为实"的,凤鸟就需以此为食;而昆仑山的西北,就有一大群凤皇鸾鸟,需要以琅玕树上结的果实做它们的食品,所以黄帝要派遣这样一个干员蹲在服常树上不分昼夜地看守此树。这就是研究神话传说错综复杂演变过程所得的一个小小收获。

一八　神国最高统治者

神国的最高统治者，经我考察研究，先有黄帝，后有颛顼。颛顼是黄帝的曾孙（《山海经·海内经》），其后代黄帝做了主宰宇宙的天帝。关于他的神话，我们以后就要讲到。除他们祖孙而外，神国的最高统治者，帝俊也算是一个。但他是东方殷民族所崇奉的天帝，是另一系统的神话人物，以后我们也要讲到。自然，东西方民族两个系统的神话，后来终于还是混合在中国神话的总潮流里去了。

作为神国最高统治者的黄帝，他的威严形象，《韩非子·十过篇》里有一段生动的描绘：

> 昔者黄帝合鬼神于西泰山之上，驾象车而六蛟龙，毕方并辖，蚩尤居前，风伯进扫，雨师洒道，虎狼在前，鬼神在后，腾蛇伏地，凤凰覆上，大合鬼神，作为《清角》。

这就比《淮南子·天文篇》所写"五方帝"神话的什么"中央土也，其帝黄帝，其佐后土，执绳而治四方"之类要具体生动得多了。

神国和人国一样，并不是很平静的。往往有些意气用事的天神，彼此之间常常要发生斗争，甚至演成流血的惨剧。例如《山海经·海内北经》就记有这么一条："据比之尸，其为人折颈被发，无一手。"大约就是神国内讧，战败的一方，惨遭杀戮的景象。而作为神国最高统治者的黄帝，则是这些杀戮纷争的公平裁判者。《山海经》记述了黄帝裁判这些杀戮纠纷的两件事。一件是《西次三经》所记鼓和钦䲹（péi）杀葆江，黄帝把这两个凶徒一齐杀死在钟山（昆仑山附近的一座山）东面的瑶崖，两个凶徒戾气不散，钦䲹化为大鹗，鼓也化为鵕（jùn）鸟。另一件是贰负和他的臣子危同谋杀死了窫窳，黄帝把他两个弄去锁系在疏属山，用他们自己的头发来反绑了他们的双手，拴在山头的大树下。那被杀死的窫窳，黄帝则把他搬到昆仑山去，叫巫彭、巫抵、巫阳、巫履等几个巫师拿了不死药去救活他。黄帝能在神国取得很高的威信，是并非偶然的。

《庄子·天地篇》记叙了一段神话性浓厚的寓言。说黄帝到昆仑山赤水北岸去游玩，回来遗失了他的玄珠，叫聪慧的知去寻觅，知寻觅不得；又叫明目的离朱去，叫善辩的喫诟去，都一样寻觅不得。最后叫粗心大意的象罔去，象罔竟在无意中毫不费力地将玄珠寻觅到了。注释《庄子》的人说，玄珠寓道，"道可遇而不可求"，大约就是这段寓言的主要用意吧。但是我们知道，《庄子》的寓言，常有古神话的凭依，是古神话的改装，并非纯属虚构。这段寓言也是如此。它又见于《淮南子·人间篇》，说是"黄帝亡其玄珠，使离朱、攫剟（duō）索之而弗能得之也，于是使忽恍而后能得之"。于索玄珠的黄帝诸臣中，又增一攫剟。因而知道它本来是民间传说的演变，所以有各据所闻而小异其说的现象。正像"愚公移山"那样的寓言该视为神话一样，这段寓言我们也当以神话目之。

由黄帝失玄珠的神话，以后又产生了奇相窃玄珠的神话。奇相的名字，始见于三国魏张揖《广雅·释天》："江神谓之奇相。"《史记·封禅书》索隐引庾仲雍《江记》云："奇相，帝女也，卒为江神。"足见有关她的神话起源还是较早的。但窃玄珠神话的正式记录，则见于唐王瓘的《轩辕本纪》："象罔求而得之，后为蒙氏之女奇相氏窃其玄珠，沉海去为神。"宋张唐英《蜀梼杌（táo wù）》卷上又略予以补充："震蒙氏之女，窃黄帝玄珠，沉江而死，化为奇相，即今江渎庙是也。"所谓"江渎庙"，是说江渎庙所祠的神。据唐李泰《括地志》说："江渎祠，在益州成都县南八里；秦并天下，江水祠蜀。"可见此祠建立之早，但不知建立之初所祠的神是否便是奇相。惟《蜀典》卷二引《一统志》引《山海经》说："神（奇相）生汶川，马首龙身，禹导江，神实佐之。"神的来历也古老可观。有关奇相的神话便全在这里了。惟所引《山海经》不见于今本，文字也不像是《山海经》的文字，恐系他书所记误引在此的，但也是宝贵的神话资料，当存而不废。将这些零散的神话材料结合起来看，还是可以得到一个比较完整的神话故事的。

奇相号称"帝女"，那么就是天帝之女；又称"震蒙氏之女"，据《易经》的解释，震为雷，恰好黄帝的神职就是雷神（《河图帝纪通》："黄帝以雷精起。"《春秋合诚图》："轩辕，主雷雨之神也。"），所谓"震蒙氏"，应当就是做天帝的黄帝自身，"震蒙氏之女"，实即黄帝之女。于是窃玄珠神话才能得到一个较为合理的解释。玄珠既是那么神秘的一颗失而复得的宝珠，藏放的地方必然非常机密，他人之女是不大容易窃取的，总以自己的家属较为方便。正如"鲧窃帝之息壤以堙洪水"（《山海经·海内经》）一样，鲧正是黄帝的孙子。从这点看，尤可证"帝女"或"震蒙氏之女"即黄帝之女。至于"沉江而死、化为奇相"者，想亦当是受了黄帝的惩罚被迫投江，或竟遭杀戮沉尸于江，然后才化为"马首龙身"的怪物，名曰"奇相"的。鲧不是也因盗窃息壤被杀死在羽山，后来剖尸化为黄龙的么？奇相神话和鲧神话大有类似之处，尤其因治水这点更加显著起来。鲧窃息壤以堙洪水，奇相佐禹导江，想当亦用了从黄帝那里窃来的玄珠。息壤可堙洪水，玄珠或者也有镇水或避水的作用。由于古神话的阙佚，其详已不可知了。但奇相的功业，实在可和鲧、禹的功业，并耀千古。后人念之，立庙奉祀，洵非偶然。而黄帝对鲧和奇相这两个"叛逆"的惩罚，却是做得很不得人心的。

黄帝不但是神国的最高统治者，又兼管领天下万鬼乃至于所有的精怪。他的属神后土就是鬼国的王。《楚辞·招魂》说："魂兮归来，君无下此幽都些；土伯九约，其角觺（yí）觺些。"王逸注："土伯，后土之侯伯也。"幽都的守门者既然是"后土之侯伯"，那么统辖幽都的人就该是后土了。除此而外，黄帝还叫神荼和郁垒两个神人去统领天下万鬼，以后这两个就成了普通人家的门神。这在《论衡·订鬼篇》有记述，这里就不必繁琐征引。又据王瓘《轩辕本纪》（见《云笈七签》卷一〇〇）说，黄帝东登恒山，在海滨得到一只白泽神兽。这兽能说人话，黄帝便向它问"天下鬼神之事，自古精气为物、游魂为变者，凡万一千五百二十种。白泽言之，帝令以图写之"。后人据此编写成一部书叫《白泽图》，记的都是一些精怪，如像金之精、水之精、故泽之精、故废丘墓之精等。这就意味着黄帝还兼管领天下的精怪。从神、鬼、人到精怪黄帝都管，黄帝实在可说是宇宙的最高统治者。

和其他天帝一样，黄帝也有许多子孙，有的是神，有的是下方的民族。拿神来说吧，如像"人面鸟身，珥两黄蛇，践两黄蛇"的海神禺䝞（hào），就是黄帝的儿子。禺䝞又生了禺京，即禺彊，也是海神。他父子俩一个管领东海，一个管领北海（《山海经·大荒东经》）。又如前面说的那个窃息壤堙洪水的鲧就是黄帝的嫡孙，颛顼是黄帝的曾孙（《山海经·海内经》），"绝地天通"的重和黎是黄帝的六世孙（《山海经·大荒西经》），等等。拿下方的国家和民族来说吧，如像

《山海经·海外西经》记的轩辕国，一国的人都是"人面蛇身、尾交首上""其不寿者八百岁"，自然是黄帝的子孙；此外如像北狄（《山海经·大荒西经》）、犬戎、苗民、毛民（《山海经·大荒北经》）等，这些荒远的民族，据说也都是黄帝传下的后代。黄帝实在是神和人共同的老祖宗，无怪乎他在神话传说里显得声威赫赫，那么伟大了。

一九　黄炎之争

传说中古代的一场大战争，就是黄帝和炎帝的战争。它关系到古代历史，也涉及古代神话。神话中有历史的影子，历史中也有神话的因素：这是任何民族童年时期的常情，中国自然不能例外。总之，传说中古代黄帝和炎帝的这场战争，是将神话和历史搅混在一起了，现在只能尽量从神话的角度，来谈谈这场战争的始末过程。

《绎史》卷一引贾谊《新书》说："炎帝者，黄帝同母异父兄弟也，各有天下之半。黄帝行道而炎帝不听，故战于涿鹿之野，血流漂杵。"说炎帝和黄帝是"同母异父兄弟"，这倒很符原始社会母权制时期"民知有母不知有父"的真相，今本《新书·制不定》将此句改作"同父异母弟"，就距离实际情况远了。"黄帝行道而炎帝不听"，从神话角度解释，这"道"，绝不能解释做"仁道"。如说行"仁道"，那么传说中教民耕种、发现药草的炎帝，所行的"仁道"似乎比黄帝更为充分，如何还说他"不听"呢？

那么黄帝和炎帝各自所行的"道"是什么呢？《吕氏春秋·荡兵篇》替我们作了比较明确的神话性质的解答："兵所自来久矣，黄、炎故用水火矣。"原来他们各自所行的"道"，一个是水，一个火；一个拿水漫，一个用火攻；黄、炎之争，实际上就是一场水和火的战争。黄帝在统一宇宙，做中央天帝之前，大约只是北方的天帝（他的曾孙颛顼后来也是北方天帝），北方属水，主要行的是"水"道；而炎帝,是南方的天帝,南方属火,主要行的是"火"道:黄帝和炎帝的战争,就是一场水火互不相容的战争,后来水终于战胜了火。《淮南子·兵略篇》说:"炎帝为火灾,而黄帝禽之。"就是这场战争的终局。

至于战争的实际情况,却没有像古书上所说的象征性的水火之争、水灭了火那样简单。《列子·黄帝篇》说:"黄帝与炎帝战于阪泉之野,率熊、罴、狼、豹、䝙(chū)、虎为前驱,以雕、鹖(hé)、鹰、鸢为旗帜。"各种凶禽猛兽都被搬上了战场,看来战争的规模是很大的。炎帝这方面的顽强抵抗古书虽没有正面记载,但从《大戴礼·五帝德》所说"黄帝与赤帝战于阪泉之野、三战然后得行其志"的话看来,可知黄帝能够战胜炎帝,也还是经过艰苦的斗争,并不是轻而易举的。

黄、炎之战,最主要的部分,是表现为黄帝和蚩尤的战争。炎帝兵败,又有炎帝的后裔蚩尤奋起,举兵为炎帝复仇,又在原来黄、炎作战的战场阪泉或涿鹿(其实二地同属一地,阪泉只是涿鹿附近的一个小地名)和黄帝开始了一场大战。这我们后面还要讲到。黄、炎之战与黄帝和蚩尤之战完全是同一性质、同一营垒的战争,在神话和历史杂糅的古书记载中,它既反映为神国两个系统的诸神的大斗争,又反映为两大部族之间的战争。这场战争波澜壮阔,此伏彼起,历时绵远,比起荷马史诗《伊利亚特》诸神在特罗亚城之战,并无逊色。

但古书对于这场战争也有不同的记叙。《周书·尝麦篇》说:"昔天之初,□作二后,乃设建典。命赤帝分正二卿,命蚩尤宇于少昊,以临四方,司□□上天未成之庆。蚩尤乃逐帝,争于涿鹿之河(阿),九隅无遗。赤帝大慑,乃说于黄帝,执蚩尤杀之于中冀,以甲兵释怒,用大正顺天思,序纪于大帝,相名之曰绝辔之野。"文字有脱讹,不大好懂,不过大意还是知道的。那就是说,蚩尤驱逐炎帝(赤帝),

在涿鹿和炎帝打了一场大仗，炎帝支持不住，求救于黄帝，最后由黄帝出兵捉住蚩尤，把他在中冀地方杀掉。从这书的记叙看，黄帝和炎帝原本是和谐一致的，只有蚩尤是凶恶的捣乱者，所以二帝联合起来，殄灭了蚩尤。这部书成书的时间虽然较早，但却不能解释后来许多关于黄、炎斗争的传说，恐怕也是属于正统历史家的美化之辞。所以我们宁取黄、炎斗争的传说，而摒弃黄、炎和谐的佳话，因为无论从历史或从神话的角度看，前者都比较符合初民传说的真相。

黄、炎斗争反映在神话上的，除黄帝与蚩尤的战争是其中坚部分而外，还有夸父、刑天、共工都曾起来和黄帝以及黄帝系统的人物作过斗争，我们在前面已经大略讲过了，这里就不再多赘。

除此而外，《山海经·大荒西经》还记了一个很奇特的地名："有池，名曰孟翼之攻颛顼之池。"郭璞注："孟翼，人姓名。"孟翼自然是"人姓名"，但他为什么要去"攻颛顼"呢？"攻颛顼"以后为什么又要取下一个这么奇怪而啰唆的地名来呢？再一看此经的上文"有禹攻共工国山"，也是一个奇怪的地名，仔细一想，也就有些恍然大悟了。正如郭璞注《山海经·大荒北经》"有鲧攻程州之山"所说："皆因其事而名物也。"禹攻共工，孟翼攻颛顼，反映的大约就是黄、炎斗争的余波还在继续未已。禹和共工，是分属黄、炎两个系统的人物，已无可疑；颛顼属黄帝系统，孟翼可能便属炎帝系统。又前面所引"鲧攻程州"，郝懿行注："程州，盖亦国名。"《山海经·大荒东经》有"夏州之国"，则此程州自然也可能是"国名"。鲧属黄帝系统，程州（国）便可能属炎帝系统。在此两大系统的神们或部族的斗争中，从神话传说中的这些奇特的地名，便使我们隐然看到似乎还有星星点点的戈矛剑戟在发出闪光。

二〇　炎帝与灶神

在讨论关于蚩尤的神话——即黄、炎斗争神话的主要部分，黄帝与蚩尤战争这段神话之前，还有一个小小的插曲，就是关于炎帝与灶神的神话，须要先讲一讲。

《淮南子·氾(fàn)论篇》说："炎帝作火死而为灶。"高诱注："炎帝，神农，以火德王天下，死托祀于灶神。"那么炎帝就是古来相传的灶神了。这是灶神的一说。

而《庄子·达生篇》说："灶有髻。"释文引司马彪云："髻，灶神，着赤衣，状如美女。"这"着赤衣""状如美女"、名叫"髻"的灶神又是谁呢？说穿了其实也没有什么稀奇，原来髻就是蛣(jié)字的假音，《广雅·释虫》："蜥(qí)，蛣，蝉也。"盖灶上常见有红壳虫如蝉，人或谓之灶马，四川人称它作偷油婆，古以此为神物，这就是《庄子》"灶有髻"一语的由来。殷周鼎彝腹部多以蝉纹为饰，就是"灶有髻"的蛣这种动物。

到此为止，问题只算解答了一半。联系到人——应当说是神吧，这蝉形的灶上蛣又是谁呢？

《大戴礼·帝系篇》说："颛顼产穷蝉。"《史记·五帝本纪》也说："颛顼生子曰穷蝉。"索隐却说："《系(世)本》作穷系。"而俞正燮《癸巳存稿》卷一三"灶神"条引《许慎异议》说："灶神，古《周礼》说，颛顼有子曰犁(lí)，为祝融，祀以为灶神。"对了，颛顼的这个儿子犁，应当就是"绝地天通"的重、黎二神之一的黎（《山海经·大荒西经》说是颛顼的孙子）。《国语·楚语》说："颛顼受之，乃命南正重司天以属神，命火正黎司地以属民。""黎为火正"，与"犁为祝融"合；黎"司地以属民"，也与犁"祀以为灶神"合：看来犁就是黎无疑问了。而犁（黎）、系、髻（蛣）音皆相近，而穷系又作穷蝉，是穷蝉即犁（黎），亦即古来相传的灶神。这是灶神的又一说。本来属于炎帝系统的灶神，乃又移而属于黄帝系统了。而《太平御览》卷一八六引《淮南子》（今本无）说："黄帝作灶，死为灶神。"原来黄帝也做过灶神，更无怪黄帝后裔颛顼的儿子之为灶神了。

　　古代传说的灶神是如此，后世相传的灶神又是怎样的呢？

　　《后汉书·阴识传》注引《杂五行书》说："灶神名禅，字子郭，衣黄衣。"《酉阳杂俎（zǔ）·诺皋记》说："灶神姓张，名单，字子郭。"这里看得出来，不管是名叫"禅"也好，名叫"单"也好，其实都是"穷蝉"的"蝉"的异文。《荆楚岁时记》说："灶神姓苏，名吉利。"《三国志·魏志·管辂传》说："王基家贱妇生一儿，坠地，即走入灶中。辂曰：'直宋无忌之妖，将其入灶也。'"这就是说，管辂把宋无忌认为是灶神。《史记·封禅书》索隐引《白泽图》说："火之精曰宋无忌。"宜乎宋无忌会被当作是灶神。而苏吉利之为灶神，又是宋无忌的音变。吉、忌这两个字音和髻（蛣）都很相近。宋无忌、苏吉利之为灶神，实在就是《庄子》所谓的"灶有髻（蛣）"啊。而穷蝉又名穷系，系、髻（蛣）、忌、吉音皆相近。是后世传说的灶神，无论是名叫禅的，名叫单的，名叫宋无忌的，名叫苏吉利的，其实都是颛顼的儿子穷蝉（穷系）一名的演变，而"炎帝作火死而为灶"的这一说就只好沉埋了。

　　说起来应该算是炎帝的幸事，炎帝还是不要长远地做灶神的好。

在原始社会，人群在一所长屋里共居的时代，供给他们烹饪、取暖以火的灶神，确应该算是光荣的职务，受到人们的尊敬也很自然。但在阶级划分以后的阶级社会中，每人单家独户异炊而食，灶神这个职务就有些不大光彩了。《太平御览》卷一八六引《淮南万毕术》说："灶神晦日归天，白人罪。"原来他还兼有这么一个文化特务的任务，要在每月月底那天上天去"白人罪"。后来则定为腊月二十三日，至今相传如此。不管是"晦日"也好，是腊月二十三日也好，零算趸算，账总是要算的。或许趸算更要教人提心吊胆、坐卧不安些吧，所以到了每年年终，人们要拿胶牙糖去供奉灶神，让此物胶住他的嘴，不好说坏话。曾经在农业上和医药上对人民有过大贡献的炎帝，自然绝不会来做这种缺德事的，所以炎帝"为灶"之说终于沉埋了。看来还是让那"疫神帝颛顼"（蔡邕《独断》）的儿子穷蝉来做这事最适宜，所以穷蝉为灶神之说便以各种不同形式的名称流传至今。

二一　战神蚩尤

从阶级社会正统历史家的眼光看,像蚩尤、共工这些人物,都是属于"犯上作乱"的"乱臣贼子"一流人物,这正是统治阶级文人士大夫的阶级偏见。他们既不了解历史,也不了解神话。而我们则首先要看到,这些人物都是神话英雄人物,他们所做的斗争,如果也反映了古代历史的一些影子的话,那么所反映的,也只是原始社会部族间的斗争,或阶级社会初期奴隶与奴隶主之间的斗争。前者如蚩尤,那时本来没有什么"上""下"之分,后来由正统历史家给堆上许多历史的积尘,就说"蚩尤惟始作乱"(《书·吕刑》)。后者如共工,"共工与颛顼争帝",体现了奴隶们起来革命,反抗奴隶主残酷统治的意愿。如果说是"犯上",这"上"难道不该"犯"吗?然而正统历史家却说他"自贤"(《周书·史记篇》),说他"任智刑以强"(《史记·补三皇本纪》),这都是不正确、不公平的。

现在单说蚩尤。早期传述的有关蚩尤的神话传说,他是以一个战神的姿态出现的。《史记·封禅书》说,"齐祀八神,太公以来作之""三曰兵主,祀蚩尤":可见蚩尤在先秦时代人们的心目中,确实是一个战神。《管子·地数篇》说:"葛卢之山,发而出水,金从之,蚩尤受而制之,以为剑、铠、矛、戟;……雍狐之山,发而出水,金从之,蚩尤受而制之,以为雍狐之戟、芮戈。"蚩尤是各种金属兵器的制造者。《路史·后纪四》注引《世本》更说得明白:"蚩尤作五兵:

戈、矛、戟、酋矛、夷矛。"作为战神的蚩尤的形象，略具于此了。

神话中黄帝和蚩尤之战，主要见于《山海经·大荒北经》：

> 蚩尤作兵伐黄帝，黄帝使应龙攻之冀州之野。应龙畜水。蚩尤请风伯雨师，纵大风雨。黄帝乃下天女曰魃，雨止，遂杀蚩尤。

黄帝派遣应龙去抵御蚩尤，"应龙畜水"，使用的还是老战法——水战。可是"蚩尤请风伯雨师，纵大风雨"那就是以水对水了。说明炎帝这方面的军队，能火战，也能水战（炎帝的后裔祝融是火神，共工是水神，即其例）。应龙虽然能"畜水"，却也没法对付蚩尤先发制人的"大风雨"。最后，黄帝只得从天上派遣了自己的女儿名叫"魃（bá）"的下来，顿时雨止风停，这才擒杀了蚩尤。黄帝的这个女儿魃，又叫旱魃，据说是秃头无发、"目在顶上"（《神异经》）的一个怪物。

黄帝和蚩尤的战争，既然是黄、炎战争的主力战，情节自然不会只有这么简单，人们也绝不会满足于这样简单的情节，因而后来关于这场战争的神话传说，便杂出多端。

其一是《绎史》卷五引《黄帝内传》说："黄帝伐蚩尤，玄女为帝制夔（kuí）牛鼓八十面，一震五百里，连震三千八百里。"而《山海经·大荒北经》吴任臣广注引《广成子传》却说："蚩尤铜头啖石，飞空走险，（广成子）以馗（kuí）牛皮为鼓，九击而止之，尤不能飞走，遂杀之。"馗牛就是夔牛。以夔牛皮制鼓的神话，原本于《山海经·大荒东经》所说，东海流波山有状如牛的独足怪兽夔，"其光如日月，其声如雷""黄帝得之，以其皮为鼓，橛之以雷兽之骨，声闻五百里，以威天下"。雷兽就是雷泽中的雷神，拿雷神的骨头来敲打夔牛皮制的鼓，两件响东西碰在一起，自然要"声闻五百里"。其设想真是超特，但却没有说是为了制胜蚩尤——以夔牛鼓制胜蚩尤，是神话后来的发展。而出主意的人，一则说是玄女，一则说是广成子，也足见神话的演变无定。

其次是《太平御览》卷七九引《龙鱼河图》所记述的：

> 黄帝摄政前有蚩尤兄弟八十一人，并兽身人语，铜头铁额，食沙、石子，造立兵仗刀戟大弩，威振天下。诛杀无道，不仁不慈。万民欲令黄帝行天子事，黄帝仁义，不能禁止蚩尤，遂不敌。乃仰天而叹。天遣玄女下授黄帝兵信神符，制伏蚩尤，以制八方。蚩尤没后，天下复扰乱不宁。黄帝遂画蚩尤形象，以威天下。天下咸谓蚩尤不死，八方万邦皆为殄伏。

《龙鱼河图》大约是汉代曾经流传的一部纬书，早佚亡了。从这段历史化的神话记叙中，蚩尤仿佛又是一个巨人部族的名称。《述异记》称"蚩尤兄弟七十二人，铜头铁额，食铁石"，大约就是本此为说。《山海经》既然已经把蚩尤和夸父并举（《大荒南经》："应龙杀蚩尤与夸父"。），则蚩尤之为巨人部族，原在意料中。至于给蚩尤加上"诛杀无道、不仁不慈"等诛语，则是历史化神话给反抗性的神话英雄所做的照例文章，并无足异。值得重视的，是记叙的末尾，连战胜者的黄帝后来也要靠蚩尤的形象来显示威风，作为战神的蚩尤在民间的信仰可知。所以汉高祖领导的秦末农民革命，要"祠黄帝、祭蚩尤于沛庭"（《史记·高祖本纪》）了。

这段神话中的"天遣玄女下授黄帝兵信神符"，在其后各种类书所引的《玄女法》《黄帝问玄女战法》等书里，又成为"人首鸟形"的玄女来教黄帝战法，或王母所遣自称是"九天玄女"的妇人来授黄帝以"太乙遁甲之术,阴符,灵宝之文"等。这个"人首鸟形"的玄女,当即《诗·玄鸟》"天命玄鸟、降而生商"的"玄鸟"的化身。玄鸟神话羼入了黄帝战蚩尤神话,就成了玄女来帮助黄帝制伏蚩尤的神话了。经过道家方士之流一改装,神话便颇夹杂了一些仙话的气味。

再其次是晋虞喜《志林》(《太平御览》卷一五引)的记叙:"黄帝与蚩尤战于涿鹿之野,蚩尤作大雾弥三日,军人皆惑。黄帝乃令风后法斗机,作指南车,以别四方,遂擒蚩尤。"蚩尤"作大雾",黄帝作"指南车",这也是黄、蚩战争中的一个重要插曲。在当古神话日久沦湮的时候,这段插曲倒是人人熟知的。

再其次是唐杜佑《通典·乐典》的记叙:"蚩尤氏帅魑魅与黄帝战于涿鹿,帝令吹角作龙吟以御之。"蚩尤的形象继《龙鱼河图》诸书而后,进一步被丑化了。

蚩尤被丑化得最厉害的,莫过于《路史·后纪四·蚩尤传》注所说:"三代彝器,多著蚩尤之像,为贪虐者之戒。其像率为兽形,傅以肉翅。"此当即是饕餮(tāo tiè)。《史记·五帝本纪》说:"缙云氏有不才子,贪于饮食,冒于货贿,天下谓之饕餮。"集解引贾玄说:"缙云氏,姜姓也,炎帝之苗裔,当黄帝时在缙云之官也。"而蚩尤正是"炎帝之苗裔"。故殷周鼎彝所铸的饕餮形象,实在可能便是神话传说中被黄帝断首的蚩尤。从正面看他像是《吕氏春秋·先识》所说的"周鼎著饕餮,有首无身",实际上他仍是"兽形"而"傅以肉翅",传说他能"飞空走险"(《山海经·大荒北经》吴任臣注引《广成子传》),大约就是用了这种肉翅。然而这一切却是被后世的统治者丑化得多么厉害啊。

蚩尤与黄帝作战的情节,大致便是如上所述。他虽然是以失败而告终了，但从一些零片的神话材料看，人民对于这个失败的英雄，似乎还萦结着相当的崇敬和哀思。例如《山海经·大荒南经》记有宋山的枫木，说它是蚩尤被杀时，"所弃其桎梏"所化；沈括《梦溪笔谈》卷三说："解州盐泽，方百二十里，久雨，四山之水悉注其中，未尝溢；大旱未尝涸。卤色正赤，在版泉之下。俚俗谓之蚩尤血。"此外还有什么"蚩尤冢""蚩尤旗""蚩尤戏""蚩尤神"等传说，足见蚩尤在群众心目中造成的影响。这个继炎帝而起，举兵为炎帝复仇，屡仆屡起，在黄、炎斗争中扮演了最重要的一角的英雄，作为战神，他是当之无愧的。

二二 黄帝神话的仙话化

仙话是中国神话的一个分支,不管好坏,还得承认这个既成的事实。在仙话的影响下,某些著名的神话人物,如像黄帝、西王母等,也都逐渐仙话化了。它使中国神话遭受一些损失,又由此而发出某些异样的光彩来,当分别不同的情况予以对待。现在就将黄帝神话仙话化的过程来作一剖析,以便能从一斑而得窥全豹。

黄帝神话的仙话化,最早是从《山海经·西次三经》所记黄帝在峚(mì)山服食玉膏开始的。这种从山原涌出、"沸沸汤汤"的玉膏,不但为黄帝本人所服食,并且还由黄帝把它的精华去种在钟山的向阳处,使玉膏都变作了一些"坚粟精密、浊泽而有光"的美玉,让"天地鬼神"都来"是食是飨(xiǎng)"。明显可见,这段神话就充分带着仙话的意味了,使本来是神的黄帝开始穿上了仙人的鹅毛羽衣。证以《楚辞·远游》所说:"轩辕不可攀兮,吾将从王乔而娱戏。"确实在战国时代,黄帝已经沦比于赤松、王乔之流的仙人了。

黄帝神话仙话化最清楚、最典型不过的,是《史记·封禅书》里的一段记叙:

> 黄帝采首山铜,铸鼎于荆山下。鼎既成,有龙垂胡髯下迎黄帝。黄帝上骑,群臣后宫从上者七十余人。龙乃上去。余小臣不得上,乃悉持龙髯,龙髯拔,堕。堕黄帝之弓。百姓仰望。黄帝

既上天,乃抱其弓与胡髯号。故后世因名其处曰鼎湖(胡),其弓曰乌号。

这段神话说的是黄帝在荆山铸鼎成功,于是有龙来迎接黄帝,黄帝就在那里乘龙升天,成仙而去。何以知道黄帝是成仙去了呢?原来《史记》作者司马迁记叙的这段神话,本是由汉武帝时一个名叫申公的方士说出来的。巫师某在汾阴掘出一个古鼎,硬说是黄帝当年铸造的。方士申公遗书予以证实,说黄帝"且战且学仙",铸了此鼎以后,就乘龙登仙去了。司马迁对这些荒诞的东西,本来是抱怀疑态度的,所以仍然忠实记录下来者,是要使"自古以来,用事于鬼神者,具见其表里。后有君子,得以览焉"(太史公论赞语)。感谢司马迁的忠实记录,才使我们知道神话仙话化究竟是怎么一回事。从现在记录下的文字看,知道原也应该有一段与辑录文字稍异的古神话为其蓝本的。"黄帝采首山铜,铸鼎于荆山下",所为何来呢?如果真有这么一段神话,那就应该是为了纪念战胜蚩尤的成功。正如"禹收九牧之金,铸九鼎"(《史记·封禅书》),是为了纪念他治水成功一样。《玉函山房辑佚书》辑《孙氏瑞应图》说:"禹治水,收天下美铜,以为九鼎,象九州。"禹铸鼎和治水有关,前人已有发现。则黄帝铸鼎,必也当和他对蚩尤作战有关。从《史记·封禅书》所载方士申公所说黄帝"且战且学仙"语中,已经透露出了此中消息。"且战",自然是对蚩尤作战;"且学仙",则当是道家方士涂饰的谎言:身为上帝的黄帝,还"学"什么"仙"呢?黄帝铸鼎乃是为了纪念战胜蚩尤,鼎成而有"龙垂胡髯下迎黄帝"者,原是从天上下来的黄帝现在又回到天上去了,所以谓之"迎"也。以后所写什么"余小臣不得上,乃悉持龙髯,龙髯拔,堕,堕黄帝之弓",大家拥挤、争欲上天的情景,写得活龙活现，恐怕又是道家方士如申公之流的涂饰之辞，以坚人主相信所掘古鼎就是黄帝当年所铸宝鼎的信心，从而更加相信神仙不死之说而受他们的愚弄的。经过这么一改装，原来的黄帝神话就成为黄帝仙话了。然而这段黄帝仙话以其形象生动、情景热烈，竟也成了新神话，影响及于民间及后来文苑很大。民间至今流传"龙须草"的传说，"鼎湖"一词也成了诗文的典故，就是例证。

黄帝乘龙登仙神话，又别传为《古今注》所记叙的"世传皇（黄）帝炼丹于凿砚山，乃得仙，乘龙上天。群臣援龙须，须堕而生草，曰'龙须'"的新神话。后段就是至今流传的"龙须草"传说的最早记录。

而《博物志·史补》却说："黄帝登仙，其臣左彻者，削木像黄帝，帅诸侯以朝之。七年不还，左彻乃立颛顼。左彻亦仙去也。"更添枝带叶，加上了随黄帝"仙去"的臣子左彻，那么"黄帝登仙"之说就更无可疑了。

黄帝登仙虽已渐为众人公认，但登仙的方式却也还有不同的说法。《古小说钩沈》辑《列异传》说："黄帝葬桥山，山崩无尸，惟剑舄存。"这是说，黄帝死后，"尸解"而登仙了，所以"山崩无尸"，只剩下他的宝剑和拖鞋。古仙人登仙，据说是有所谓"尸解"这一法的。

此说一出，因其诡异，也很有势力，大大冲击了黄帝铸鼎、乘龙登仙之说，连专门研究神仙法、著《抱朴子》的葛洪对此也无以解释，只好在《极言篇》里含糊其辞地说："此诸说虽异，要于为仙也。"足见他的研究也无法彻底。

后来陶弘景《真诰》又出来调停弥缝此二说道："轩辕采首山之钢以铸鼎，虎豹百禽为之视火参炉、鼎成而轩辕疾崩，葬桥山。五百年后山崩,室空无尸,唯宝剑赤舄在耳,一旦又失所在也。"把两段神话糅在一起,最后竟说连"剑舄"也"一旦又失所在",真是"神龙见首不见尾",化得干干净净。

黄帝登仙神话,虽是仙话化的神话,其初《史记·封禅书》所记,景观还不失为宏伟壮丽,黄帝也不失为具有一个做主要天神的神格。后来的传说却把他形容作一个道士的模样。《古今注》说"黄帝练丹于凿砚山"已启其端倪,《图经》《方舆胜览》等书更说:"缙云山,相传黄帝于此合药""稠粳山,在新津县南八里,上有丹灶、古碑、宫阙、天池。轩辕帝于此得仙"——黄帝的道士形象就更显明了。这都是道家方士之流编造出来宣扬他们的道教、用以欺骗世人的。

至于有的书说黄帝"御女三百""行容成术而登仙",那就更是为了逢迎统治者荒淫生活需要的无耻胡诌,连普通仙话的资格也不具有了。

二三　黄帝制器

　　仙话化的黄帝，使他成为穿鹅毛羽衣的仙人或成天坐在丹灶旁边熬炼丹药的道士，已如上述，这当然是不正确的；历史化的黄帝，又使他成为一切文物器用的创造发明者，也同样地不正确。但是，二者相较，文物器用发明者的黄帝，其形象倒要可爱得多。这一节我们就姑从神话的角度，来谈谈黄帝和他臣子们的创造发明。

　　我们已经说过，一切有用事物的创造发明，都是众多的人在劳动和生活实践中，长时间积累了他们的经验与智慧，才逐渐创造发明出来的；不是某个天生的"圣王"或英雄，头脑里忽发奇想，一下子就创造发明出来的。但在神话或传说中，总是把这些事物的创造发明归之于某一"圣王"或英雄者，不过是标志着某个时代有了某种突出的文化成就罢了。因而我们来研讨黄帝的种种创造发明的时候，那就不但很有意思，并且还会从中得到一些启发。

　　黄帝的创造发明，种类很多。《太平御览》卷七七二引《释名》（今本无）说："黄帝造车，故号轩辕氏。"这是从黄帝的名号推论黄帝是车的创造发明者的。"蚩尤作大雾，黄帝作指南车"，神话中黄帝和蚩尤之战，早已实行了车战——黄帝不但发明了普通的车，还发明了极为先进的指南车。因而像《山海经·海内经》所记，后来殷人的先祖奚仲和吉光父子俩才"以木为车"，实在也就不算得什么了。《管子·轻重戊篇》说："黄帝作钻燧生火，以熟荤臊。"连燧人氏早就发明了的"钻木取火",也归到了黄帝的名下。黄帝既然发明了"钻燧生火",《世本》(张澍稡集补注本)说"黄帝造火食",《太平御览》卷七五七引《古史考》说"黄帝始造釜甑",卷八五〇引《周礼》说"黄帝始蒸谷为饭",就显得非常自然而合乎逻辑了。《世本》说"黄帝见百物始穿井",也早于传说中后来的"伯益作井"(《吕氏春秋·勿躬篇》)。不过这里的"井",应该解释作《易·井》"旧井无禽"的"井",即阱才对,所以才有"见百物始穿井"之说,就是挖掘陷阱、猎捕野兽的意思。"伯益作井"的"井",初意也该是阱。

黄帝的一切创造发明的勋绩中,和人类关系最密切、使他得到名声最大的,莫过于创制衣裳这件事了。衣裳,本来传说是伯余创制发明的(《世本》:"伯余作衣裳。"),而且在创制之初,还经过"緂(tǎn)麻索缕,手经指挂,其成犹网罗"(《淮南子·氾论篇》)的困难阶段。但自从《易·系辞》有"黄帝尧舜垂衣裳而天下治"这样的话头,后来注家便把伯余说做是黄帝的臣子(宋衷),甚而说做是黄帝本人。而明见于《世本》的,则有"黄帝作旃""黄帝作冕旒"。旃和冕旒,都是帽子上的饰物,多少和衣裳有关。于是黄帝制作衣裳这样的印象就在人们的脑海里根深蒂固地留下来了,以至现在在四川民间还有"轩辕皇帝制衣裳"这样的传说。

黄帝的创造发明已略如上述,至于黄帝臣子的创造发明而归功于黄帝的那就更多了,姑举几桩如下。

例如文字的创造发明,当然是人类文化生活中的一件极重大的事。《荀子》《韩非子》《吕氏春秋》都说仓颉作书。《淮南子·本经篇》还说:"仓颉作书,天雨粟,鬼夜哭。"高诱注:"鬼或作兔,兔恐见取毫作笔,害及其躯,故夜哭。"汉代纬书《春秋纬元命苞》说仓颉"龙颜哆哆,四目灵光"都是很富神话意趣的,但却不曾说仓颉是什么时代的人。直到东汉许慎作《〈说文解字〉序》,才说"黄帝之史仓颉,……初造书契",于是仓颉便成了黄帝的臣子了——仓颉创制文字的发明之功,黄帝也分享了一份。

《吕氏春秋·勿躬篇》说:"羲和作占日,尚仪作占月。"并未说羲和、尚仪是何代人。《世本》本此,却说"黄帝使羲和作占日,尚仪作占月",于是羲和、尚仪便又成了黄帝的臣子。"占日""占月"是怎么一回事呢?《世本》的辑注者之一张澍解释说:"占日者,占日之晷景长短也;占月,占月之晦朔弦望也。"他们的职守,大概如像后世的星历之官。但这二人,本来都是神话人物,是东方殷民族所奉祀的天帝帝俊的妻子。"占日""占月",原本是"生日""生月",不料经过一番历史化的演变,便都又成了黄帝的臣子了。

黄帝的创造发明队伍,便是这么壮大起来的。于是《世本》所说的"挥作弓、牟夷作矢,共鼓、货狄作舟,于则作扉(fèi)履,雍父作杵臼,尹寿作镜,胲(hǎi)作服牛",等等,一律都注以"黄帝臣",甚至连那造人补天、"作笙簧"的女娲,宋衷也同样注云:"女娲,黄帝臣也。"这恐怕是注滑了笔,一见到有文物创制者,便一律收归为黄帝的臣下。连张澍也不禁慨叹道:"女娲,太昊氏之女弟,此言黄帝臣,误矣。"其实何止此误,就拿"胲作服牛"的"胲"来说吧,经近人考证,"胲"即王亥,是殷民族的先祖。《山海经·大荒东经》记有他在有易被杀的神话故事一段,他和黄帝可说是风马牛不相及,如今也收归为黄帝的臣下,那就简直是"误"之甚矣。

这当中有一个"造律吕"的伶伦,是个较有名的神话人物,见诸古书记载,真应算是黄帝的臣子。《吕氏春秋·古乐篇》说,黄帝命伶伦作律,伶伦便到昆仑山去,听凤凰的鸣声,雄的凤鸣了六声,雌的凰也鸣六声,伶伦便根据它们的鸣声,来定出十二律。从此伶伦便成为乐曲家的始祖。《诗·简兮》序伶官,郑笺以为伶氏世掌其官,故后世称乐官为伶官。一种传说的演变总有它的由来,郑笺的说法自有道理。此外,还有说伶伦即上古时候有名的仙人洪涯仙人的。那是根据《文选·西京赋》:"洪涯立而指挥,被毛羽之纤纤。"薛综注:"洪涯,三皇时伎人,倡家托作之,衣毛羽之衣。"《列仙全传》卷一说:"洪厓先生,或曰,黄帝之臣伶伦也。"这就恐怕便是模糊影响、辗转附会之谈,不足采取了。

二四　蚕桑的神话

中国是一个以农立国的国家，农业发展很早。传说中比黄帝还早的神农时代，就开始有了农业的萌芽。与此同时或稍后，蚕桑事业也发展了起来。"男耕女织"，这就是几千年来勤劳的中国人民的劳动图景。早在公元前四世纪之初，中国就通过有名的"丝绸之路"，将自己美丽的丝织品运到了欧洲，让欧洲各国人民鉴赏到我国妇女劳动的成果。有这样一种特殊情况作背景的中国，自然不可能没有关于蚕桑的神话。考察起来，不但是有，而且还相当丰富呢。

传说黄帝的妻子嫘（léi）祖教导人民养蚕，因而后世人们便将她祀作"先蚕"（《路史·后纪五》），这样说来，她应该是中国最早的蚕神了。而《绎史》卷五引《黄帝内传》却说："黄帝斩蚩尤，蚕神献丝，乃称织维之功。"似乎又别有一蚕神，而且还早于嫘祖——嫘祖养蚕，恐怕也是从蚕神那里学来的。各书所记神话传说，原不过是各本所闻，无怪有时候要发生些前后抵牾的矛盾。

至于民间相传的蚕神，又别有其传述的途径。《搜神记》卷一四记了一段蚕马神话，略云：

> 旧说太古之时，有大人远征，家唯一女，牡马一匹。女思念其父，戏马曰："尔能为我迎得父还，吾将嫁汝。"马乃绝缰而去，径至父所。父惊乘以归。为畜生有非常之情，故厚加刍养。马不

肯食,每见女出入,辄喜怒奋击。父怪问女,女具以告。父于是伏弩射杀之,暴皮于庭。父行,女与邻女于皮所戏,马皮蹙(cù)然而起,卷女以行。后经数日,得于大树枝间。女及马皮尽化为蚕,而绩于树上。因名其树曰桑,桑者丧也。

这大约就是民间相传的蚕神的来源。《太平广记》卷四九七引《原化传拾遗》也记了上述的故事而又略有改变:把神话所说的"太古之时"定为"高辛帝时";把不知何地的父女俩定为"蜀地";把"有大人远征"说做是"蜀地未立官长,无所统摄,其人聚族而居,递相侵噬,其父为邻所操"。凡此种种,倒有点像是原始社会末期父权制时期的光景。但是末段写父母因蚕女已化身为蚕,正"念之不已"的时候,又忽见蚕女乘流云,驾此马,侍卫数十人,自天而下,谓父母曰:'太上以我孝能致身,心不忘义,授以九宫仙嫔之任,长生于天矣,无复忆念也。'乃冲虚而去。"和前面所写相较,后面所写,可说是狗尾续貂,不伦不类。露出了道士们硬将神话来仙话化的拙劣的马脚。不过此文末尾又记叙了如下的情况:

蚕女家(冢)在什邡、绵竹、德阳三县界,每岁祈蚕者,四方云集。……宫观诸化,塑女子像,披马皮,谓之马头娘,以祈蚕桑焉。

这大约倒是当时(唐末五代)的真实情况,可见蚕马神话已在古代四川这个养蚕很盛的地方扎下根来了(道士们胡诌的仙话自然也起了相当作用)。马头娘的塑像我幼年时也曾在一些庙里见到。据说新中国成立前德阳县(今德阳市)孝泉乡还有蚕姑庙,有人还见到庙里所绘宣传蚕姑事迹（略如《原化传拾遗》所述）的壁画十六幅，今庙与壁画均无存。

蚕马神话虽然始见于《搜神记》的记录（《旧小说》亦收入此文，题作《太古蚕马记》，三国吴张俨撰，恐未足据），但是考察它流传演变的渊源，也是由来已古的。《山海经·海外东经》记有"欧（同呕）丝之野，在大踵东，一女子跪据树欧丝。"这就是蚕马神话的雏形。女子跪据在树上吐丝，女子就相当于蚕了，却还未提到马。到荀子《蚕赋》："身女好而头马首"。蚕马的形象完全具备了，却还未有故事。到《搜神记》才把蚕马神话故事原原本本揭示出来。这就是它流传演变的大略。

蚕马神话和盘瓠神话，同属事物的推源神话。盘瓠神话，可能是根据图腾崇拜因素在原始民族幼稚的心灵中想象产生的；而蚕马神话则当是根据自古以来都是妇女养蚕而蚕头又像马头这样的情况想象产生的。通过神话的幻想，蚕马神话反映出我国妇女在蚕桑事业上辛勤劳动的客观现实，幻想的极致，连她们自己也化身为"跪据树而欧丝"的蚕了。

除蚕的神话而外，又还有一些零片的关于桑的神话。扶桑，就是神话中桑的最显著者。据说它生长在东方的汤谷，是帝俊的十个儿子居住的地方（《山海经·海外东经》）。郭璞《玄中记》又加以描绘说："天下之高者，有扶桑无枝木焉，上至于天，盘蜿而下屈；通三泉。"这又有点像是《山海经·海外北经》所记的"长百仞，无枝"的三桑，《玄中记》大约便是本此为说。《十洲记》和《神异经》对扶桑又各有所见。《十洲记》说："扶桑在碧海之中，……长者数千丈，大二千馀围。树两两同根偶生，更相依倚，是以名为扶桑。"《神异经》说："（扶桑）高八十丈，敷张自辅，叶长一丈，广六尺，名曰扶桑，有椹焉，长三尺五寸。"后者的形体虽然稍小，但是叙写更为具体，好像是丈量过的，给人以真实感。有这样大的叶和椹，是足够饲养像人那样大的蚕了。所以在欧丝之野、"跪据树欧丝"的女子的近旁，就是"长百仞、无枝"的三桑。《山海经·中次十一经》所记的宣山的帝女桑"大五十尺，其枝四衢，其叶大尺余，赤理黄华青柎"，大约也应属于这类的桑。或者"帝女桑"所谓的"帝女"，竟和蚕马神话有些联系也说不定。因为蚕女的父亲，记录说是"有大人远征"，看来像是原始时代的一个部落酋长，则蚕女广义地称为"帝女"也未尝不适合。神话传说的流传演变，总是这么错综复杂、头绪多端的。因此汉代纬书之一的《河图括地图》竟有"化民食桑，三十七年以丝自裹，九年生翼，九年而死，其桑长千仞，盖蚕类也"之说，直把一个部落的人民都想象为"食桑"的"蚕类"，也就不足为异了。

二五　牛郎织女

从蚕桑神话，自然会使人联想到牛郎织女神话。这是以织女为主体的一个古老的神话，在《诗·大东》里就已略见其端倪了。《大东》写道："维天有汉，监亦有光。跂彼织女，终日七襄；虽则七襄，不成报章。睆（huǎn）彼牵牛，不以服箱。"大意是说，织女在天上终日辛勤织作，却并没有织出文采锦绣的织物来；牵牛所驾的牛，也不能挂上车箱：因为他俩虽有织女、牵牛之名，不过是居于银河两旁的两颗星而已。这里似乎只有譬喻，而无故事。

到《古诗十九首》，才开始有了故事的轮廓："迢迢牵牛星，皎皎河汉女。纤纤濯素手，札札弄机杼，终日不成章，涕泣零如雨。河汉清且浅，相去复几许。盈盈一水间，脉脉不得语。"其情景和后世传说的牛郎织女神话是大致相合的。

值得注意的，是诗中"终日不成章，涕泣零如雨"二语，仍沿袭《大东》"虽则七襄，不成报章"的意思而来，而所表现的织女的悲苦心情则特别鲜明。揣想起来，或者古神话相传，由于织女和牛郎恋爱，犯了天庭的禁条，被天帝罚作苦工，允许于"成章"之后，再让二人相会。但这不过是天帝的故弄狡狯，实际上却凭借着他的神力，永远不教其"成章"。正如"学仙有过"的吴刚，被谪遣到月宫砍伐桂树，树创随砍随合，再也砍它不倒。织女也是这样，被罚在银河岸边织布，成年累月做着这"不成章"的徒劳无益的工作，遥望清浅银河彼岸的情人,一水之隔,竟不得相会,故尔才悲从中来,"涕泣零如雨"。

如果揣想大致不错,"不成章"既然沿袭"不成报章"而来,那么"不成报章"当亦实有所指,不仅是譬喻了。推而言之,牵牛的"不以服箱"(不可以用来拖拉车箱),当亦不仅是譬喻,而是实有所指了。那就是早于《大东》所叙,还该有一段古代民间传说:牛郎织女因私自恋爱,忤触神旨,各均受罚,一者织布而不能成章,一者驾车而不能挽箱,他们只好隔河相望,不能聚首。

《太平御览》卷三一引《日纬书》说:"牵牛星,荆州呼为河鼓,主关梁;织女星主瓜果。尝见道书云,牵牛娶织女,取天帝钱二万备礼,久而不还,被驱在营室是也。"营室,就是营造织作之室,牛、女被罚劳作,"道书"中居然也透露出了一些古神话的这方面的消息。

中国长时期封建社会家长统治的严酷,牛、女二人便成了神话所反映的不合理社会制度下的牺牲者。人们同情他们纯真的爱情,不满意他们所遭受的严厉的惩罚,因而稍后一点,又有"鹊桥"之说兴起。

《岁华纪丽》卷三引《风俗通》说:"织女七夕当渡河,使鹊为桥。"这一对被罚从事苦役的情人,终于也有一年一度的相会,而乌鹊便成了他们横渡银河的桥梁。人民的想象真是丰富而又美丽!宋罗愿《尔雅翼》卷一三所叙即本此,又加上"七夕(鹊)首无故皆髡,相传以为是日河鼓与织女会于汉东,役乌鹊为梁以渡,故毛皆脱去"这样的解释,就更使所叙神话有一种亲切之感。

以上所述各书记叙的神话故事,多不完全,直到明冯应京《月令广义·七月令》引《小说》,才有比较完全的记叙:

> 天河之东有织女,天帝之子也,年年机杼劳役,织成云锦天衣。容貌不暇整,帝怜其独处,许嫁河西牵牛郎。嫁后遂废织紝。天帝怒,责令归河东,但使一年一度相会。

《小说》著者凡四家,据我们所知,此当是六朝梁殷芸的《小说》。《佩文韵府》卷二六"牛"字条下也引了这段神话,文字大体相同,却作《荆楚岁时记》。《荆楚岁时记》的作者是六朝梁宗懔,和殷芸同时代。但这书是唐宋类书经常引用的一部书,这么重要的一段神话,却不见各类书引用,清代的《佩文韵府》何以反首先引之,恐不足信。故这条神话的出处,仍以作梁殷芸的《小说》为宜。但从所叙神话的内容看,恐怕也不是古代民间传说的本来面貌了,而是经过封建文人的某些篡改,因此才将牛郎织女的被罚阻隔天河,单方面诿之于织女的嫁后贪欢,懒惰废织(不说牛郎也废了牧);而天帝呢,则是被涂饰得这么好心而公正。这些都是封建思想的遗毒,是应视为糟粕而剔除之的。

现代民间流传的牛郎织女神话,就比古书里记叙的要健康、明朗得多。神话大略说,牛郎是人间一个不幸的孤儿,依哥嫂过活,被不公平地分家出来,靠一头老牛自耕而食。某日织女和诸仙女下凡游戏,在银河洗澡;老牛劝牛郎夺取织女的衣裳,织女便做了牛郎的妻子。婚后男耕女织,生一儿一女,生活美满幸福。不料被天帝查明,派王母娘娘下凡拘押织女回天受审,恩爱夫妻便被活活拆散。牛郎上天无路,悲愤万分。垂死的老牛劝牛郎在它死后剥下它的皮,披上身去,自能上天。老牛一死,牛郎果然剥下牛皮披在身上,并用箩筐担了一对儿女,上天追寻妻子去。看看快要追到了,王母娘娘忽然拔下头上金簪,凭空一划,登时成为一条波澜滚滚的天河。夫妻俩无法过河,只有隔河对泣。后来终于感动天帝,允许他们在每年七月七日,由乌鹊架桥,在天河相会。这个故事除了"隔河对泣"的情节为不大符合敢于抗击封建礼法的牛郎织女的性行,恐怕仍是"号泣于(呼)旻天"的儒家感情在劳动人民的潜意识中起作用而外,其余都朴质茂美可取。我们是拥护现代民间口头流传的牛郎织女神话的。

二六　牛女神话的近亲和旁支

正像太阳出来，有满天云霞作为它的陪衬一样，牛郎织女神话，也有它的近亲和旁支。从各个不同的时代，以各种方式纷纷传述出来，衬映着它，使它显得分外光华、美丽，历久而长新。

先说它的近亲吧。《法苑珠林》卷六二引刘向《孝子传》记叙了一段董永的神话：

> 董永者，少偏孤，与父居，乃肆力田亩，鹿车载父自随。父终，自卖于富公以供丧事。道逢一女，呼与语云："愿为君妻。"遂与俱至富公。富公曰："女为谁？"答曰："永妻，欲助偿债。"富公曰："汝织三百匹遣汝。"一旬乃毕。女出门，谓永曰："我天女也，天令我助子偿人债耳。"语毕，忽然不知所在。

这段神话《搜神记》卷一亦载之，而于"富公"多恕辞，故不取。不过《搜神记》已明教董永所逢女说："我天之织女也。"那么"肆力田亩"的董永就仿佛是下方的牛郎。近代民间"董永与七仙女"神话，末尾也有七仙女被天帝迫令返回天廷的情节，和牛郎织女神话的结构也很近似，所以说它是此一神话的近亲。东汉画像石已有董永鹿车载父画像，三国魏曹植《灵芝篇》也说："董永遭家贫，父老财无遗。举假以供养，佣作致甘肥。责家填门至，不知何用归。天灵感至德，神女为秉机。"可见董永神话渊源之早。

这一神话后来又演变为六朝时代《搜神后记》和唐代《原化记》所记的白水素女和白螺天女神话，都是以天女下凡帮助一个品德端庄的贫穷的男青年料理生活为中心内容，大致和牛女神话的内容相近，仍可认为是牛女神话的近亲。白螺天女神话最后还加上天女帮助吴堪和县宰做斗争，终于让一只名叫"祸斗"的"能食火、且粪火"的兽去将好色贪婪的县宰及其家属全都焚烧成为"煨烬"的情节，就更显得富有民间传说的战斗意义和朴质、刚健、谐趣的艺术特色了。

作为牛女神话的旁支，则先有梁吴均《续齐谐记》记的这么一段：

> 桂阳成武丁有仙道，常在人间。忽谓其弟曰："七月七日织女当渡河，诸仙悉还宫；吾向已被召，不得停，与尔别矣。"弟问曰："织女何事渡河？兄当何还？"答曰："织女暂诣牵牛。吾去后三十年当还耳。"明旦，失武丁所在。世人至今犹云，七月七日织女嫁牵牛。

这段神话虽然是以仙话的外形出现，但却没有某些仙话不健康的东西，文字也简洁明快，因而可视作是从侧面来写牛女神话的神话。写得那么亲切有味，仿佛真有其事一般，给牛女神话造出一种气氛，教人不能不相信。织女渡河，会期仅一夕，武丁竟须一去"三十年"始还，这大约也是神话创作者故弄的狡狯，是为了符合民间有历来相传的"山中七日、世上千年"的天上人间时距不等的概念罢了。然而经此一写，牛女七夕相会的光景就更加韵味无穷了。

又有《博物志·杂说》记的天河神话——

旧说云天河与海相通。近世有人居海渚者，年年八月有浮槎，去来不失期。人有奇志，立飞阁于槎上，多赍粮，乘槎而去。十余日中，犹观星月日辰，自后芒芒忽忽，亦不觉昼夜。去十余日，奄至一处，有城郭状，屋舍甚严，遥望宫中多织妇。见一丈夫，牵牛诸次饮之。牵牛人乃惊问曰："何由至此？"此人具说来意，并问此是何处。答曰："君还至蜀郡，访严君平则知之。"竟不上岸，因还如期，后至蜀问君平，曰："某年月日有客星犯牵牛宿。"计年月，正是此人到天河时也。

这也是从侧面叙写牛女神话的神话，却说是"天河与海相通"有人乘浮槎到了天河。这种设想真是大胆奇特，当然也是多年以来民间的想象，不可能是文人笔下一时的构思。至于此人到了天河、见到牛郎织女、回来又问严君平等，不过是通过这个以卜算著名的汉代人物之口，双重证实牛女神话的真实性而已。这个神话，大同小异地又见于《天中记》卷二引《荆楚岁时记》（今本无），却又实指为"张骞使大夏、寻河源"，从黄河的发源地上达天河，在那里得到一块织女的揳（支）机石回来，经过严君平和东方朔的指点，才知道自己是到了天河。这个神话显然又是在前述神话的基础上加过工的。民间传说的主人公多无主名，这个神话却实指为张骞，又增加了支机石的情节，因此知道是前述神话的加工。《太平御览》卷八引《集林》叙此神话仍作"昔有一人寻河源"而不云张骞，尤可见此一神话原本是民间流传的无名英雄的冒险经历，让它从侧面来渲染牛女神话的氛围。不管是追寻河源也好，或浮槎泛海也好，从黄河或大海直通天河的人民的美丽幻想则是一致的。唐初诗人宋之问的《明河篇》说："明河可望不可亲，愿得乘槎一问津；更将织女支机石，还访成都卖卜人。"就是综合了两种大同小异的传说，高度地概括在诗篇里的。

二七　少昊鸟国

作为"五方帝"之一的西方的天帝少昊,最初所传他的活动之地,原本是在东方。《山海经·大荒东经》说:"东海之外大壑,少昊之国。少昊孺帝颛顼,于此弃其琴瑟。"意思是说,在东海之外大壑的海岛上,有少昊建立的国家。少昊在那里养育他的侄儿帝颛顼,拿琴瑟来供他娱戏。后来颛顼长大成人,就把这无用的琴瑟抛弃在大海里,至今还可听见海波里有悠扬悦耳的琴声。古文简约,"琴声"之意必然也就包括在"弃琴瑟"这一层意思里面了。战国末年尸佼所著《尸子》(孙星衍辑本)也说:"少昊金天氏邑于穷桑。日五色,互照穷桑。"详此文意,既然"日五色、互照穷桑",那么少昊建都的穷桑之地,必然也是在东方,和《山海经》的记叙相合。

从神话传说的记叙中,少昊曾经在东方建立过国家,应无疑问。但所建之国又是什么样的国家呢?在当直接的神话材料缺乏的时候,我们只好从一些间接的神话材料——即历史化神话的记叙中去找到说明。下面就是一段《左传·昭公十七年》所记的郯子对昭公的话:

  我高祖少皞挚之立也,凤鸟适至,故纪于鸟,为鸟师而鸟名。凤鸟氏,历正也;玄鸟氏,司分者也;伯赵氏,司至者也;青鸟氏,司启者也;丹鸟氏,司闭者也。祝鸠氏,司徒也;雎(suī)鸠氏,司马也;尸鸠氏,司空也;爽鸠氏,司寇也;鹘(gǔ)鸠氏,司事也；五鸠，鸠民者也。五雉为五工正，利器用，正度量，夷民者也。九扈为九农正，扈民无淫者也。

郯子的意思本来是说，他的始祖少皞名叫"挚"的刚当国君的时候，恰好有凤凰来朝的祥瑞，所以就用各种鸟的名称来当作百官的名称，各司其职，管理各种事务，于是朝堂上就有了各种各样的"鸟官"。这显然是神话历史化的饰词，历史上是绝不会出现这些五彩缤纷、滑稽性质的"鸟官"的。自然，在这段话之前，郯子还以黄帝、炎帝、共工等神话人物（在他看来是历史人物）做陪衬，说了些"黄帝氏以云纪，故为云师而云名；炎帝氏以火纪，故为火师而火名"，等等的话，用以证明他的"高祖少皞""纪于鸟，为鸟师而鸟名"是真实可靠的。其实这正是他在有意无意间撒下的弥天大谎，"黄帝氏以云纪""炎帝氏以火纪"，谁也没有听说他们有什么"云官""火官"，只有一个缙云氏，据说曾经是黄帝手下的一名官员，也有说就是黄帝本人，其余便都无可考了。唯独以鸟纪官的少皞氏，朝堂上却出现了这么一大批非常具体的各种名目的"鸟官"，使人不能不怀疑到这些"鸟官"原本都是鸟。

又拿"少皞挚"的"挚"来说吧，"挚"的取名又有何义呢？原来古挚、鸷通，《史记·白圭传》说："趋时，若猛兽挚鸟之发。"可证挚鸟就是鸷鸟。少皞名鸷，他本来就是一只猛禽，宜乎他能统辖百鸟，为百鸟的王。但这还只是从表面一层看，若是深入内里，便可发现一些更有意趣的事象。《太平御览》卷九二二引《古今注》说："鷃（yàn），一名天女，一名鸷鸟（今本鸷作鹥，讹）。"这就非常清楚了，原来鸷鸟就是燕子的别名啊！少皞名"挚（鸷）"，说明少昊也就是燕子的化身。燕子，古称"玄鸟"，神话化了，又叫它做"凤鸟"或

"凤皇"。原是中国古代东方若干民族崇拜的神鸟，帝俊、帝喾、少昊、契等神话英雄人物，也都是他们崇奉的始祖神，而这些神本身就是燕子（玄鸟）——凤鸟的化身。到此为止，这段历史化神话的谜底就算得到解答了：原来这位初当国君时因"凤鸟适至"而以鸟纪官的少皞挚，他本身就是一只凤鸟——是由燕子（玄鸟）神话化而变成的凤鸟，这只"百鸟王"的凤鸟，就统率着百鸟在东方海外建立了一个鸟的王国。神话的本来面貌就是这样，其余都是历史化的饰词。至于小小的"鷾（燕）"，在民间传说中，为什么要说它"一名天女，一名鸷鸟"呢？说它是"天女"，使我们想到那个曾经帮助黄帝战胜蚩尤的"人首鸟身"的玄女（后世或称"九天玄女娘娘"），也许正是它的化身。说它是"鸷鸟"，小小的鸟儿为什么竟有了这样一个威猛的名称呢？我们想这无非表明它的神性，因为它在古代神话中，曾经是"上下草木鸟兽之长"（《书·舜典》），连豹、虎、熊、罴这类猛兽也归它管辖的。以后我们在讨论有关益的神话时，还要讲到它。

  总之，神话中的少昊，在东方海外建立了一个国，他养育过作为他的侄儿，后来曾经登上了天帝宝座的帝颛顼。他所建立的国，是鸟的国。作为百鸟王的少昊本身也是一只鸟，是燕子（玄鸟）神话化以后的凤鸟，又叫作鸷鸟。

二八　少昊神话的西移

本来是东方鸟国之王的少昊，后来又转移到了西方，成了西方的天帝。这大约是由于古代民族战争迁徙，将东方民族的神话，带到西方去的结果，于是神职和神的形貌可能都会有了某些变异。《淮南子·天文篇》说："西方金也，其帝少皞，其佐蓐收，执矩而治秋。"《淮南子·时则篇》说："西方之极，自昆仑绝流沙、沉羽，西至三危之国，石城、金室，饮气之民，不死之野，少皞、蓐收之所司者万二千里。"这就是作为西方天帝的少昊和他的属神蓐收的神职和管理范围的确定。不用说这种整齐的安排与规划，人工的痕迹很浓厚，当非古代神话的本来面貌。《山海经·西次三经》有一段关于少昊和蓐收的记叙，倒是近于最初少昊神话西移时的情景：

> 长留之山，其神白帝少昊居之。其兽皆文尾，其鸟皆文首，是多文玉石。实惟员神魂氏之宫。是神也，主司反景。……泑山，神蓐收居之。……是山也，西望日之所入，其气员，神红光之所司也。

这段记叙中除了"白帝少昊"和"神蓐收"而外，还有一个"员神魂氏"和一个"神红光"不好理解。郝懿行《山海经笺疏》说："员神盖即少昊也，（红光）盖即蓐收也。"推寻文意，大概也只好作此解释。从这段记叙看来，少昊神话从东方转移到了西方以后，虽然在他的身上已加上了"白帝少昊"的称号，并且也配上了"蓐收"这样一个还未明确公布属神身份的神，但他俩的神职，只不过是小小的山神，所做的工作，也只不过是"司反景"（郭璞注："日西入则反影东照，言主司察之也"。）"望日入"等比较简单、琐细的工作。海岛上鸟国之王的少昊初到西方，大约也只能任这样低微的神职、担负这样琐细的工作吧。《尸子》说："少昊金天氏邑于穷桑，日五色，互照穷桑。"看惯了日出景象的他到了西方还是叫他观察日入的景象，不是正合适吗？神话的流传演变总是有些迹象可寻的，这段记叙就可贵地保留下了少昊神话自东徂西的一些痕迹。并且还给《山海经》各部分成书时代的先后提供了这样一个证据：即先前认为成书时代最迟的《荒经》以下五篇实际上还早于成书时代较早的《山经》诸篇（当然还有其他好些证据）。

少昊，是以玄鸟即燕子为图腾的古代东方某一民族所奉祀的始祖神。他活动的范围，本来该在东方，但由于民族的迁徙流转，他的神话便随之向着西方移动（正如"治西方之金"的蚩尤，后来却做了东方齐国的战神），始而做了西方一个小小的山神，后来竟成了西方的天帝。什么"执矩而治秋"啊，什么"所司万二千里"啊，应当是这个在"东海之外"建立的"纪于鸟"的"少昊之国"的国王始料所不及的。

少昊的神话后来又有所发展。《拾遗记》卷一记述了一个关于少昊诞生的神话，很富有欧西的"罗曼蒂克"情调。神话说少昊的母亲皇娥，本是天上的仙女，"处璇宫而夜织，或乘桴木而昼游"，这一游便一直游到"西海之滨"的穷桑所在处。所谓穷桑，乃是一棵"直上千寻、叶红椹紫"的孤桑，也就是历来神话传说里所说的扶桑、扶木、若木。若木本来传说是在东方,屈原《离骚》"折若木以拂日兮";后来又传到了西方,《淮南子·地形篇》:"若木在建木西。"穷桑也是这样由东方传到西方去的。少昊的母亲皇娥就在穷桑那里结识了一个自称为"白帝之子"实即太白金星的天上仙童,于是一场牛郎织女式的恋爱便在天上展开了。两人泛舟遨游,赋诗唱答,谁也没有来干涉他们的自由爱情。其结果,就是少昊这个神性英雄人物的诞生,所以少昊又叫"穷桑氏"。这就把少昊的诞生地也移在西方了。

汉代纬书《春秋纬元命苞》说:"黄帝时大星如虹,下流华渚,女节梦接,意感而生白帝朱宣。"魏宋均注:"华渚,渚名;朱宣,少昊氏。"《拾遗记》所记上述神话,大约就是根据这段简单的神话艺术加工而成。少昊的诞生,原是天上星宿和他母亲结合的结果,这在"知其母而不知其父"(《商君书·开塞篇》)的早期原始氏族社会人们的头脑里,是完全可能有种这天真烂漫的设想的。因而感生神话虽多出纬书,其实倒有几分真实,不一定全属虚构。不过神话把少昊之生定在"黄帝时",意味着黄帝仍然是他名义上的父亲,就使神话初步历史化了(历史上多认为少昊是黄帝之子,见《世本》及《史记·五帝本纪》等)。《拾遗记》不着时代,开头就说"少昊母曰皇娥……",似乎更能得神话初相;而且"皇娥"一名,适为舜妻"娥皇"之倒,恐怕都是由帝俊妻"常羲"一名演变而来,是东夷系统神话人物的名称。说不定《拾遗记》所据,还有比《春秋纬元命苞》更古的神话资料。不管怎样,神话中少昊的活动地,终于由东而西,在西方定着下来了。

和其他天帝一样,少昊也有许多著名的子孙,并且还有子孙为国于下方的。少昊子孙中最著名的一个,当然要算他的属神蓐收了。蓐收是一个掌管刑罚的神,《山海经·海外西经》记他的形貌是"左耳有蛇,乘两龙";《国语·晋语》所记则是"人面、白毛、虎爪、执钺

（大板斧），更加威风凛凛。据《国语》韦昭注，蓐收是少昊的一个名叫"该"的儿子；但据《左传·昭公二十九年》，这"该"又是少昊的"四叔"之一，神话传说的错综分歧，原本如此。《楚辞·大招》说："魂乎无西，西方流沙，漭（mǎng）洋洋只。豕首纵目，被发鬤（níng）只。长爪踞牙，诶笑狂只。"王逸注："此盖蓐收神之状也。"诗人笔下的蓐收，又更增其狞猛之气了。

除蓐收外，少昊的子孙中还有发明弓箭的般（《山海经·海内经》）；有到下方去开创了一个国家——季厘国——的倍伐（《山海经·大荒南经》）；有一目国，一国人的眼睛都长在脸的正当中（《山海经·大荒北经》《海外北经》）；有汾水的水神台骀（tái）（《左传·昭公元年》）等。

上述少昊的子孙，各都建立了功业，可算是"才子"。也有"不才子"，那就是穷奇。穷奇是一只吃人的怪兽，有说像牛，有说像老虎，浑身长着刺猬般的硬毛，能够飞行天空。听说有人打架，便去吃掉有理的一方；听说某人忠诚老实，便去啃掉他的鼻子；只有作恶多端的人，才投合他的心意，反而杀了野兽去馈赠给他。他就是这么一个难以理喻的家伙（《左传·文公十八年》《山海经·西次四经》《神异经·西北荒经》）。但据有的书所记，他实在也不那么坏。《淮南子·地形篇》说他是"广莫风之所生也"，高诱注以为是"天神，在北方，道（？）足，乘两龙，其形如虎"。《后汉书·仪礼志》更说他是十二神之一，他和另一个叫作"腾根"的神，在每年十二月八日宫廷中举行的"大傩（nuó）逐疫"的仪式中，共同担负着"食蛊"的任务。蛊是一种害人的毒虫，有些坏人专门制造了来为害世间的。穷奇既然能"食蛊"，那么他就不像传说中所说的那样坏，而是多少对于人们有些益处的了。

二九　颛顼"绝地天通"

颛顼，据《山海经·海内经》所记，是黄帝的曾孙，而据《世本》及《史记》，则是黄帝的孙子，《海内经》多了颛顼的父亲韩流这一代。据说黄帝的儿子昌意谪降到若水（在今四川省境）来居住，生了韩流。韩流是一个形状奇怪的人：长颈子、小耳朵，人的脸，猪的嘴巴，麒麟的身子，两条腿是骈生在一起的，足也像猪的足。他娶了淖子氏的女儿阿女做妻子，就生了颛顼。《说文》卷九说："颛，头颛谨皃（mào，同"貌"）；顼，头顼顼谨皃。"二字合起来看，就是一副小头锐面的光景。颛顼的得名，大约由于形象有几分像他的父亲吧。

在"五方帝"中，他是北方的天帝，他和他的属神禺强［禺疆（qiáng）、玄冥］，共同管理着北方"自九泽穷夏晦之极，北至令正之谷，有冻寒积冰，雪雹霜霰，漂润群水之野"，一共"万二千里"的地方（《淮南子·时则篇》）。

然而在做北方天帝之前，他似乎还继承黄帝之位，做过中央天帝，也就是宇宙的最高统治者。有两件事，说明他是曾经担任过这个职务的。一件是，《国语·周语》说："星与日辰之位，皆在北维，颛顼之所建也。"你看，多了不起，连"星与日辰之位"，都是"颛顼之所建"，他不是宇宙的最高统治者还是什么？第二件事就更了不起，更能说明他的神职，那就是"绝地天通"。

"绝地天通"是中国古代神话中的一件大事，各书都有记叙，我们在前面"世界的构成"节里已经说过了,说它是"变相的阴阳二神开天辟地的神话"。颛顼能教重、黎二神开天辟地,他岂能不是宇宙的最高统治者?从历史化的神话这个角度来考察,"绝地天通"又是和黄、炎斗争,蚩尤鼓励被压迫的苗民(黄帝后裔)起来和黄帝做斗争神话有密切关联的。《书·吕刑》说:

> 蚩尤惟始作乱,延及于平民,罔不寇贼,鸱义,奸宄,夺攘,矫虔。苗民弗用灵,制以刑,惟作五虐之刑,曰法,杀戮无辜。爰始淫为劓(yì)、刵(èr)、椓(zhuó)、黥。越兹丽刑,并制,罔有差辞。民兴胥渐,泯泯棼(fēn)棼,罔中于信,以覆诅盟。
>
> 虐威庶戮,方告无辜于上。上帝监民,罔有馨香德,刑发闻惟腥。皇帝哀矜庶戮之不辜,报虐以威,遏绝苗民,无世在下。乃命重、黎,绝地天通,罔有降格。

这是一段历史化的神话,文字也确实是西周时代的古文,是周穆王叫他的刑狱官(司寇)吕侯作的。由于文字古奥,又涉及到远古的历史和神话,历来注家都没有确切的解释。我们也只能从神话这个角度来解释其大概。

前一段大意是说,由于罪大恶极的蚩尤"作乱",把下方的"平民"都带坏了,跟着蚩尤干了许多坏事。苗民是黄帝和颛顼的后裔〔《山海经·大荒北经》:"颛顼生骥(huán)头,骥头生苗民"〕,起初还好,并不听从蚩尤的煽惑,但是禁不住蚩尤制作了五种残虐的刑法来威胁惩罚他们。后来这些神的子孙也就渐渐是非不明,跟着蚩尤作起乱来,于是就把先前众神和苗民之间订的盟誓全都倾覆了。

后一段大意是说,由于苗民伙同蚩尤"作乱",声势浩大,许多在叛乱中无辜受害者纷纷起来向上帝控诉苗民的罪恶。上帝考察苗民，果然没有丝毫"馨香德"，而刑戮发闻，则莫非腥秽。上帝哀悯被害者的无罪，决定用严威的手段来报复苗民，"遏绝"他们，使他们在下方渐趋灭亡，没有后嗣。为了怕再发生像蚩尤裹胁苗民那样的叛乱，上帝便叫大神重和大神黎去将天和地隔绝起来，使人上不了天，神也下不了地，人神暌隔，各保平安，建立起宇宙的新秩序。

文中所说的"皇帝"，实即"黄帝"，也就是"上帝"的意思，这我们在前面"黄帝和昆仑山"节里已经说过了。但是揆其实际，这里的"皇帝"，又不单指黄帝，而是兼该黄帝与颛顼祖孙二人而言，因为惩蚩尤的"作乱"而"遏绝苗民"是黄帝事，"绝地天通"则是颛顼事，这里把二人的所为都统括在"皇帝"一词里了。从此也就可知颛顼实继黄帝任过统治宇宙的上帝。

完全看得出来，这段神话已不是原始神话，而是经过严重历史化的神话，故对统治者多褒美，对反抗统治者多贬词。历来历史化的神话都是如此，而此为甚。不过从中还是能看出一些神话的痕迹，如"上帝监民""皇帝……命重、黎绝地天通"等。

现在还是单说"绝地天通"。"绝地天通"又是如何"绝"法呢？《山海经·大荒西经》说："帝（颛顼）令重献上天，令黎邛下地。"这就是"绝地天通"的具体描写。然而古文晦昧，连注释《山海经》的郭璞也只好说："献、邛义未详也。"韦昭注《国语·楚语》却说："言重能举上天，黎能抑下地。"重举、黎抑，大约就是本《山海经》的献、邛之义为说。献有举的意思，这是可以明白的；但是邛何以会有抑的意思呢？我疑心邛初本作印，甲骨文作 ，像以手抑人而使之跽，就有抑的意思。这是印的本训。后来假借为信印的印，慢慢成了专用字，又造出一个 字来，谓之为抑，云："按也，从反印。"（《说文》卷九）其实抑、印古本一字，印就是抑。韦昭注《国语》如果真是本《山海经》为说，他见的本子或许印正作印。此字一变为印，再变为邛，意义就晦昧难知了。

现在既然知道献就是举，印就是抑，重、黎二神做的"绝地天通"的工作就不难想见了。必然是其中一个两手托着天，尽力往上举；另一个则两手撑住地，竭力朝下按：这样天和地就愈分愈开，终于彼此远离而成为隔绝的状态了。"绝地天通"神话，是这么含有着朴素的唯物主义因素在内的：它必然是产生于古代劳动者用劳动的眼光看待事物的头脑，把天和地都看作是巨大的实体，要分开它们必须付出巨大的劳动。"重举黎抑"，不但是巨人式的工作，也显出大力士的威风。古代劳动人民通过神话幻想在这类神人身上赋予了他们自身的改天换地的英雄气概。

但是，天地远睽，神民不杂，从这样的神话的折射中，另方面也间接反映出原始社会的告终，第一次阶级大划分的阶级社会开始了。

三〇　人神之间的颛顼

中国神话中的诸天帝，如像前面已经讲过的伏羲、炎帝、黄帝、少昊等，一方面他们固然是神帝，另方面他们又像是人帝，代表着一个特定的历史阶段，更有人神难分的情况出现在他们身上的时候。这种情况，在颛顼身上表现得最为明显。例如《吕氏春秋·古乐篇》就记叙了这么一段颛顼爱好音乐的神话：

> 帝颛顼生自若水，实处空桑，乃登为帝。惟天之合，其音若熙熙凄凄锵锵。帝颛顼好其音，乃令飞龙作乐，效八风之音，命之曰《承云》，以祭上帝。乃令鱓（shàn）先为乐倡，鱓乃偃寝，以其尾鼓其腹，其音英英。

这段神话真有意思。你看这个"帝颛顼"是神帝还是人帝呢？说他是神帝吧，他又"生自若水、实处空桑"，诞生、居处的地方都说得很明白，而且他登帝位以后，作了乐曲，是用来"祭上帝"的，可见他并不是神帝。但要说他是人帝吧，他竟能叫飞龙来替他作曲，飞龙是动物还是人呢？或者你可以说，飞龙是古时候乐官的名字。好吧，我们又往下看吧，"乃令鱓先为乐倡"，他竟叫鱓即鳄类的猪婆龙来做音乐演奏的倡导者。或者你还可以说，鱓也是古时候乐官的名字。那么再往下看吧，"鱓乃偃寝，以其尾鼓其腹，其音英英"——这家伙竟仰叉叉地睡在殿堂上，拿它的尾巴来敲打它自己的肚子，发出蓬蓬蓬的声响。你说它是动物还是人呢？于是我们只好承认，鼍或者写作鱓（tuó），就是俗名猪婆龙的那种鳄类动物。其皮可以冒鼓，"鼍鼓蓬蓬"（《诗·灵台》），就是这么来的。"其音英英"，马叙伦云"英英当读为彭彭"，意思就完全明白了。以例推之，飞龙当然就是飞龙。颛顼能叫飞龙作曲，叫鱓"为乐倡"，你还能说他只是人帝而不是神帝吗？不啊，他原来就是神帝，他叫飞龙作曲来"祭上帝"的那个"上帝"，实际上就是他自己。当神话初步历史化的时候，作者的手法还较稚拙，总难免还要露出一些神话的马脚，无法掩盖。这段历史化的神话初意大约本来是：音乐爱好者的颛顼，当他幼小的时候，在他的叔父少昊那里，就受到过许多有益的音乐的熏陶（琴瑟的娱戏、百鸟婉扬的歌声等），所以在他登上上帝宝座时，就要命他的龙类臣属如飞龙、鱓等替他作乐演奏，自我欣赏了。

颛顼爱好音乐的天性，以后简直成了家传。《山海经·大荒西经》说："西北海之外，……有榣山，其上有人，号曰太子长琴。颛顼生老童，老童生祝融，祝融生太子长琴，是处榣山，始作乐风。"《山海经·西次三经》说："騩（guī）山，神耆童居之，其音常如钟磬。"郭璞注："耆童，老童，颛顼之子。"这样看来，老童和太子长琴祖孙俩的音乐天赋，都是来自他们的始祖颛顼。老童既然谓之"神耆童"，那么颛顼和太子长琴也应当一律冠以"神"的称号才是了。

古书所记有关颛顼的神话，还有一些使他介在人神之间的例子。例如《山海经·海外北经》说："务隅之山，帝颛顼葬于阳，九嫔葬于阴。一曰，爰有熊、罴、文虎、离朱、鸱（一作"鸥"）久、视肉。"颛顼葬在"务隅之山"，而且有"九嫔"同葬，可见他是人帝。但在他的葬所附近，又有"熊、罴、文虎、离朱、鸱久、视肉"这些神物,尤其是"离朱"和"视肉"两件物事,唯黄帝的昆仑神山有之,又可见到他的神性。《山海经·大荒北经》也记有"附禺之山,帝颛顼与九嫔葬焉","附禺"就是"务隅"的音转,是同一个地方,但这里所记的神异物事就更丰富了:"爰有鸥久、文贝、离俞、鸾鸟、凤鸟、大物、小物;有青鸟、琅鸟、玄鸟、黄鸟、虎、豹、熊、罴、黄蛇、视肉、璇、瑰、瑶、碧,皆出于山。"更可见颛顼这个人帝实在接近神帝。

更教人讶异的,是记他死而复苏、化为"鱼妇"的神话。

《山海经·大荒西经》说:"有鱼偏枯,名曰鱼妇。颛顼死即复苏。风道北来,天乃大水泉,蛇乃化为鱼,是为鱼妇。颛顼死即复苏。"郭璞注:"《淮南子》曰:'后稷陇在建木西,其人死复苏,其半为鱼。'盖谓此也。"郭璞所引乃《淮南子·地形篇》文,据《淮南子》所记,后稷也有和颛顼类似的情况,然而只是说后稷的半边身子化作了鱼,还没有说他"复苏"。这里却说"颛顼死即复苏",真是变怪异常。推想起来,大约是说,颛顼是趁着"天大水泉、蛇化为鱼"的机会,附着鱼体,因而"死即复苏"。"复苏"的颛顼,半边身子是鱼形,半边身子是人躯,大家就叫这半人半鱼的怪物为"鱼妇",其意若曰,因有"鱼"为其"妇",才使他"死即复苏"的。这本来是神怪变异之谈,迹近巫风,文学意义不大。但从这类妖妄的记叙中,也可见到介乎人神之间的颛顼,他的神性还是很浓的——不过其形象是在逐渐趋向于反面罢了。

三一 疫神帝颛顼

叫大神重和大神黎去隔绝天地通路的颛顼,他之身为天帝,显然不是人们所理想和爱戴的,因此后世又产生了一些传说,来表达他们对于这个重视秩序、讲究礼法的天帝的观感。《淮南子·齐俗篇》说:"帝颛顼之法,妇人不避男子于路者,拂之于四达之衢。"庄达吉云:"《御览》引拂作祓,有注云,除其不祥。"这真厉害,妇女们见了男子要是来不及让路的,就得把她弄到十字路口去,叫巫师们敲钟击磬,作起法事来,祓除她身上的"不祥"。这是何等重男轻女的法律!又如《搜神记》卷一四说:"昔高阳氏有同产而为夫妇,帝放之于崆峒之野,相抱而死。神鸟以不死之草覆之,七年,男女同体而生,二头四手足,是为蒙双氏。"这也表现得非常残酷:这一对不幸的男女后来虽然被救活了,却成了"二头四手足"的怪状,世世代代在人们面前显示他们的羞辱。两段传说是把颛顼作为人帝来叙写的,推想作为神帝的颛顼,自然也不会有什么两样。

东汉蔡邕(蔡文姬的父亲)著了一部书,叫作《独断》。这书的性质作用如何姑且不论,在这书里,他把颛顼称为"疫神帝颛顼",倒是很有意思、很恰当的:"疫神帝"三个字体现了古代劳动人民对颛顼的观感。神话中好些天帝都有所谓"不才子",如帝鸿氏有不才子叫作浑敦,少皞氏有不才子叫作穷奇,缙云氏有不才子叫作饕餮等,都是危害世间的坏家伙。但要说颛顼的"不才子"呢,却是独多于其他天帝，非一二可以指数。

就拿史书记载的颛顼的不才子梼杌来说吧，简直就"不可教训、不知话言"（《左传·文公十八年》）；甚而是一头"人面，虎足，猪口牙，尾长一丈八尺"的野兽，"搅乱荒中"，凶顽无比（《神异经·西荒经》）。

据好些古书明确的记载，颛顼有三个儿子，死后都去变了"疫鬼"。"一居江水，为疟鬼；一居若水，为魍魉鬼；一居人宫室，善惊人小儿，为小儿鬼"（《礼纬斗威仪》《论衡·解除篇》《搜神记》卷一六等）。"疫神帝颛顼"的名号，大约就是由此而来的。

除此而外，他还有一个鬼儿子，叫作"穷鬼"。据说这个皇子虽然身为贵胄，却生来一副穷相，"好衣蔽食糜"——喜欢穿破衣服，喝稀饭汤。他死了以后，人们就在正月晦日他死的那天，做了稀饭，丢弃了破衣裳，在巷口祭祀他，叫作"送穷鬼"（《天中记》卷四引《岁时记》）。

还有灶王爷穷蝉，也是他的儿子，我们在前面已经讲过了。这位灶王爷住在人们家里，专门伺察人家的隐情，每年年底便要上天去说人坏话。对付这位灶王爷，人们只好拿胶牙糖去封住他的嘴，使他说话时含糊不清，这样才能消灾免祸。

还有一种名叫"鬼车"的九头鸟，又叫"天帝少女"或"姑获鸟"。据说此鸟原有十头，给狗咬去一头，断头的脖子常滴血，滴到哪家哪家便有灾祸（《玄中记》《岭表录异》）。我们想这别名"天帝少女"的鬼车鸟，"天帝"指的是谁呢？恐怕也非颛顼不足以当之。

最后说到颛顼的属神玄冥即禺强。他是黄帝的孙子，论辈分，应该是颛顼的叔父或伯父，但却来做了颛顼的属神。他原是海神而兼风神。当他是海神的时候，他就是"鱼身，手足，乘两龙"；当他是风神的时候，他就是"人面鸟身，珥两青蛇，践两青蛇"（见《山海经·海外北经》及郭璞注。郭注引一本云"禺强黑身手足乘两龙"，"黑身"当是"鱼身"之讹）。《庄子·逍遥游》所记的鲲鹏之变的寓言，实在就是禺强从海神化作风神神话的改装。当他是鱼形的海神的时候，虽然身躯庞大，可还没有什么。当他从鱼形的海神变为鸟形的风神的时候，那可就不得了，不但是鼓起了蓬蓬的巨风，拔木伐屋，而且还在风中夹带着大量的疫疠（lì）病毒，给人们造成无比的灾害。《淮南子·地形篇》说："隅（禺）强，不周风之所生也。"而不周风，则是"主杀生"（《史记·律书》）的。《楚辞·天问》说："伯强何处？"王逸注："伯强，大厉疫鬼也，所至伤人。"王夫之《楚辞通释》、闻一多《天问·释天》均以为伯强就是禺强。这样看来，颛顼的属神禺强和颛顼同是疫疠之神当无疑问了。犹之炎帝和祝融同为火神，少昊和蓐收同为刑神，以"木德王"的伏羲和句芒同为生命之神一样，主神和属神的性格职司总是大体相同的。

也和其他天帝一样，颛顼的子孙后代，非常繁多。如像南方的荒野，有季禺国和颛顼国（《山海经·大荒南经》）；西方的荒野，有淑士国（《山海经·大荒西经》）；北方的荒野，有叔歜国和中𬶍（biàn）国（《山海经·大荒北经》），等等，都是颛顼的子孙繁衍而成国的。此外在西方的荒野，还有一个部族，叫作三面一臂，一族的人通长着三张脸，手臂却只有一条，能长生不死。这些怪人也都是颛顼的子孙（《山海经·大荒西经》）。

颛顼子孙中最著名的，要算是彭祖了。彭祖是颛顼的玄孙，传说他是从被剖开的母亲的腋窝下生出来的（《世本》）。《楚辞·天问》有"彭铿斟雉帝何飨？受寿永多夫何长"这样的问语，大意是说彭祖奉献野鸡汤给天帝，天帝喝了心里高兴，就赐给彭祖以长寿，彭祖活了八百年才死去,可是他临死时还遗憾没有活够。彭祖的长寿在中国神话里确实是很有名的,但是除此而外也别无行迹可考了。葛洪《神仙传》所写殷王派遣采女问道于彭祖的那些话,恐怕是道家方士胡编的瞎说,除小部分略微可取而外,大部分是不足凭信的。

三二 "《山海经》所有怪物"

《史记·大宛传》太史公说:"《禹本纪》《山海经》所有怪物,余不敢言之也。"《禹本纪》已经佚亡,我们看不见了;《山海经》幸而还保存下来,给我们提供了丰富的神话资料。太史公将《禹本纪》和《山海经》同列,想必是同类性质的书。从史学的观点看,史料自然应该谨慎采择,故太史公对二书所有"怪物",不敢轻"言",这是对的。但从神话的角度看,这些却是绝好的研究材料,应当大谈特谈。不过限于篇幅和本书体制,这里也只好简略地将《山海经》书中的"怪物"大略谈谈。

"怪物"的含义,大体可以分为两大类:一是怪神,另一是奇怪的动物和植物。这些"怪物"除少数是于人无害甚至小有助益的而外,大多数都是对世间有危害的。我们姑且假定这些危害世间的"怪物"都是"疫神帝颛顼"特地降下凡间用以惩罚世人的,因为自从天地隔绝以后,在神的眼光看来,世上的人必然一天天作恶多了。

危害世间的怪神,例如《西次三经》所记的那个槐江山的无名天神,"其状如牛,而八足二首马尾,其音如勃皇,见则其邑有兵";又如《中次十一经》所记的丰山的神耕父,"常游清泠之渊,出入有光,见则其国为败",《后汉书·郡国志》刘昭注引《文选·南都赋》注云:"耕父,旱鬼也。"原来是用大旱使"其国为败"的;又如《西次三经》和《海外南经》所记的毕方鸟,虽说是鸟,其实是神,当黄帝在西泰山大会天下鬼神的时候，毕方曾替黄帝驾车子，"其状如鹤，一足，赤文青质而白喙""见则其邑有讹火"，他出现在哪里，哪里就会发生火灾；又如《中次六经》所记的平逢山的骄虫神，一身而二首，"实惟蜂蜜之庐"，两个脑袋竟成了天然的蜂窠：凡此诸神，只有教人一见便感到害怕的。

也有些怪神，只是形状奇怪，却并不一定对人有害，如像"马身而人面，虎文而鸟翼"的神英招（《西次三经》）、"人身而方面，三足"的神涉蟲（tuó）、"如人"而"羊角虎爪"的神蟲围、"人身而龙首"的神计蒙（《中次八经》），以及"九首人面鸟身"的九凤神、"虎首人身、四蹄长肘"的彊（qiáng）良神，等等。这些怪神，于人虽无大害，却也难与亲近。

唯独《中次三经》所记的吉神泰逢，和《中次七经》所记的掌管一方的小天帝帝台，是众多怪神中仅有的例外。吉神泰逢是和山的主神，帝台住居在泰逢的邻近。他们所活动的范围，只在中原一带几座小小的山上，考察起来，都不出如今河南省省境。帝台的神话已无可考了，《山海经》只留下他几处遗迹：有休与山的帝台棋、鼓钟山帝台觞百神的所在（《中次七经》），有高前山的帝台之浆，"饮之者不心痛"（《中次十一经》），如此而已。至于和山的主神泰逢，《中次三经》说他"状如人而虎尾（郭璞注：或作雀尾），是好居于萯（fù）山之阳，出入有光，泰逢神动天地气也（郭璞注：言其有灵爽能兴云雨也）"，也没有什么故事。但看了这些记叙，还给人以较好的观感。

"怪物"的含义中，除了怪神而外，就是动物和植物的怪物。

先说动物中的怪物，那可就多了。首先是吃人的怪动物，如像北山的诸怀（《北山经》）、狍鸮（《北次三经》），西山的穷奇（《西次四经》），南山的蛊雕（南次二经》），东山的猲狙、蚳雀（《东次四经》），中山的犀渠（《中次四经》）等，都是形状怪异，性情狞猛，往往发出婴儿般的叫声。人要是遇上它们，就只有死没有活的了。

还有一类怪动物，虽不吃人，但却给人带来大的灾害，更甚于吃人。例如有一种蛇，名叫"肥遗"，六只足四只翅膀，当它翱翔天空被人们看见的时候，大地上就会发生可怕的旱灾（《西山经》）；又有一种兽，形状像牛，老虎的斑纹，名字叫"軨軨（líng）"，当它出现在世间，世间一定就会发生大洪水（《东次二经》）；还有一种兽，形状也像牛，白脑袋，只有一只眼睛，名叫"蜚"，它经过水水就干涸，经过草草就枯死，它一出现在世间，天下就要发生大瘟疫《东次四经》）；又有一种鸟，形状像蛇，四只翅膀，六只眼睛，三只脚，名叫"酸与"，见到它的那个地方一定就会闹恐慌（《北次三经》）；还有一种兽，名叫"狏（shī）狼"，白尾巴，长耳朵，形状像狐狸，它出现在哪里哪里就会有兵灾（《中次九经》）；又有一种五色鸟，"人面有发"，一群群在空中飞翔，飞到哪个国家哪个国家就会灭亡（《大荒西经》）：阶级划分以后的人类生活本来痛苦，这类给人带来灾祸的怪鸟怪兽更成了人类痛苦生活的标志。

也有虽然奇怪却于人无害的生物。如像南方洵山有一种名叫"𤢖（huán）"的羊，没有嘴巴而能生活自如（《南次二经》）；又如像南海有一种名叫"双双"的怪兽，是由三只青兽的身体连生在一块的（《大荒南经》）；又如像北方天池山有一种名叫"飞兔"的小兽，能用它背上的毛作翅膀飞行在天空中（《北次三经》）；还有谯明山的何罗鱼，"一首而十身"（《北山经》），和"一身十首"的鬼车鸟（见《岭表录异》卷中）恰成鲜明对比。这类生物，在《山海经》中是所见非鲜的。

更有的生物，还具有医学上的价值。例如那形状像猿猴、四只翅膀、一只眼睛加上一条狗尾巴的名叫"䳜"的鸟,据说吃了它可以治肚子痛(《北次二经》);还有那形状像鲤鱼却长着一对鸡脚的"鱳(zǎo)鱼",据说吃了它可以治疣(《北山经》);此外还有医治足茧的旋龟(《南山经》);吃了可以不怕打雷的飞鱼(《中次三经》);可以叫人跑得快的狌狌(《南山经》);可以教人不做噩梦的鵸鵌(qí tú)(《西次三经》),等等。这些宝贵的药物虽然多,可惜很不容易得到罢了。

植物当中可称为"怪物"的并不太多。我们前面讲过的天梯建木,应当就是其中著名的一种。此外如像扶桑(《海外东经》)、三桑、寻木(《海外北经》)、槃木(《大荒北经》)等,也充分具有神话的性质,应当都算是"怪物"。扶桑和三桑,前面已经讲过了。至于寻木和槃木,都是"长千里"的大树,其怪异可知。槃木即蟠木,据说还是生长在东海度朔上的一棵"屈蟠三千里"的大桃树(《十洲记》),吃了可以长生不老的蟠桃的传说就是由此而来的。

此外还有一些植物,论其形状并不特别奇怪,却有一种奇特的医疗价值。例如少室山有一种名叫"帝休"的树,人若是将它的花果煎汤吃了,可以教人心气和平,不动恼怒(《中次七经》);又如中曲山有一种树,名叫"櫰木",吃了可以教人力气大(《西次四经》);又如少陉山有一种草,名叫"冈草",吃了它的果子,可以教人聪明(《中次七经》);又如历儿山有一种树,名叫"枥木",吃了枥木的果子,可以使人记性好。如此,等等,不一而足。

总之,《山海经》所有怪物,为害者多,为益者少。它反映了从原始社会相传下来的奇异生物,经过从奴隶社会到封建社会初期的阶级变更所带来的动乱景象在人们心灵深处造成的投影,给古代神话展示了种种时代烙炙的印痕。

三三　帝俊的出现

帝俊在中国古代神话中，也是一个声名显赫的天帝，却不在"五方帝"的神国组织中。他是古代东方殷民族所奉祀的天帝，和西方夏民族所奉祀的黄帝分庭抗礼。有关帝俊的神话，仅见于《山海经》的《大荒经》四篇及《海内经》一篇中，除此而外，不仅不见于《山海经》其他各篇，也不见于先秦（甚至汉以后）任何古籍。这是一个非常奇怪的现象。

《山海经》中的《荒经》以下五篇不在《汉书·艺文志》十三篇内，郭璞注本目录末有"此《海内经》及《大荒经》本皆进在外"（"进在外"或作"逸在外"）语，知道这五篇是刘秀校书时没有包括进去而是郭璞注书时才从其他地方收罗进去的。但是刘秀《上〈山海经〉表》已云"今定为十八篇"，又当作何解释呢？根据我的研究，刘秀校《山海经》时，是把卷帙繁多的《五藏山经》分为十篇，合《海外》《海内》经八篇，所以总数仍是十八篇。而《汉书·艺文志》所载，是根据刘秀（歆）父亲刘向的分篇，《五藏山经》仍是如现在状态的五篇，所以合共只得十三篇。郭璞注本虽然还是十八篇，却已多增五篇，非复刘秀校本十八篇（相当于《汉书·艺文志》所载十三篇）之旧了。

这"进在外"或"逸在外"的《荒经》以下五篇，前人多以为成书时代最迟，当在东汉以后。起初我也以为是对的，其后再作研究，才知道这一部分虽然未为刘向父子所收，从内容看，实际上其成书时代还当比《山海经》其他部分略早。当然，也早不到如有些学者所说的西周时代去，把它放在战国初年或中年是比较合适的。以其所记太荒怪凌杂，不为人们重视，故连刘向父子也未收录。郭璞好"怪"，才又重新收录进去，然而最初可能仍是四篇的《海内经》，已因缺脱太多，只能合为一篇了。这五篇虽然杂乱无章，却是整个《山海经》中保存神话资料最丰富的。有关帝俊的神话，就是单独在这几篇中保存下来的。

帝俊即卜辞中的 夋（夋），本是殷民族奉祀的始祖神，殷亡后有关他的神话可能还流传在殷后裔的宋人口中。《山海经》各部分成书时代虽略有先后，我们认为都是楚国或楚地的人所作，而宋楚接壤，有些地方边界犬牙交错，故宋国的神话自有可能流传到楚国去。这五篇记叙了有关帝俊的神话正无足怪。然而同时也着重地记叙了夏民族所奉祀的黄帝、颛顼（《国语·晋语》："夏后氏禘黄帝而祖颛顼"。）等人的神话。屈原《离骚》开头就说"帝高阳之苗裔兮"，认为楚国人的先祖是颛顼。《史记·楚世家》也明说："楚之先祖，出自帝颛顼高阳，高阳者，黄帝之孙，昌意之子也。"楚人本是夏人的旁支，故黄帝、颛顼亦为所共祖。这就是《山海经》成书最早的《荒经》以下五篇兼记了大量有关帝俊和黄帝、颛顼等人神话的缘由。帝俊是殷人奉祀的始祖神（天帝），殷亡后有关他的神话独保存于宋，待《山海经》之《荒经》以下五篇的作者将他的神话记录入书时，材料可能已经散亡不少，只剩一些极零碎的片段，几乎没有故事可言。不若黄帝、颛顼神话，尚为继夏族文化传统的周、楚等国人继续传述，故帝俊神话几于沉埋而黄帝等人神话以后还不断发扬光大。

经中所记有关帝俊的神话，以帝俊妻羲和生日、常羲生月为其最主要的部分：

> 东海之外，甘水之间，有羲和之国。有女子名曰羲和，方浴日于甘渊。羲和者，帝俊之妻，生十日。（《大荒南经》——按应作《大荒东经》）
>
> 有女子方浴月。帝俊妻常羲，生月十有二，此始浴之。（《大荒西经》）

记叙虽然简单，但却充满着多少魅人的想象力、多少诗情画意啊！两个生日、生月的女神，还亲自蹲在渊泉旁边，洗浴她们新生的婴儿，这又是怎样动人的情景！羲和生的十日，本来是住在东海扶桑树的上面，"九日居下枝，一日居上枝"（《海外东经》）"一日方至，一日方出"（《大荒东经》），轮流出去值班的，后来"十日并出"（《庄子·齐物论》），被羿射落其九，但留一日（《楚辞·天问》王逸注）。常羲"生月十有二"，古神话却未闻有射月之说（唯西南少数民族神话传说中有之），不知道其他十一个月亮的下落如何。或者"生月十有二"，是说月亮也和太阳一样，轮流出去值班。一年十二个月，每月都有一个新的月亮去轮班么？古人设想是否如此，那就不可详知了。

帝俊这两个伟大的妻子，应当是使他具有作为天帝资格的最主要的原因。但是推想起来，生日生月的工作，最初或者只是一个叫作羲和的女神，和帝俊并没有直接关系，后来由母系社会到父系社会，传说演变，这个女神才化身为二，分别做了帝俊的妻子，各担负一项生日月的重要工作。这我们在概论部分已经大略讲过了。

此外是帝俊从天上下凡、与五彩鸟为友的神话（《大荒东经》），以及"帝俊赐羿彤弓素矰，以扶下国"的神话（《海内经》），我们在后面的章节中就要讲到，现在暂不赘及。

剩下就是一个关于帝俊竹林的小神话。《大荒北经》说:"(卫)丘方员三百里,丘南帝俊竹林在焉,大可为舟。"其竹之巨,可以想见。这使我们联想到斑竹、涕竹之类有关舜的神话。帝俊和舜原是一个人的分化,我们在下面的章节中还要讲到。

帝俊的子孙,为国于下方的,也颇不乏人。例如在大荒的南野,有三身国和季厘国,三身国人一个头三个身子,真是奇特的人种(《大荒南经》)。在大荒的东野,有中容国、白民国、黑齿国、司幽国;司幽国分为"司士"和"司女",男女两个集团各自为群,不嫁不娶,而能像白鹇那样地用眼睛互相瞧着,就自然相感生子,也真是禀赋奇特。

至于帝俊子孙中有创造发明的,那就更是为数非鲜,我们将在下一节中详细讲到。

三四　创造发明者

古代文物器用的创造发明，传说中的黄帝时代是一个高峰，他和他的臣子们都有许多重要的制作。现在讲到帝俊子孙的创造发明，又是一个新的高峰，标志着古代文明又有了长足的进步。

帝俊子孙的创造发明有哪些呢？让我们先来看《山海经》的记叙：

> 帝俊生晏龙，晏龙是为琴瑟。
>
> 帝俊有子八人，是始为歌舞。
>
> 帝俊生禺号，禺号生淫梁，淫梁生番禺，是始为舟。番禺生奚仲，奚仲生吉光，是始以木为车。
>
> 帝俊生三身，三身生义均，义均是始为巧倕（chuí），是始作下民百巧。（《海内经》）
>
> 有西周之国，姬姓，食谷。有人方耕，名曰叔均。帝俊生后稷，稷降以百谷。稷之弟曰台玺，生叔均。叔均是代其父及稷播种百谷，始作耕。（《大荒西经》）

这里帝俊的子孙们创制了乐器，发明了歌舞，又制造了车和船这类便利人群的交通工具，此外还有"作耕"的、"作下民百巧"的，古代文明又在帝俊的子孙们身上，显现出一种新的进步的趋势。经文所说，别无异议。只是有两三个人物，还可以提出来研究讨论一下。

一个是奚仲。《世本》（王谟辑本）说："奚仲作车。"《管子·形势篇》也说："奚仲之为车也，方圜（yuán）曲直，皆中规矩准绳；故机旋相得，用之牢利，成器坚固。"都是说奚仲作车。奚仲作车在古代传说中实占压倒的优势，故至今山东滕县（今山东省枣庄市滕州市）还有奚公山，山上有奚仲墓，表示人们对他的纪念不忘。而《山海经》里却说是奚仲的儿子吉光"是始以木为车"，传说有了小小的分歧。郭璞注云："此言吉光，明父子创作意。"也只能如此折中调停地解释了。

再一个是义均。在古神话中，义均是一个了不起的富有创造发明精神的英雄。"作下民百巧"，一句朴素的语言就概括了他的神性和多种多样的技能。他的名字又叫倕（chuí），"巧倕"的"巧"字只是倕的形容。《山海经·海内经》说："又有不距之山，巧倕葬其西。"传说中他还有葬地，他究竟是怎样一个人呢？郭璞注："倕，尧巧工也。"可是《玉篇》却说："倕，黄帝时巧人名也。"二说不同。不但此也，《吕氏春秋·古乐篇》说："帝喾令有倕作为鼙、鼓、钟、磬、笭、管、埙、篪（chí）、鞀（táo）、椎钟。"他又成了帝喾的臣子，而且创造发明了这么多乐器。以知此人实在只是一个神话人物，并不属于历史上的任何时代。《世本》（张澍（shù）稡（cuì）集补注本）说："垂作钟。垂作规矩准绳。垂作铫（yáo）。垂作耒（lěi）耜（sì）。垂作耨（nòu）。"倕的制作实在是太多了。所以称他做"巧倕"，这是人民对他采取的赞美态度。而《淮南子·本经篇》却说："周鼎著倕，使衔其指，以明大巧之不可为也。"却是持的贬斥态度，说明这正是统治阶级的愚民谬论，自然和人民的立场是相反的。

义均即倕究竟是什么人呢？他原来就是前面所引《大荒西经》所

说"始作耕"的叔均。何以知其为叔均，这就需要一点转弯抹角的小考证。《大荒南经》说："苍梧之野，舜与叔均之所葬也。"郭璞注："叔均，商均也；舜巡狩，死于苍梧而葬之，商均因留死，亦葬焉。墓在九疑之中。"郭璞所说"商均留死"的话不知何据，不过说叔均即商均却是不错的。商均是舜的儿子，传说他们父子同葬应该是情理之常。《路史·后纪十一》说："女罃（英）生义钧，义钧封于商，是为商均。"然则义均、叔均、商均都是一个人了。是的，义、叔、商一声之转，没有什么不同，实在就是一个人。由于传说的演变，就造成了一些分歧抵牾（wǔ）。帝俊本是东方殷民族奉祀的天帝，历史化后，就成了人间的帝王舜。然而舜也还是一个具有神性的英雄，曾经干了驯伏野象的伟大功业，我们在后面有关章节中就要讲到。最不幸的，是本来是帝俊的孙子的义均，历史化而为舜的儿子商均以后，伟大的创造发明家却成了"不肖"子，连舜也不愿意将天下传给他而要传给禹了。这实在是历史篡改神话造成的悲剧。

帝俊的子孙中还有一个受人尊敬的创造发明家，就是"作服牛"的王亥，由于他自己生活上的不检点，造成了惨遭杀害的悲剧。《山海经·大荒东经》有一段记叙王亥被杀的神话：

有因民国，勾姓，黍食。有人曰王亥，两手操鸟，方食其头。王亥托于有易、河伯仆牛。有易杀王亥，取仆牛。河伯念有易，有易潜出，为国于兽，方食之，名曰摇民。帝舜生戏，戏生摇民。

这段神话的原文有几个字是校改过的，不必细说了。神话记叙简略，不大看得懂。郭璞注引《竹书纪年》说："殷王子亥宾于有易而淫焉，有易之君绵臣杀而放之，是故殷上甲微假师于河伯以伐有易，灭之，遂杀其君绵臣也。"注又说："言有易本与河伯友善，上甲微殷之贤王，假义师以义伐罪，故河伯不得不助灭之。既而哀念有易，使得潜化而出。化为此摇民国。"故事的大概情节就是这样，虽然已经把原来的神话稍微历史化了一点。摇民国就是前面说的因民国，因、摇一声之转。"帝舜生戏、戏生摇民"者，帝舜即帝俊的分化，意味着摇民的前身有易也是帝俊的子孙。王亥与有易之争，也属同族内讧的性质。河伯既助上甲微伐灭有易，复助有易潜化为摇民国，就是这段神话的主要内容。《楚辞·天问》亦记此事而说得更详细些，有"该秉季德……恒秉季德……"云云凡九问二十四语，为所述神话故事最长的一段。大意说王亥、王恒兄弟俩在有易闹了一场不正当的恋爱，他们为了有易国君绵臣的妻而争风吃醋，互相倾轧。结果王亥被杀，王恒被放。王恒的儿子上甲微兴师复仇，灭了有易。民族斗争的历史便通过神话传说再现出来。近人王国维研究殷墟卜辞，果然从不少甲骨残片中发现有王亥和王恒的名字，他们都是殷人所奉祀的先祖。殷人奉祀王亥，祭典特别隆崇，据说一次曾经用到三百头牛。他为什么这样受人尊敬和纪念呢？因为传说他曾经"作服牛"，有大功于民。人们祭祀他，原来是"崇德报功"啊。

《世本》（茅泮林辑本）说："胲作服牛。"胲就是亥。《吕氏春秋·勿躬篇》说："王冰作服牛。"冰篆文作仌，与亥形似，王冰就是王亥之讹。"服牛"又是什么呢？《易·系辞》说："服牛乘马，引重致远，以利天下。"服牛就是驾牛使之挽车。这在古代，能够利用牲畜来为人类服役，实在是文化进程上一件了不起的大事。所以尽管传说王亥在生活作风上有缺点，却终于掩盖不了他创造发明的大功劳，人们那样隆崇地祭祀他，也就可以理解了。

三五 "使四鸟"

帝俊子孙为国于下方的,《山海经》多记有"使四一鸟""使四鸟:豹、虎、熊、罴(pí)"或"使四鸟:虎、豹、熊、罴"这样的话头:

> 大荒之中,有不庭之山,荣水穷焉。有人三身;帝俊妻娥皇,生此三身之国;姚姓,黍食,使四鸟。
> 有襄山。又有重阴之山。有人食兽,曰季釐(lí,同"厘")。帝俊生季釐,故曰季釐之国。(以上《大荒南经》)
> 大荒之中,有山名曰合虚,日月所出。有中容之国。帝俊生中容,中容人食兽、木实,使四鸟:豹、虎、熊、罴。
> 有司幽之国。帝俊生晏龙,晏龙生司幽,司幽生思士,不妻;思女,不夫。食黍,食兽,是使四鸟。
> 有白民之国。帝俊生帝鸿,帝鸿生白民,白民销姓,黍食,使四鸟:虎、豹、熊、罴。
> 有黑齿之国。帝俊生黑齿,姜姓,黍食,使四鸟。(以上《大荒东经》)

诸国之中,只有季釐国,没有说"使四鸟",想来是偶然漏略,无关宏旨——所谓"使四鸟",是什么意思呢?

要解答这个问题，先用郝懿行的几句话来做个引子。《大荒东经》"有芟（wěi）国，黍食，使四鸟：虎、豹、熊、罴"下，郝懿行注云："经皆言兽，而云使四鸟者，鸟兽通名耳；使者，谓能驯扰役使之也。"单从字面来解释"使四鸟"，郝懿行的话是不错的。但假如要进一步问：为什么帝俊子孙为国于下方的多有这种神异的能力呢？那么郝懿行的解答就远远不够，要从其他方面寻求解答了。

在解答问题之先，插几句话。自然，并不是只有帝俊的子孙才有这种能力，其他天帝的子孙也偶然有之，如《大荒北经》所记的颛顼子孙的叔歜国便是。还有同经所记的北齐国和毛民国以及《大荒西经》所记的先民国，都有此种能力，可惜这三国未说明是哪位天帝的子孙。而前面所说的那个"使四鸟：虎、豹、熊、罴"的芟国，据我的考察研究，仍当是帝俊的子孙。因而"使四鸟"的神奇能力，便集中表现在为国于下方的帝俊子孙身上。

插话说过了，现在试来解答问题。先从一段历史化的神话说起。《书·舜典》说："帝（舜）曰：'畴若予上下草木鸟兽？'佥曰：'益哉！'……益拜稽首，让于朱、虎、熊、罴。帝曰：'俞，往哉，汝谐。'"蔡沈注："朱、虎、熊、罴，四臣名也。"按照经文的意思，蔡沈的注是不错的。这段话的大意就是：帝舜问众臣谁替我驯伏上下草木鸟兽，众臣都推荐益，益让给名叫朱、虎、熊、罴的四个同僚，最后帝舜还是叫益不要过谦，勉当此任。

儒家之徒篡改神话为历史，这就是个比较典型的例子。它的外貌看来像历史，实际上却是神话。梁玉绳《汉书人表考》卷二说："江东语豹为朱。"则此"朱、虎、熊、罴"旧注以为舜之四臣者，实在就是豹、虎、熊、罴四兽。而益者，燕也；益古文作𠭁，就是阔口剪尾的燕子的象形，也就是《诗·玄鸟》"天命玄鸟、降而生商"的玄鸟。

此鸟——益（燕）为古代殷（商）民族所奉祀的祖宗神，帝俊与舜无非都是此神的化身。帝俊即殷墟卜辞所称"高祖夋"。夋甲骨文作 ![字形] 或 ![字形]，画的是个鸟头人身或猴身的怪物。古既有"玄鸟生商"之说，这鸟头也当是玄鸟（燕）的头无疑问了。那么帝俊（舜）与益（燕），实二而一也。《舜典》说舜使益驯伏草木鸟兽而为之长，益让于"朱、虎、熊、罴"四臣，这就是儒家之徒篡改神话为历史的涂饰。推其本貌，定当不会出现这种彬彬有礼的美妙景象的。与其说是"让"，不如说是"争"更妥切。作为天上神鸟的益（燕），与豹、虎、熊、罴四兽争神而四兽不胜，终臣服于益，这就是《舜典》"舜曰'往哉汝谐'"的内容实质。四兽既臣服于益，益及益的子孙便有役使四兽的能力。帝俊即益，故《山海经》帝俊之裔为国于下方者也都有"使四鸟"或"使四鸟：豹、虎、熊、罴"这样的记载。

问题解答到这里，已经相当清楚了。现在再来看看神话中帝俊的面貌究竟是怎样，就可以使问题弄得更清楚些。《大荒东经》有一条关于帝俊神话的零片：

> 有五采之鸟，相向弃沙。惟帝俊下友。帝下两坛，采鸟是司。

这确实不大好理解。"弃沙"二字，尤其别扭。郭璞释此，也只好说："未闻沙义。"对"惟帝俊下友"，郭璞还是说："亦未闻也。"后来郝懿行又才在郭注"未闻沙义"下面，加上两句他自己的解释说："沙疑与娑同，鸟羽娑娑然也。"算是说到了一点边，但他对于"弃"字，却仍无法解释；对"惟帝俊下友"更是只好存而不论。今天我们有了一点古代神话的知识，就比较容易解释了。"相向弃沙'，的那个"沙"字，确当作"娑"，或者竟是"娑"字的缺损。至于那个"弃"

字，我看当是"槃"字之讹。"槃娑"，即"婆娑"，是盘旋而舞的光景。五采鸟在那里相向盘旋舞蹈，帝俊从天上下来和它们交朋友。帝俊在下方的两座神坛，便由这些五采鸟管理。——这就是这段神话零片的大意。

五采鸟究竟是什么样的鸟呢？《大荒西经》说得很清楚："有五采鸟三名：一曰皇鸟，一曰鸾鸟，一曰凤鸟。"原来都是凤凰一类的鸟。帝俊既然是玄鸟（燕）的化身，而凤凰无非又是玄鸟的神话化。《楚辞·天问》说："简狄在台，喾何宜？玄鸟致贻，女何嘉？"同一作者记同一神话，《离骚》却说："望瑶台之偃蹇兮，见有娀之佚女。……凤凰既受诒兮，恐高辛之先我。"可见玄鸟确就是凤凰。作为玄鸟（凤凰）之神的天帝帝俊，当五采鸟（凤凰之属）在下方相向盘旋舞蹈时，他自然忍不住要从天上下来和它们交朋友了。说不定当他高兴时，他还会得意忘形地在这些五采鸟中翩翩地舞蹈起来。

帝俊是神鸟燕子——凤凰的化身，从这段神话的零片中又得到一个坚强有力的证实。无怪他在下方的后裔都有"使四鸟：豹、虎、熊、罴"的能力。

三六 帝俊、帝喾和舜

帝俊、帝喾和舜本是同一个神,是"三位一体"的,只不过后来帝喾和舜都从帝俊分化出来,历史化而做了人间的帝王。只有帝俊还保持着天帝的神格,未曾改变。

帝俊为什么说是帝喾呢?可以举出五个证据。《初学记》卷九引《帝王世纪》说:"帝喾……生而神异,自言其名曰夋。"夋就是俊,甲骨文"高祖夋"正写作"夋",可见帝俊就是帝喾。其证一。《山海经·大荒西经》说:"帝俊生后稷。"而《世本》(张澍稡集补注本)说:"(帝喾)上妃有邰氏之女,曰姜嫄,而生后稷。"帝俊之即帝喾,也很明显。其证二。《世本》又说:"(帝喾)下妃娵訾氏之女,曰常仪,生挚。"而《大荒西经》说:"帝俊妻常羲,生月十有二。"常羲、常仪同名,帝俊也当就是帝喾。其证三。《海内经》说:"帝俊有子八人。"而《左传·文公十八年》说:"高辛氏有才子八人。"而帝俊之子中容、季釐,又适当于高辛氏"才子八人"中的仲熊、季狸。又说明帝俊就是帝喾。其证四。《海内经》说:"帝俊赐羿彤弓素矰。"而《说文》说:"弓(羿),帝喾射官。"可见帝俊也就是帝喾。其证五。此外还有一些转弯抹角的零星证据,就不多举了。

帝俊之即舜,也有一些例证可说。郭璞在《大荒东经》"帝俊生中容"下,早就注说:"俊亦舜字,假借音也。"这是他的卓识。现在就让我们看看帝俊如何是舜吧。《大荒南经》说:"帝俊妻娥皇。"而娥皇恰是舜妻,是《列女传·有虞二妃》所说尧的二女"长娥皇、次女英"之一。《大荒北经》说:"(卫)丘南帝俊竹林在焉。"这又暗合于"舜崩,二女啼,以涕挥竹,竹尽斑"(《博物志·史补》)的神话传说。《海内经》说:"帝俊有子八人,是始为歌舞。"而《路史·后纪一一》注引《朝鲜记》(据说就是《海内经》)的别名)则说:"舜有子八人,始歌舞。"以上诸例,都可说明帝俊即舜。下面更从《山海经》中举一个内证,以见二人实在就是一人:

大荒之中,有不庭之山,荣(yíng)水穷焉。有人三身。帝俊妻娥皇,生此三身之国;姚姓,黍食,使四鸟。有渊四方,四隅皆达。北属黑水,南属大荒。北旁名曰少和之渊,南旁名曰从渊,舜之所浴也。(《大荒南经》)

前说帝俊,后说舜;娥皇是帝俊妻,也是舜妻;帝俊后裔三身国姚姓,舜也是姚姓:然则帝俊之即舜,从经文中已表现得很是明显,还有什么疑问呢?

有关帝俊的神话,前面已经讲过了;有关舜的,后面还要讲到;现在只讲关于帝喾的。

帝喾不列于"五方帝"中,他已经几乎历史化为下方的一个人王了。但在他的身上,还保留着许多神性。《大戴礼·五帝德》说:"帝喾……春夏乘龙,秋冬乘马。"龙在古人是视为神物的。《山海经》所记诸神如蓐收、句芒、祝融等,都"乘两龙",夏后启也"乘两龙",那因为他是神性英雄。除此以外,没有见过凡人乘龙。"帝喾春夏乘龙",就是他神性的标志之一。《吕氏春秋·古乐篇》说:"帝喾令咸黑作为声歌:《九招》《六英》《六列》;有倕作为鼙、鼓、钟、磬、笭、管、篪、鞀、椎钟。帝喾乃令人抃，或鼓簧，击钟磬，吹苓，展管篪，因令凤鸟天翟舞之。"他在朝堂上举办了一个盛大的音乐歌舞演奏会，叫人吹打歌唱，拍手助兴等等都不用说了，还叫凤鸟天翟为他翩翩起舞，岂不又是他的神性的标志。这使我们想到颛顼也曾叫飞龙作曲，叫猪婆龙做音乐演奏的倡导：他俩真是无独有偶。但我们若是回忆一下前节所说帝俊"下友"五采鸟的神话，帝喾能叫凤鸟天翟跳舞也就不足为奇了：因为这原是同一神话的不同表现形式啊。帝俊之即帝喾于此又得到相当的证明。

帝喾本身的神话已所剩无几，大约就是以上所说这些。《山海经·海外南经》和《大荒南经》还分别记了狄山和岳山两处葬所，大概是同一地方的不同名称。葬所虽然各有神奇物事如"文贝、离俞、鸱久、鹰贾、延维、视肉、熊、罴、虎、豹、朱木"等，却已无神话故事可言。倒是关于帝喾的子女亲属，还有一些神话的零片散在其他各书。

首先是《左传·昭公元年》记的阏伯、实沈神话。说阏伯、实沈是高辛氏（帝喾）的两个儿子，"居于旷林，不相能也，日寻干戈，以相征讨"。高辛氏拿他两个没办法，只好把阏伯迁到商丘去，叫他主管辰星，后来商（殷）人继承了他的事业，所以辰星又叫商星；又把实沈迁到大夏去，主管参星，后来唐人继承了他的事业。这就是参、商二星东出西没、永不相见的缘由，也成了称弟兄不睦为"参商"的典故。帝喾能将他两个儿子分别派遣去管理两个星座，帝喾也就够伟大了。但是人怎样能去管理星座呢？恐怕这也是神话历史化的结果。推想古神话或者本来是说，帝喾将他闹内讧的两个儿子各化为东西两座互不相见的参、商二星，以后住在大夏的唐人和住在商丘的商人便各去奉祀一座星座，所谓"唐人是因""商人是因"不过是这个意思。

　　还有就是《拾遗记》卷一所说"帝喾之妃，邹屠氏之女也……尝梦吞日，则生一子，凡经八梦，则生八子，世谓为八神"；看得出来，是《左传》"高辛氏有才子八人"的演绎，原来历史化的神话又还原作了神话，虽然还原的神话不一定就是原来的神话。

　　此外还有帝喾女死而为紫姑神的神话。《荆楚岁时记》说："正月十五日，……其夕迎紫姑以卜将来蚕桑，并占众事。按《洞览》云：'帝喾女将死，云：平生好乐，至正月，可以见迎。'又其事也。"据此，则是以帝喾女为紫姑。而民间传说又别有紫姑，见南朝宋刘敬叔《异苑》卷五，近于猥琐迷信，就不详述了。

　　总之，从帝喾子女的神话也可见到帝喾充分的神性。盘瓠神话前面已经讲过，是高辛帝（帝喾）的女儿与龙犬结婚，便繁衍了一个民族。后面我们还要讲东西两大民族（殷、周）的始祖都是从帝喾这个系统诞生的。虽然由于神话历史化的结果，也少不了许多牵强附会的东西在里面。

三七　始祖的诞生

神话传说中某个民族始祖的诞生，总是不平凡的。在只知先妣、不知先祖的原始母系氏族社会，人们为了要解释其种族所从来，只好托为神话，将父性的一方推之于动物、植物乃至自然现象。这叫作"感天而生"，神话也就被命名为"感生神话"。后来进入父系社会，原来的"感生神话"也随着发展演变，虽然还是"感天而生"，却又在"感天而生"之外给他寻找了一个挂名的父亲。本节所要讲的简狄生契、姜嫄生后稷的情况就是如此。《世本》说："帝喾上妃有邰（tái）氏之女，曰姜嫄，生后稷；次妃有娀氏之女，曰简狄，而生契。"就说得清楚明白。东西两大民族始祖的父亲，都挂名在帝喾身上了。但是"生契"和"生后稷"情况是不一样的，"生契"还有情理可说，"生后稷"却颇有点牵强附会了。

《诗·玄鸟》说："天命玄鸟，降而生商。""生商"就是生殷（商）民族的始祖契。其实玄鸟本身就是殷民族的始祖。这里确实只是"感天而生"，没有挂名的父亲。到《楚辞·天问》："简狄在台，喾何宜？玄鸟致贻，女何嘉？"（郭沫若译：简狄深居在九重的瑶台，帝喾为什么要去引诱？打发燕子送了一对蛋去，简狄为什么吞进了口？）挂名的父亲已经有了，但还只有一个神话故事的大略轮廓。再到《吕氏春秋·音初篇》，才把一个比较详细的"玄鸟生商"故事的前半段给我们介绍出来：

有娀氏有二佚女，为之九成之台，饮食必以鼓。帝令燕往视之，鸣若谥谥。二女爱而争搏之，覆以玉筐。少选，发而视之，燕遗二卵，北飞，遂不反。二女作歌一终，曰："燕燕往飞。"实始作为北音。

神话内容生动，富有浪漫主义情趣。天真烂漫的少女们，看见燕子飞来，"爱而争搏之"，燕子遗卵飞去，又作歌志其惆怅。这应当是原始社会留传下来的神话本貌，没有打上更多阶级的烙印。文中的"帝"，没有说是帝喾，一般只能解释为天帝。"帝令燕往视之"，就是"天命玄鸟"之意。由于《音初篇》的重点是放在"音初"即乐曲的起源上，所以神话只写出了前半段。后半段虽未写出，我们仍可根据想象补充如下：必是二女之一，即简狄，把燕子所遗的卵争取到手，另一个要去抢夺，简狄无法隐藏，只好把它衔在口里，不慎滑入腹中，后来就怀孕生了契。这里"二佚女"还没有名字，到《淮南子·地形篇》，才有"有娀在不周北，长女简翟（狄）、少女建疵"这样的记叙，使我们连姊妹俩的名字都知道了。到《史记·殷本纪》，又才把先前零片的神话，整理成为一个比较完整的故事："殷契母曰简狄，有娀氏之女，为帝喾次妃。三人行浴，见玄鸟堕其卵，简狄取吞之，因孕生契。""玄鸟生商"神话正式完整地见诸文字记录的始此，然而已经历史化了。本来是天帝叫玄鸟送蛋去因孕"生契"的，这里却添上了一个挂名的父亲帝喾。然而前面我们已经说过了，帝喾其实就是天帝，也就是玄鸟。天帝、帝喾、玄鸟，本是一个演员扮演的"三位一体"的角色，现在由三个演员分开来扮演，就成了这么热闹的一出戏文。所以帝喾在这里虽是契的挂名父亲，情理上还说得过去。

契是玄鸟堕卵诞生的，而他诞生的方式，也非比寻常。《春秋繁露·三代改制》说："契生发于背。"《论衡·怪奇篇》说"禹、卨（xiè）（契）逆生，闿母背而出。"也说他是从背上生出来的。但也有说是从胸膛上生出来的。《史记·楚世家》集解引干宝云："前志所传简狄胸剖而生契。"便是其证。不管"胸剖"还是背坼，总是非同寻常。"契"有刻和开的意思，他之名契，据说就是由此而来。

诞生以后的契就没有多少神话可言了，《诗·商颂·长发》称他做"玄王"，大约意味着是玄鸟堕卵诞生的王，说他曾带领着他的民族，拨开黑暗，给大国小国送去光明。这固然是奴隶主在祭祀祖先的时候，对传说中祖先的功烈的过分夸张，但对一个作为新兴民族首领的契的身份地位说来，还是比较恰当的。后来契神话一经载入史册，被历史家们整齐改编，契就成了如《史记·殷本纪》所说的"长而佐禹治水有功，帝舜乃命契为司徒，封于商，赐姓子氏"那样一个平淡无奇的人物了。

后稷诞生神话最早的记录还是《诗经》。《大雅·生民》篇大意说，姜嫄是人类最早的母亲。她曾到神庙去祭祀，祓除她没有儿子的苦恼。偶然在回家路上踩了天帝的足拇指印，受到感应，便生了儿子后稷。后稷初生时是个大肉蛋，她害怕了，便把肉蛋丢在窄路上。牛羊都躲着走，不敢践踏。她又把肉蛋丢在树林里，偏遇着有人来砍树。她只得把肉蛋丢在寒冷的冰上，却又有大鸟飞来孵育着它。后来大鸟飞走了，后稷便从肉蛋里迸出来，呱呱地哭泣着了。这段神话只是说后稷原是姜嫄踩了天帝足印生出的儿子，有点像华胥履大人迹而生伏羲，纯粹是原始社会"无夫生子"的感生神话，神话里并没有人间的挂名的父亲。到《史记·周本纪》，神话历史化了，除重述《诗·大雅·生民》的感生神话以外，开头便说："周后稷，名弃。其母有邰氏女,曰姜原。姜原为帝喾元妃。"和《世本》所说完全一样。

不同的是《世本》没有记感生神话,《史记》却兼记了感生神话,所以帝喾实际上成了后稷的挂名父亲。但帝喾是帝俊的化身,本是东方殷民族奉祀的始祖神,契也是他们的始祖神,为什么西方周民族奉祀的始祖神后稷也被认为是帝喾的儿子呢?这是不大说得过去的。不过,也有零片神话材料作依据。《山海经·大荒西经》说:"帝俊生后稷,稷降以百谷。"帝喾挂名为后稷的父亲,就是这样来的。这是东西方民族神话糅混的结果。当东方民族的神话占优势时,东西方两大民族的始祖便都归并在东方民族的一个总的始祖帝喾即帝俊的身上去了。所以说帝喾生契,较为合理;生后稷,则不免有些牵强附会。

后稷原本就是稷神,曾从天上把百谷的种子带到凡间(《大荒西经》:"稷降以百谷。"),但这只是关于后稷神话的零片。关于他诞生的神话,《楚辞·天问》除记有他诞生事外,还有这么几句:"(稷)何凭弓挟矢,殊能将之?既惊帝切激,何逢长之?"似乎说后稷生下不久,就能弯弓射箭,以致天帝受到巨大的震惊。从这个神话片断看,后稷原来也是个富有反抗性的英雄,并不纯粹像诗和史所描写的那么一个"艺之荏菽,荏菽旆旆""好种树麻菽,麻菽美"的温柔敦厚的农学家。可惜只是些神话零片,有关后稷生平事业的神话,恐怕多已散亡,其详不可得闻了。

三八　尧射日及其他

按照历史的顺序，在讲舜的神话之前，还该讲一讲关于尧的神话。但是，直接有关尧的神话已经保存不多了。《山海经·中次十二经》说："洞庭之山……帝之二女居之，是常游于江渊，……出入必以飘风暴雨。"郭璞注："天帝之二女。"这是对的。可是后面他又力辨此二女并非尧的二女，这就不对了。不知古神话中，尧也如同其他天帝如黄帝、颛顼、帝喾等一样，既是神帝，也是人帝。《论语·泰伯》记孔子赞尧的话说："唯天为大，为尧则之。"无意中透露出此中消息。《博物志》（指海本）卷十说："洞庭之山，帝之二女，尧之二女也。"这就把神帝和人帝统一起来了。尧的神性，首见于《山海经》中这样一个侧面的记叙。

尧和其他天帝一样，最初传说也是天帝，后来才历史化而为人间的帝王。当他做人间帝王的时候，从现在有的少许的神话零片看，他也还是一个具有神性的英雄。下面是一些从《论衡》一书里得到的关于尧的神话零片。

《淮南书》言，……尧时十日并出，尧上射九日。（《对作》）

《淮南书》又言，烛十日。尧时十日并出，万物焦枯。尧上射十日，以故不并一日见也。（《说日》）

儒者传书言，尧之时，十日并出，万物焦枯。尧上射十日，

九日去，一日常出。（《咸虚》）

　　这些关于尧神话的零片，都一致说是"尧射日"。所引证的书，两条是《淮南书》，一条是"儒者传书"。详"儒者传书"语意，恐怕仍是《淮南书》。可是从今本《淮南子》里，却绝找不到"尧射日"的神话，只有《本经篇》记有"尧乃使羿……上射十日"的神话。这真奇怪，难道是《论衡》的作者王充误记误引了吗？我们想不会吧，一处误记误引，绝不会处处都误记误引的。况且《淮南书》就是王充本朝人的作品，羿射日除害也不是什么秘闻。《楚辞·天问》就有"羿焉彃（bì）日？乌焉解羽"这样的话，难道博学的王充还会没有读到吗？但王充却在他的著作中屡引《淮南书》说"尧上射九日"或"十日"，这究竟是怎么一回事呢？

　　为了把事情彻底弄清楚，我们把《淮南子·本经篇》所记的一段羿射日除害神话移录如下：

　　　　尧之时十日并出，焦禾稼，杀草木，而民无所食。猰貐、凿齿、九婴、大风、封豨、修蛇皆为民害。尧乃使羿诛凿齿于畴华之野，杀九婴于凶水之上，缴大风于青邱之泽，上射十日而下杀猰貐，断修蛇于洞庭，擒封豨于桑林。万民皆喜，置尧以为天子。

　　看了这一段记叙，如果我们不存任何偏见的话，就会认为把射日除害诸事属之尧，似乎比属之羿更恰当些，因为后面有"万民皆喜，置尧以为天子"这样的话。那么射日除害正是尧"为天子"以前的英雄业绩，现在却是"尧乃使羿"。尧在"为天子"以前，和羿同样是庶民百姓，他凭什么"乃使羿"呢？羿射日除害，为人民立了这么大的功,"万民"何不径"置"羿"以为天子",却要"置尧以为天子"呢?推想起来,射日除害,在《淮南子》成书的当时,必已有两种传说。一属之尧,王充所见古本《淮南子》是也;一属之羿,《天问》及《山海经》所记的羿神话零片(如《海外南经》说"羿与凿齿战于畴华之野,羿射杀之")是也。在神话传说未定型的古代,很可能有这种情况的。其后羿射日除害之说更占优势,后人乃改古本《淮南子》"尧射日"为"尧乃使羿射日"云云,以成今本的状态。这就是王充《论衡》屡引《淮南书》都说"尧上射十日"或"九日"的缘故。如果所引确就是《本经篇》文而不是其他篇的佚文(我想不会是其他篇的佚文,因为《淮南子》不能自相抵牾),那么尧除了射日还有除害的英雄业绩——尧在古神话中,实相当于羿的地位。等到古本《淮南子》既改为今本状态,羿射日除害之说便定于一尊,尧射日除害之说便渐渐消泯乃至无闻,终于尧便由虎虎有生气的神性英雄而成为文质彬彬、"忧劳""瘦癯"(《修务篇》)的人间帝王了。

尧本身的神话虽然保存下来的不多,却有一些接近神话的有关他的异闻可以大略谈谈。

一个是神羊断案的异闻。《论衡·是应》说:"獬豸(xiè zhì)者,一角之羊也,性知有罪。皋陶治狱,其罪疑者,令羊触之。有罪则触,无罪则不触。斯盖天生一角圣兽,助狱为验。故皋陶敬羊,起坐事之。"獬豸,又作獬廌,或作解廌,汉代法官头上戴的獬豸冠,据说就是模拟这种神羊的形状而来的。皋陶,是尧臣,见《说苑·君道》。《荀子·非相》说:"皋陶之状,色如削瓜。"杨倞注:"如削皮之瓜,青绿色。"《淮南子·修务篇》说:"皋陶马喙,是谓至信,决狱明白,察于人情。"《主术篇》说:"皋陶瘖(yīn)而为大理,天下无虐刑。'这个状貌奇特的瘖哑的法官,"决狱"这样"明白",原来全靠神羊的帮助，事实上是神羊代替了法官的职能。

和这无独有偶，又有指佞草的异闻。《博物志·异草木》说："尧时有屈佚草生于庭，佞人入朝，则屈而指之。一名指佞草。"辨奸别邪，除神羊獬豸而外，又增加了这种奇异的植物，这对于帮助人们识别事物倒是很方便的。这大约反映了古代人们在生产水平不高、认识事物的能力也较低下的情况下，企图借助于神物来提高他们的认识能力，以便和坏人坏事做斗争，达到安定生活、发展生产的目的。

神话性质的异闻中，还有蓂（míng）荚和萐蒲这两种被称为是"瑞草"的植物。先说蓂荚。《绎史》卷九引《田俅子》说："尧为天子，蓂荚生于庭，为帝成历。""历"就是日历，这种草究竟怎样会成为尧的天然日历呢？据说它是"夹阶而生"，月初生一荚，到月半就生十五荚，十六日以后，每天落一荚，到月底就落完了。第二月又开始生荚。若是遇着月小，就剩下一荚，挂在那里，焦而不落（《论衡·是应》）。你看这种设计安排，是多么巧妙！还有萐蒲。萐蒲，或又写作萐莆、萐脯。《说文》一说："萐蒲，瑞草也，尧时生于庖厨，扇暑而凉。"据说这种草生在庖厨里，形状像莲枝，"多叶少根，如丝转而风生，主于饮食清凉，驱杀蚊蝇"（《太平御览》卷八七三引《孙氏瑞应图》）。简直有点像是我们今天的电风扇。古代人们的想象力多么丰富，已经设想到尧时候有自动日历和电风扇这类家用器物了。虽然仍只不过是幻想，却于幻想中透露出某些科学的因素；虽然被带以迷信色彩的"瑞草"之名，神话的基调却是健康的。

三九　沉湮的丹朱神话

尧的儿子丹朱，和舜的儿子商均一样，都以"不肖"著名。商均我们已经知道他就是叔均、义均，也就是那个大有创造发明的神性英雄倕了；而丹朱，又是怎样的一个人物呢？

关于丹朱，无论是历史记叙也好，或是神话传说也好，总是若明若昧，似断似续，叫研究整理的我们为难。现在我们只好就力之所及，从纷乱的神话材料和历史材料中，将快要沉湮的丹朱神话，钩稽整理出一个大概轮廓。

《山海经·海内南经》说："苍梧之山，帝舜葬于阳，帝丹朱葬于阴。"丹朱与舜同葬苍梧，而且同称"帝"，可见在古代神话传说中，他并不像某些人编造的历史所说的那么"不肖"。

《世本》（张澍稡集补注本）说："尧取散宜氏之子，谓之女皇，女皇生丹朱。"又说："尧造围棋，丹朱善之。"这是说丹朱少年时代的教养。《金楼子》卷一更说："尧教丹朱棋，以文桑为局，犀象为子。"用文桑之木为棋局，犀象之骨为棋子，这就显得富丽高华，带点神话传说的意味。

《太平御览》卷六三引《尚书逸篇》说："尧子不肖，舜使居丹渊为诸侯，故号丹朱。"这样看来，丹朱的名字原只叫"朱"，是"居丹渊为诸侯"以后，才号称"丹朱"的。是的，《海内南经》郭璞注引《竹书纪年》说："后稷放帝朱于丹水。"就是证明。这里是说，丹朱到丹水（丹渊）去做诸侯，是后稷将他押送流放去的。它使我们联想到另一个神话残片："稷为尧使，西见王母，拜请百福，赐我嘉子。"（《易林·坤之噬嗑》）后稷曾经作为尧的使臣到西王母那里去，请求那个福善之神赐给他一个好儿子，结果却是事与愿违，得到的是个"不肖子"丹朱。因而又是原先那个到西王母那里去求"嘉子"的后稷，仍然负了使命，"放帝朱于丹水"。这就把两个神话残片连缀起来了。

丹朱所居的丹水，也有带神话性的异闻。《水经注·丹水》说："（丹）水出丹鱼，先夏至十日，夜伺之，鱼浮水侧，赤光上照如火，网而取之，割其血以涂足，可以步行水上，长居渊中。"丹朱在联合苗民和他的父亲尧作战的军事行动中，可能也让他的水兵们采用了这种以丹鱼血涂足、"步行水上，长居渊中"的巫术性质的特技的。这个神话残片，又可以从合理的推想中得到连缀。

丹朱曾联合苗民和他的父亲尧作战，有以下这么一些神话传说片断作为根据。《海外南经》说："三苗国在赤水东，其为人相随。"郭璞注："昔尧以天下让舜，三苗之君非之，帝杀之，有苗之民，叛入南海，为三苗国。"起初这一族人住在丹水，曾举兵抗尧。《汉学堂丛书》辑《六韬》说："尧与有苗战于丹水之浦。"《吕氏春秋·召类》说："尧战于丹水之浦以服南蛮。"苗、蛮一声之转，服南蛮也就是战有苗。而丹水恰是丹朱的放逐之地，苗民又反对尧以天下让舜，那么丹朱和苗民的关系也就可想而知了。所以《庄子·盗跖》说："尧杀长子。"尧的长子，就是丹朱（见《吕氏春秋·去私》高诱注）。尧杀丹朱，当就是战丹水、"服南蛮"的结果。

《海外南经》说："讙（huān）头国在其南，其为人人面有翼，鸟喙，方捕鱼。或曰讙朱国。"郭璞注："讙兜，尧臣，有罪，自投南海而死。帝怜之，使其子居南海而祠之。画亦似仙人也。"据近人研究，说讙头、讙兜及讙朱，都是丹朱一名的异称（邹汉勋《读书偶识》卷二）。郭注所谓"尧臣"者，实在就是尧的儿子；所谓"有罪，自投南海而死"者，就是丹朱兵败怀惭，走上了这条末路。这和前面所说"尧杀长子"的传说是并不矛盾的，毋宁倒是恰好证成其说。所谓"帝怜之，使其子居南海而祠之"者，那是说丹朱的妻儿本随丹朱败逃南海，丹朱死后，他的家族就在那里留居下来，其后子孙繁衍，就成了讙头国或讙朱国。尧也就听之任之，赦而勿究了。讙头国或讙朱国，正确的名称，其实该叫丹朱国。此国不远，便是三苗国。"三苗国……其为人相随"：图画中表现的，可能就是拥护丹朱的苗民们，相随着他，远徙南海的景象。

丹朱的神话传说，从始到终，用现有的零片材料拼凑起来，大约就是这样。除此而外，又还有一个比较特殊的神话零片。《南次二经》说：

> 柜山……有鸟焉，其状如鸱而人手，其音如痹，其名曰鴸（zhū），其名自号也，见则其县多放士。

这个"其名自号"为鴸的鸟，我疑心就是丹朱神话的一段异闻，理由有四：一、鴸鸟的"鴸"和本名为"朱"的丹朱名称相同；二、此鸟和丹朱子孙聚居而成国的讙头（丹朱）国同在南方；三、讙头国人"人面有翼"和鴸鸟的形状相似；四、丹朱被后稷秉尧之命"放"于丹水，而此鸟"见则其县多放士"，均同有被"放"之悲。因此此经所记鴸鸟，当就是丹朱神话的异闻，可能传说此鸟是丹朱死后魂灵之所化。人化为鸟，古神话中不乏其例，如女娲化精卫、鼓化鵕鸟、钦䲹化大鹗、杜宇化杜鹃，等等。如果鴸即丹朱所化，那么就表示人们对他是有着某种哀思了。

曾经儒家之徒修润过的《书·益稷》借禹的话说："无若丹朱傲，惟慢游是好，傲虐是作，罔昼夜頟頟（é），罔水行舟，朋淫于家，用殄厥世。"把丹朱描写得一塌糊涂，恐怕多半不大可靠，我们只好小心谨慎地使用这类材料。

丹朱的神话传说，反映了从原始社会到阶级社会过渡期间，已经开始有了把"天下"当作私有财产的思想意识，以至为了争"天下"，虽亲如父子，也不得不在战场上鏖兵。从公私观念上讲，直当然在尧而曲在丹朱，宜乎他要以败亡告终。但是，某些地方还流露出人们对于他的哀思。这就有待我们将从散亡中搜寻到的零星神话材料，更做细致的研究，以对丹朱做出进一步的认识和评价。

四〇　舜服野象

前面我们已经说过，舜即帝俊，他的神格原本是天帝，以后才从天帝降为人帝的。拿《山海经》这部保存神话资料最丰富的书来说吧，其中也有若干舜神话的片断，有些片断仍看得出来做天帝的他的身影的。例如下面两个：

> 舜妻登比氏，生宵明、烛光，处河大泽，二女之灵，能照此所方百里。（《海内北经》）
> 帝舜生无淫，无淫降载（dié）处，是谓巫载民。巫载民盼姓，食谷。不绩不经，服也；不稼不穑，食也。爰有歌舞之鸟，鸾鸟自歌，凤鸟自舞。（《大荒南经》）

前条使我们很容易联想到帝俊的两个妻子羲和与常羲，她们是生日月的女神，她们所生的日月，光照大千世界。舜的两个女儿宵明、烛光，"处河大泽"，其"灵"也"能照此所方百里"（《淮南子·地形篇》作"方千里"），范围大小虽有所不同，性质却是一样，二者当出于同一传说的分化。后条叙写舜的后裔巫载民所处的境地，那么得天独厚，简直就是人间乐园。这在古人的设想中，自非神裔莫办。从这两段，尚可看出原属天帝的舜的身影。而此外的一些零星片断：如舜葬所、舜台、舜所浴渊等中，就看不出什么来了。尤其是舜葬所，虽然《海内经》《大荒南经》《海内南经》都有记述，但都说是葬于苍梧，和史传所载并无异辞。看得出来，舜已经开始以一个人帝的身份而出现了。

舜从神降为人，人化以后的舜，起初仍然是一个神性的英雄，他毕生最大的功业，就在于驯伏野象。但是，神话逐渐演变为历史，舜服野象的神话，就变成了《楚辞·天问》所说的"舜服厥弟"——舜和他的名叫"象"的傲狠的弟弟所做斗争的传说了。虽说这样，舜确实还在尧二女——两个具有神性的姑娘——的帮助下，和以弟弟象为代表的整个舜全家作过斗争，终于击败了他们想要害死他的阴谋，整个故事还是具有着浓厚的神话意味的。后来再经儒家之徒删削、篡改，干脆便成了宣扬"孝弟之道"的家庭伦理故事，而英雄舜也被装扮成了列于"二十四孝"之首的大孝子，这真是为人们始料所不及的。

现在须要努力扫清尘氛，恢复神话的本来面目。先说"舜服厥弟"，实际上应当就是舜服野象——舜的弟弟象，本来就是一头野生的、长鼻大耳的动物象。

何以知其然呢？这是有证据的。

《史记·五帝本纪》正义引《括地志》说："鼻亭神在营道县北六十里。故老传云，舜葬九疑，象来至此，后人立祠，名为鼻亭神。"非常奇怪，后人给舜的弟弟象所立的祠，竟称"鼻亭"，祠的神主，竟称"鼻亭神"。鼻，本来是动物象的最大特征，现在却用到人的身上来了。难道人的象和动物象二者之间有什么关联吗？

答曰：有的，而且关联还很早。《孟子·万章篇》说："象至不仁，封之有庳。"《史记·五帝本纪》正义说："《孟子》曰：'封之有庳。'音鼻。"原来"有庳"就是有鼻。鼻，居然作了象的封地的名称,那么人的象和动物的象之间的关系,岂不就可想而知了吗?

这以后,诸书对象封地的记载,就干脆以"鼻"易"庳"了。例如《汉书·武五子昌邑哀王髆(bó)》说:"舜封象于有鼻。"《后汉书·袁绍传》说:"象傲,终受有鼻之封。"《三国志·魏书·乐陵王茂传》说:"昔象之为虐至甚,而大舜犹侯之有鼻。",等等。"有鼻"当然是对的,因为"鼻"是正字,而"庳"则是"鼻"的借字。

不仅此也,《史记·五帝本纪》正义引王隐《晋书》还说:"泉陵县北部东五里有鼻墟,象所封也。"《路史·发挥五·辨帝舜冢》罗苹注也说:"始兴有鼻天子冢、鼻天子城,……昔人不明为何人,乃象冢也。"凡此封地、葬所,等等,都把动物象的特征的鼻,来做了人的象的称号。"鼻天子"三字,尤其生动形象。因而不能不教人怀疑人的象在最古神话中,就是一头长鼻大耳、凶猛难驯的野象。它是被著名的猎人舜,在"洞庭之山、帝之二女"的帮助下,经过几番激烈的战斗,才终于驯服的。

舜,古称虞舜(《书·尧典》),又叫有虞氏(《礼记》《国语》)。所谓"虞",是什么意思呢?《潜夫论·志姓氏》说:"舜姓虞。"《尧典》孔颖达疏说:"虞,地名,尧封舜于虞,遂为天子之号。"这些恐怕都是后起之说,未足为据。虞舜的虞,实当是《易·屯》"即鹿无虞,惟入于林中"的"虞";也是《书·舜典》"咨益,汝作朕虞"的"虞"。这个"虞",古注以为是"掌山泽之官",其实在还未设官分职的原始时代,"虞"应当就是山林中的猎手。所谓虞舜,翻成现代话,就是猎人舜。

于是,舜象斗争神话的最早面貌就容易看清楚了。舜,这个生长在丛莽中的勇敢的著名猎手,在和野象的斗争中,由于野象的凶悍狡谲,几番险遭它的毒手。后来靠了天女的帮助,才终于战胜野象,使它开始在农业上为人类服役。而猎人的舜,也因为建了大功业,为人民所拥戴,终于成了他们的领袖。

这当然不是凭空臆想。除以上所说而外,还可以找出一些证据。《吕氏春秋·古乐篇》说:"商人服象,为虐于东夷,周公乃以师逐之,至于江南。"可见古代殷(商)民族原是服象的,到周公时代,且能把所服的象使用到战争上去。卜辞卜田屡有获象的记载,知道象在殷代黄河流域一带还长期生存过。甲骨文"象"字作 ,作为这种动物的长鼻正确地在图画中显现出来;"为"字作 ,画的就是人手牵象的光景:都表现了观察的精细。更从"为"字的字义推想,古代殷民族的驯服野象,恐怕还在驯服牛马以前。舜所居住的地方叫"妫"(《书·舜典》),从女从为,恰又和"商人服象"的传说有关。作为殷民族始祖神的舜,古代有驯服野象的神话流传,岂不是合乎情理的事吗?

而且以前的古籍中,还屡有"舜葬苍梧,象为之耕"(《墨子间诂》辑《墨子佚文》《论衡·偶会》等)这样的记载,是说舜死后象曾来为他耕过祀田。舜在生时,也真有役使象耕田的民间传说。近代坊间所出《二十四孝图说》,首绘"大舜耕田图",舜所使用的牲畜,就是长鼻大耳的象,便是明证。

总上所论,我们可以下一断语说,《楚辞·天问》所说的"舜服厥弟",在最古的神话中,其实就是舜服野象。

四一 "鸟工""龙裳"

舜服野象的神话，到后来，就演变成为"舜服厥弟"——舜和他的一个名叫"象"的弟弟矛盾斗争的民间传说了。这个民间传说的大概轮廓，被记录在刘向校录的《列女传》里。从其内容看，是充分富有神话因素的。但是今本《列女传》则已经经过儒家之徒的篡改，弄得面目全非了。好在主要的情节，"完廪"和"浚井"二事，还保存在《楚辞·天问》洪兴祖补注所引的古本《列女传》里：

> 瞽（gǔ）叟与象谋杀舜，使涂廪。舜告二女。二女曰："时唯其戕（qiāng）汝！时唯其焚汝！鹊如汝裳，衣鸟工往。"舜既治廪，戕旋阶。瞽叟焚廪，舜往飞。复使浚井。舜告二女。二女曰："时亦唯其戕汝！时其掩汝！汝去裳，衣龙工往。"舜往浚井，格其出入，从掩，舜潜出。

所引文字或有讹误之处，只能观其大意。例如文中所说"戕旋阶"，就不大好懂。推想起来，"戕"字或因上下文有"戕汝"字样而衍，中间又漏掉一个"捐"字，"旋捐阶"，这就好懂了：舜上去涂廪，瞽叟马上从下面抽掉梯子；"捐阶"就是去梯的意思。又"鸟工""龙工"也有点莫名其妙。好在郭璞注《山海经·中次十二经》"洞庭之山，帝之二女居之"时，说了这么一句话："二女能以鸟工龙裳救井廪之难"，给我们找到了一把解答此二语意义的钥匙。"鸟工""龙工"，当就是鸟裳、"龙裳"，是两种绘饰着鸟形、龙形彩纹的施了法术的衣服。舜在尧二女的帮助下，穿了"鸟工""龙工"衣服，化身为鸟为龙，逃避了瞽叟和象（当然主要是象，《史记·五帝本纪》所谓"本谋者象"便是）叫他"涂廪""浚井"所给予的暗害。但是一到今本《列女传·有虞二妃》里，这些都没有了。请看：

> 瞽叟与象谋杀舜，使涂廪。舜归，告二女曰："父母使我涂廪，我其往？"二女曰："往哉！"舜既治廪，乃捐阶。瞽叟焚廪，舜往飞出。象复与父母谋，使浚井。舜乃告二女。二女曰："俞，往哉！"舜往浚井，格其出入，从掩，舜潜出。

在这里，舜和二女都成了孝子孝妇，逆来顺受，毫无反抗地遵命去上圈套。不但没有了"鸟工龙裳"的神话叙写，连二女说话中表露出来的焦灼与关爱的情绪都没有了。有的只是"往哉"，或者还模仿《尚书》的口吻："俞，往哉！"翻成现代话就是："好呀，去吧——去送死！"和古本两相对照，篡改的痕迹是一目了然，但是篡改的手法却并不高明。"往哉"之类不用说了，就是在"舜往飞出""舜潜出"等删改未尽的地方，也还留下了神话的尾巴，教人能隐约猜想到二女曾替舜出过神妙的主意，否则他何由而能"潜出"或"飞出"呢。

《列女传》篡改不知始于何时。今所传《古列女传》凡八篇，乃是宋代曾巩校录的。曾巩校录此书，在他的《叙录》里有几句值得注意的话：

> 其（刘向）言象计谋杀舜，及舜所以可脱者，颇合于《孟子》。

> 然此传或有之，而《孟子》所不道者，盖亦不足道也。

后面三句有点不大好懂。"之而"两个字似乎是冗赘。若是去掉这两个字，意思就好懂了。大意是说，刘向校录的《列女传》所叙舜象事，大体上都合于《孟子》，但也有《孟子》所不道的，那本来是不足道的。我疑心这很可能就是舜象事被曾巩篡改以后"此地无银三百两"的欲盖弥彰的自白。曾巩被称为是"唐宋古文八大家"之一，是一个纯粹儒家之徒的卫道派，完全有可能做这种篡改的工作。大部分已经篡改过了，所以说它"颇合于《孟子》"，多少还留下点神话的尾巴（尤其是涂廪、浚井以后"二女乃与舜药浴注豕（shǐ，通"屎"）"的神话，整段情节都是《孟子》所没有的），故又说"然此传或有之，而《孟子》所不道者，盖亦不足道也"。

《列女传》刘向自称曰"校"（见《初学记》卷二五引《刘向七略别录》），则该书在刘向时代已有成书，故得校而录之，非其自撰可知。其书最迟也当成于西汉初年，说不定部分材料还是来自先秦旧籍。至于舜象斗争传说流行在民间口头的，想必就更早了。《楚辞·天问》说："舜服厥弟，终然为害；何肆犬豕，而厥身不危败？"就是舜象斗争传说中的一节，今本亦记有之，那是删改而未尽的。不过旧注把后二语释为"言象无道，肆其犬豕之心"，那是释错了。闻一多《楚辞校补》说："为害者象，受害者舜，是'厥身不危败'谓舜身，'肆犬豕'亦当属舜言。"这是对的。但"肆犬豕"究当作何解呢？闻氏说肆读为潟（sì），《广韵》曰："潟，注也。"潟犬豕就是注犬矢，舜浴了狗屎，"厥身"就"不危败"了。这和今本《列女传》后段所记的"瞽叟又速舜饮酒，醉将杀之。二女乃与舜药浴注豕（各本'注豕'作'汪遂'，'遂'字从下读，非，亦从闻一多校改），往，舜终日饮酒不醉"相合。可见舜象斗争的民间传说是由来已古的了。《孟子·万章篇》已记了这段传说,无药浴事,涂廪、浚井二事也记得简单模糊,盖已根据儒家的伦常观念有了较大的润饰。

　　总之,舜象斗争神话,舜服野象神话是最古的;然后才是"舜服厥弟"神话:舜在尧二女的帮助下(正如《列女传》所说,"(舜)每事常谋于二女"),和他那傲狠的弟弟象做斗争,终于取得最后胜利——可说是次古的神话;最后,才是儒家之徒篡改神话为历史的家庭伦理故事。在这里,神话性一点也没有了,二女的作用也看不见了,有的只是奴隶社会和封建社会统治者宣扬的道德楷模。这篡改是从《孟子》就开始了的,到宋代曾巩校录《列女传》,还在继续。把古本《列女传》幸而保存下来的一点神话材料又篡改还原,求"合于《孟子》",以成今本的状态。这就是舜象斗争神话发展演变以及材料被篡改的大概情况。

四二　舜的亲属

舜服野象神话演变成为叙写家庭矛盾纠纷的民间传说，由于神话把视野从丛莽转移到了家庭，自然就使舜有了一大批亲属。这些亲属，都有若干值得从神话传说的角度来研讨的问题，现在我们就分别来把他们讨论一下。

首先是舜的弟弟象。关于他，前面已经说得很多，现在单讨论他"封之有庳"的问题。这本来是孟轲的学生万章向他老师提出的疑问。万章问："象日以杀舜为事，立为天子，则放之，何也？"意思是说，像象这样一个蓄意杀舜的坏家伙，舜做天子以后，为什么不干脆把他杀掉，却流放他到有庳就算了？孟轲的回答却是："封之也，或曰放焉。"意思是说，是封他在有庳的啊；有人说是流放，那是不实在的。这样才引起万章"象至不仁，封之有庳，有庳之人奚罪焉？仁人固如是乎"的带点愤激情绪的更大的疑问。然后又是孟轲那一套"仁人之于弟也，……亲爱之而已矣。……封之有庳，富贵之也"的儒家伦理道德"亲其所亲"的卑鄙的说教。可见就在孟轲当时，对于象的处置问题，已有"封之"和"放之"两种不同传说而后者似更占优势。孟轲一口咬定说是"封之"，而且还谈出一套何以要"封之"的大道理，以后在以儒家思想为统治思想的长时期封建社会中，"象封有鼻"说就定于一尊了。其实在先秦时代，人们对象的处置问题，还是众说纷纭的。《庄子·盗跖篇》说："舜流母弟。""流"的意思接近"放"，似乎比"放"更重一点。《韩非子·忠孝篇》说:"象为舜弟而(舜)杀之。"那就比"流"和"放"都更要重。推想舜服野象神话的本来面貌,对于野生象的处置,恐怕就是如万章所说的"放之"吧。"放之"者,就是将英雄舜所驯服的象安顿在一个固定的地方,为人服役、任人观览的意思。以后从四面八方跑来看野象的人们,就以象的最大特征给这地方取了个名字,叫"有鼻",或"鼻墟"。"鼻墟"的名称更有意思。古称居地为墟。北方叫赶集为趁墟,野生象安顿之地,由于观览人多,渐渐热闹起来,形成集市,故曰鼻墟。后来由于神话演变,更由于儒家之徒有意识的篡改和鼓吹,"有鼻"或"鼻墟"就成了去作"诸侯"的象的封地了。

其次是和象同谋杀舜表现得最积极的舜的父亲瞽叟。"焚廪"的是他,"下土实井"的是他,后来"速舜饮酒,醉将杀之"的又是他,一个瞎老汉似乎担当不了这么多重要的工作。所以《史记·五帝本纪》正义引孔安国说:"无目曰瞽,舜父有目不能分别好恶,故时人谓之瞽;配字曰叟。叟,无目之称也。"这种解释是比较合理的。瞽叟杀子,恐怕正是民间传说中给予这个"有目不能分别好恶"的人的恶谥(shì)。不过"瞽叟"当作"瞽瞍"才对。

再其次是舜的妹妹敤(kě)手。今本《列女传》作"繫(jì)"。《列女传补注》作者王照圆说:"舜女弟名'敤手',俗书传写,误合为'擊(jī)'字。又误为'繫'字。"正是这样由"敤手"而误为"繫"的。《列女传》记象谋杀舜的"涂廪""浚井""饮酒"三件事以后,紧接着说:"舜之女弟繫怜之,与二嫂谐。"仿佛敤手和"二嫂"之间,起先也有某些矛盾,所以累次害舜的阴谋,敤手也知而不告似的。这未免表现得她太冷酷,和下面我们就要讲到的有关她的情况有些不符。不如《路史·后纪十一》注说:"世传瞽叟与象每欲杀舜,其妹敤首每为之解。"这样更恰当些。

敤手,为什么名叫"敤手"呢?《世本》(张澍稡集补注本)说:"敤首作画。"首、手古通用无别,敤首即敤手,《汉书人表》正作敤手。《说文》三说:"敤,研治也,从攴,果声。"用《说文》解释敤手,就是以手治事的意思。丁山《中国古代宗教与神话考》(页436)说:"当工具尚未发明以前,人类一切生产,都靠两手直接劳动;在刀笔尚未发明以前,当然是徒凭两只手。在西班牙阿尔塔美拉洞所发现的旧石器时代的壁画之中,曾发现两只红色的手像,可以证明那时绘画的艺术可能是徒手涂抹成功的。中国古代史上果尔有敤手其人,她的时代应在尧舜之前数千年,即考古学上所谓的旧石器时代,仓颉造字也瞠乎其后了。那么,敤手作画一语,反映中国的图画在草昧时代,没有工具,是使用两只手创造出来的。"这段话说得不错,而且给舜服野象神话提供了产生的时代背景,可供参考。作为一个原始艺术家的敤手,无论神话传说如何演变,当仍有其最初的艺术家的良心,绝不会参与家族中人害舜的阴谋,或是知其阴谋而始终缄默不告的。

最后说到尧二女。尧二女的前身本是"(天)帝之二女",前面我们已经说过了,现在还把作为"(天)帝之二女"的尧二女的完整的图画再现一下:

> 洞庭之山,……帝之二女居之。是常游于江渊,澧沅之风,交潇湘之渊,是在九江之间,出入必以飘风暴雨。是多怪神,状如人而载蛇,左右手操蛇。多怪鸟。(《山海经·中次十二经》)

这里并没有对"帝之二女"作直接描写,但是二女所居的环境,和出入洞庭时一般天神所具有的肃杀气氛却显现出来了。无怪二女能以其神力助舜驯服野象，当神话演变为家庭矛盾纠纷时，犹"能以鸟工龙裳救井廪之难"。

二女古未有其名，《尸子》（辑本）始说："尧妻之（舜）以媓（huáng），媵（yìng）之以娥。"到《列女传》才正式说："有虞二妃，尧之二女也，长娥皇，次女英。"从此娥皇、女英就成为她俩的定名了。

有关二女神话，除《山海经》《列女传》所记的而外，《博物志·史补》所记"尧之二女，舜之二妃，曰湘夫人。帝崩，二妃啼，以泪挥竹，竹尽斑"那段神话，也最使人艳称。以后《述异记》《独异志》《群芳谱》等书也都有大同小异的记叙，形成诗文典故。而屈原《九歌》中《湘君》和《湘夫人》两篇，说者谓写的就是娥皇和女英，可见二女神话流传之早。

四三　羿射日除害

羿这个神话中的英雄人物,他的事迹,每每容易和历史传说中夏代有穷国国君后羿的事迹相混。《楚辞·天问》已经露其端倪:

> 帝降夷羿,革孽夏民,胡躲(shè,射)夫河伯而妻彼雒嫔?冯珧利决,封狶是射,何献蒸肉之膏而后帝不若?浞娶纯狐,眩妻爰谋,何羿之射革而交吞揆之?

前八句是羿的事,后四句是后羿的事,然而《天问》把它们都搅混在一起了。以后诸书,常有这种搅混的现象。作为同属神话传说中的英雄人物,他们的事迹有混同处,原无足怪。但是若从整理的角度看,便须将他们放在历史的肩架上,加以区分。汉末高诱注《淮南子》,还知道这种区分。他注《氾论篇》"羿除天下之害,死而为宗布"云:"是尧时羿,非有穷后羿也。"注《俶真篇》"是故虽有羿之智而无所用之"云:"是尧时羿,善射,能一日落九乌,缴大风,杀窫窳,斩九婴,射河伯之智巧也;非有穷后羿也。"我们觉得这种区分是正确的,也是必要的。单从名称上看,"后羿"的"后",就有国君的意思,后羿简称为羿还可以,羿称后羿却是绝对不可以的。至于二人的事迹,尤其须要分辨清楚才行。

神话中英雄羿的事迹,主要是射日除害。后羿的传说中却没有这方面的传说。《左传·襄公四年》说:"在帝夷羿,冒于原兽,忘其国恤,而思其麀牡"。那是说他不恤国事,只喜欢打猎。《离骚》说:"羿淫游以佚田兮,又好射夫封狐。"也是说他只喜欢打猎。而打猎却不是除害。神话中更没有后羿射日的神话。虽然有人把羿射日当作是后羿射日,那是他自己弄错了,古书的记载是没有的。

羿射日除害神话,首先见于《山海经·海内经》:

帝俊赐羿彤弓素矰,以扶下国,羿是始去恤下地之百艰。

"百艰",就当包括羿射日除害的全部神话故事在里面——我们相信这段简短的记叙就是羿射日除害神话最早的大体轮廓。有两点值得我们注意。一是羿原是天帝帝俊派遣他下凡去"扶下国"、去"恤下地之百艰"的,羿的身份是天神,不仅仅是神性英雄而已。二是羿不属于历史上的任何时代。古神话中诸神的行迹,如夸父追日、共工触山、刑天断首等,也都是不属于历史上的任何时代的。

但是,到了《淮南子·本经篇》,却把羿射日除害神话放在"尧之时,十日并出"的历史的肩架上了,从此,羿就成了尧时代的一个神性英雄。不过《淮南子》的这段记叙本来有些疑问,我们在前面"尧射日及其他"节中已略有申述,此不多赘。

羿射日除害神话,先秦古籍已有一些零片记叙。《楚辞·天问》说:"羿焉彃(bì)日?乌焉解羽?"这是说羿射日的。《天问》又说:"冯珧利决,封豨(xī,猪)是射(shè)。"这是说羿除诸害之一的封豨即大野猪的。《山海经·海外南经》说:"羿与凿齿战于寿华之野,羿射杀之。在昆仑虚东。羿持弓矢,凿齿持盾。一曰(持)戈。"《大荒南经》说:"大荒之中,有山名曰融天,海水南入焉。有人曰凿齿,羿杀之。"这是羿除诸害之一的凿齿的。这些零片记录，都没有把羿放在一个特定的历史时代。

关于羿射日，我们留在下节"'十日'始末"中再详细讲，现在先讲羿所除的诸害。按照《淮南子》安排的顺序，有凿齿、九婴、大风、猰貐、修蛇、封豨共六种。

先讲凿齿。据《山海经》所记，凿齿能"持盾"或"持戈"向羿作战，又称"有人名曰凿齿"（《淮南子·地形训》有凿齿民），似乎是一个人形的怪物。高诱注《淮南子·本经训》，又补充了如下几句："凿齿，兽名，齿长三尺，其状如凿，下彻颔下。"这就使我们对凿齿有了更深刻的印象：大约是一个半人半兽的怪物。

其次是九婴。九婴是怎样的一个怪物呢？高诱说："九婴，水火之怪，为人害。"好像他也说不大清楚。据我们推想，"九婴"的"婴"，或当作'膘'。《释名·释形体》说："咽或谓之膘。"九婴，是说这怪有九条咽喉，那就该是一个能喷水也能吐火的九头怪了。古书无闻，推想如此。

还有是大风。高诱注说："大风，风伯，能坏人屋舍。"是的，大风就是风伯，然而这风伯又当是谁呢？我们以为其实就是海神而兼风神的禺强。禺强所过之处，不但拔木伐屋，而且还在风中带来大量的疟疠（lì）病毒。所以羿要"缴大风"——用拴在绳子上的箭去射他一箭了。甲骨文风字和凤字无别，凤字作 ![] 或 ![]，画的就是一只孔雀。古时我国中原一带气候较热，像象和孔雀这类热带动物都是有的。人民想象这种鸟的特大者，必定性情凶悍，能伤害人畜。它的翅翼所掠过的地方，总似乎有大风伴随。因此就把它来作了风的象征，造字时风、凤二字就没有什么区别了。

再其次是猰貐。猰貐《山海经》作窫窳，原是一个人面蛇身的天神,后来被贰负和他的臣子危共同设计谋害死了。黄帝叫昆仑山的诸巫拿不死药将他救活转来,这以后他大约就再也没有恢复本形。《海内经》说它"龙首",《北山经》说它"如牛而赤身、人面马足",《尔雅·释兽》却又说它"类貙,虎爪,食人,善走":真是各说不一。如果这种怪兽和原本是人面蛇身的天神窫窳真有关系的话,那么它就太不幸了:既死于贰负和危的谋害,又死于羿的神弓神箭。

还有就是修蛇,修蛇即所谓长蛇、大蛇、巴蛇,《山海经》中多记有之。《海内南经》说:"巴蛇食象,三岁而出其骨,君子服之,无心腹之疾。"《楚辞·天问》也说:"一蛇吞象,厥大何如?"羿在洞庭所"断"的蛇就是这种蛇。《路史·后纪十一》注引《江源记》说:"羿屠巴蛇于洞庭,其骨若陵,因曰巴陵。"巴陵在现在湖南省岳阳县西南隅,起初传说是羿屠巴蛇所积的陵,后来竟成了郡县的名称,可见羿射日除害神话的深入人心。

最后是封豨。"擒封豨于桑林",羿在成汤祷雨的桑林那个地方生擒活捉住了大野猪。大野猪看来虽是平常的生物,没有什么神奇,但在古代,它却被认为是和修蛇一样为害人间最烈的生物。"封豕长蛇"已成为对那种心怀叵测、祸害极大的个人或国家的称呼。《左传·定公四年》说:"吴为封豕长蛇。"便是其例。

到此为止,七害俱除,羿这个中国神话中的神性英雄,很有点像希腊神话中的那个干了十二件困难工作的赫克利斯一样,又昂首阔步,去迎接新的战斗去了。

四四 "十日"始末

羿"上射十日"——"十日"原是天帝帝俊的儿子，是帝俊的妻子羲和所生的。他们住在东方海外的汤谷，"谷中水热"（郭璞注语）如汤，因名"汤谷"。"十日"就住在汤谷的扶桑树上，"九日居下枝，一日居上枝"（《山海经·海外东经》）"一日方至，一日方出"（《大荒东经》），轮流出去值班。

他们出去值班的时候，还由他们的妈妈羲和特地驾了六条龙挽的车子，伴送他们出去，开始了太阳一天运行的行程。《淮南子·天文篇》说：

> 日出于旸谷，浴于咸池，拂于扶桑，是谓晨明；登于扶桑，爰始将行，是谓朏（fěi）明；至于曲阿，是谓旦明；至于曾泉，是谓蚤（早）食；至于桑野，是谓晏食；至于衡阳，是谓隅中；至于昆吾，是谓正中；至于鸟次，是谓小还；至于悲谷，是谓晡（bù）食；至于女纪，是谓大还；至于渊虞，是谓高舂；至于连石，是谓下舂；至于悲泉，爰止羲和，爰息六螭，是谓县车；至于虞渊，是谓黄昏；至于蒙谷，是谓定昏。
>
> 日入于虞渊之汜，曙于蒙谷之浦，行九州七舍有五亿万七千三百九里。

以上所引"爰止羲和，爰息六螭"八个字，是据《初学记》卷一引古本《淮南子》改的。今本作"爰止其女，爰息其马"，就觉得一方面神话的意味减少了，另方面"爰止其女"，"其女"二字也不知何指。古本"爰止羲和，爰息六螭"八个字不但神话意味浓郁，而且人物记叙明确，羲和就是羲和，是十个太阳的母亲，不是任何"其"他的"女"。古本《淮南子》这两句话正确无误，改本实在浅薄无聊。《初学记》"是谓县车"句下还引高诱注说："日乘车驾以六龙，羲和御之。日至此而薄于虞泉，羲和至此而回六螭。"今本并脱去之。这几句注释，使我们更加明白羲和所担负的伴送她的太阳儿子运行的任务：她把每天轮流出去值班的儿子一直送到悲泉，至此而后，她就得赶着六龙驾的空车回去。剩下的一段短短行程，只好让她的太阳儿子单独行去。太阳到了虞渊，就是李商隐诗所谓的"夕阳无限好，只是近黄昏"的"黄昏"时候，到此为止，太阳就走完他一天的行程了。这就是古人设想中太阳一天运行的光景，它是何等的细致生动！又是何等的雄浑壮丽！

然而不知何故，原来安排好的"一日方至、一日方出"的轮流值班秩序，一下子被打破了，"十日并出"，而且还确定是在"尧之时"。这个乱子闹得可真不小。由于"十日并出"，不单"焦禾稼、杀草木、而民无所食"，并且还引起"猰貐、凿齿、九婴、大风、封豨、修蛇皆为民害"。因而连天帝帝俊看见他的儿子们所造成的祸患，也不能不马上"赐羿彤弓素矰"，叫他"去恤下地之百艰"。"百艰"当中，自然应包括首要的"十日并出"的祸患在内。这就给做天帝的帝俊造成一个很矛盾的局面：叫羿去诛妖除怪是容易的，可又怎样能叫他同时去对付这十个横行不法的太阳儿子呢？

推想起来，如果按照帝俊的意图，当然不过是叫羿去威吓威吓他的太阳儿子们便算了。书缺有间，其详不可知。哪知羿一下去，就认真地干了起来，"仰射十日，中其九日，日中九乌皆死，堕其羽翼，故留其一日"（《楚辞·天问》王逸注）。这就是正直无私的英雄羿对造成巨大灾祸的"并出"的"十日"的严厉惩罚，表明他并没有按照天帝的意图办事。

《天问》说："冯珧利决，封豨是射，何（羿）献蒸肉之膏而后帝不若？"王逸注："蒸，祭也；后帝，天帝也；若，顺也。言羿猎躬封豨，以其肉膏祭天帝，天帝犹不顺羿之所为也。"这条注释大体上是正确的，只是还稍稍有点把羿混同于后羿。羿不是去什么"猎躬封豨"，而是去"擒封豨于桑林"，为民除害。羿擒获了封豨，七件功业俱毕，就把封豨肉剁来做成肉膏，奉献给天帝帝俊。满以为帝俊会酬奖他的功劳，哪知道帝俊却"不顺羿之所为"。在这里，帝俊派遣羿下凡去"恤百艰"和羿"仰射十日，中其九日"之间的矛盾，便无情地显露出来了。这就是英雄羿悲剧的开始，这个悲剧还要一步步地发展下去，一直将羿推向悬岩下的深渊。

至于十日的终局，比起羿的坎坷生涯，却要简单多了。《庄子·秋水篇》成玄瑛疏引《山海经》（今本无）说："羿射九日，落为沃焦。"这就是十日的结束，终局：九个太阳落在大海里变成了沃焦了，还剩一个太阳继续照耀世间，执行以往的任务。但"沃焦"又是什么呢？《古小说钩沈》辑《玄中记》说：

> 天下之强者，东海之沃焦焉，水灌之而不已。沃焦者，山名也，在东海南，方三万里，海水灌之而即消，故水东南流而不盈也。

"沃焦"又名"尾闾"。《文选·养生论》注引司马云："尾闾，水之从海水出者也,一名沃燋,在东大海之中。尾者,在百川之下,故称尾;间者,聚也,水族聚之处,故称间也。在扶桑之东,有一石方圆四万里,厚四万里,海水注者无不燋尽,故名沃燋。"这又是有别于"归墟"的"百川注海而不盈"的另一种神话性的解释。原来在"扶桑之东",有这么滚热发烫的一块大石头,"方圆四万里,厚四万里","海水注者无不燋尽",所以能够吸收百川的水。现在据说羿所射的九日,都"落为沃焦"了,就更给沃焦的神异性以有力的支持:东海下面那块吸尽百川水的大石头,原来是九日的残骸所化,无怪它还有那么大的炎热。于是这就顺利完成了推原神话所要达到的使命。

四五　羿"射河伯,妻雒嫔"

中国神话,由于大量散亡,只剩下些零星片断。在片断与片断之间,常留下一些空白,教人难于索解。例如现在要讲到的羿"射河伯、妻雒(luò)嫔"神话,就是这样。

《楚辞·天问》说:"帝降夷羿,革孽夏民,胡䠶夫河伯而妻彼雒嫔?"整个神话的模糊影像就保存在这几句问语之中。大意是说,天帝派遣羿下凡,原是要他去解除下方人民的忧患,为什么他竟射伤河伯,而把河伯的妻子雒嫔霸占为自己的妻子呢?《天问》提出的这个问题,确实是羿神话中的一大矛盾:不知射日除害的英雄羿,为什么竟会做出这样不义的事来。

《天问》揭示的这个神话零片,从未见于其他古籍记录,不但是先秦古籍,连汉以后的古籍也从未有提到的。而且它又以问语的形式提出。由于神话材料的散亡,人们对于这个奇兀的问题,两千多年以来,一直未能做出确切的解答,甚至就连问语本身的含义,也常被弄得模模糊糊、支离破碎。最早注《楚辞》的王逸便可作为其中的一个代表。请看他是如何解释这段话的:

> 帝,天帝也;夷羿,诸侯,弑夏后相者也。革,更也;孽,忧也。言羿弑夏家,居天子之位,荒淫田猎,为万民忧患。胡,何也。雒嫔,水神,谓宓妃也。传曰:河伯化为白龙,游于水旁,

羿见射之,眇其左目。河伯上诉天帝,曰:"为我杀羿。"天帝曰:"尔何故得见射?"河伯曰:"我时化为白龙出游。"天帝曰:"使汝深守神灵,羿何从得犯汝?今为虫兽,当为人所射,固其宜也。羿何罪欤?"羿又梦与雒水神宓妃交接也。

我们看了,几乎可以说是"不知所云"。开始肯定"夷羿"是夏时候的诸侯有穷后羿,后来引"传曰"羿射河伯事又像是尧时射日除害的英雄羿。最后说"羿又梦与雒水神宓妃交接也",竟像羿"射河伯、妻雒嫔"完全是各不相涉的两件事似的。而"妻雒嫔"释为"梦与雒水神宓妃交接",尤其是典型的"想当然耳"的臆说。如此解释神话,如何能使神话得到正确的理解?

其实《天问》所说"革孽夏民",就是"革孽下民"的意思,和《山海经》所记"帝俊赐羿彤弓素矰,以扶下国"是一个意思。这个羿既不是尧时的羿,更不是夏时的有穷后羿,他是神话中时代无所系属的天神羿。如果勉强要将他放在历史的肩架上,则说为尧时的羿似乎更近情理些。就是这个尧时的射日除害的英雄,他干了表面上看来和他正义行为相反的不义的事,所以《天问》才提出这样一个疑问。有人受王逸注释的影响,也把"射河伯"与"妻雒嫔"释为二事,说雒嫔自是洛水的女神,羿"射河伯"与"妻雒嫔"无关。若果如此,则"妻彼雒嫔"的"彼"字将又何释呢?这个"彼"字,不明明就是指河伯吗?羿射河伯,将河伯之妻雒嫔据为己有,才见得他这种行为确实是胡作非为,与他原先射日除害的正义行为完全相反。

这里恰好又给我们留下了一段神话片断与片断之间造成的空隙。全部《天问》都是以问语组成诗篇的,于所提大小不等的各种问题中,虽然每每带出一些古神话的零片,但既然以还须解答的问语形式提出，这些零片看来就更不完全了，几乎可以说是残片。要将这些残片修补，恢复它们的本来面貌，确实是有相当难度的。

要理解羿的这种反常的行为，或者当从羿和宓妃两个家庭的家庭矛盾纠纷去加以推想。羿的妻子是嫦娥。《淮南子·览冥训》说："羿请不死之药于西王母，姮娥窃以奔月。怅然有丧，无以续之。"足见羿和嫦娥之间是有矛盾的。有人说，嫦娥窃药奔月，正是为了对羿和宓妃之间不正常关系的愤恨。如果要将两段神话材料联系起来考察，或许也是的。但为什么又不可以反转过来设想呢？说不定羿"射河伯、妻雒嫔"正是由于素与嫦娥不睦造成的反激。二者的关系，恐怕正是互为因果、相互推移的。

以上是羿的家庭方面，再看宓妃家庭方面。《文选·洛神赋》注说："宓妃。宓羲氏之女，溺死洛水，为神。""为神"当然是为洛水水神，所以又称"雒（洛）嫔"。洛水径入黄河，是黄河的一个支流，黄河的水神河伯和洛水的水神雒嫔即宓妃古传为配偶神也是很自然的。但是他们的家庭关系从好些迹象考察可能并不谐和。河伯在古神话中是一个浪荡的花花公子的形象，《楚辞·九歌·河伯》对他有充分的描写，民间"河伯娶妇"的传说大约便是由此而来。说到他的性格，更是阴险卑怯，这一切我们将在下一节中一一讲到。宓妃和这样一个人相处，自然不会有幸福可言了。

双方的家庭情况是如此，羿和宓妃相遇，一个是盖代英雄，一个是旷古美人，他们由彼此同情而产生情愫，这也就可以想见了。至于羿是否因为要夺取宓妃而便去"射河伯"，却是书无明文。王逸注引"传曰"云云，本是一个独立的民间传说，和"妻雒嫔"完全是互不相干的两回事。而且这段传说，或又传为渔者豫且事，见《说苑·正谏》。豫且又作余且，见《庄子·外物》，可见王逸注引"传曰"所说，不过是拿一个古老的民间故事来强作解释，其实无济于事。羿为什么要射河伯？倒是《淮南子·氾论训》高诱注回答得好："河伯溺杀人，羿射其左目。"直截了当，一语中的。古昔黄河为患，历世已久，人民恶其威暴，播为羿射河伯神话，原极自然。则羿之射河伯，乃是首先为了除民害，而不是为遂攘夺人妻的私欲。《天问》之问，从语气上看，对羿还是深表同情的，只是因传闻如此而致疑，并不肯定羿真有射其人而据其妻之事。然而羿与宓妃间的关系究竟如何，则因书缺有间，其详已不可知了。

四六　河伯杂评

河伯，在中国古代神话中，是一个声势显赫、位望隆崇的大神。关于他的事迹传说很多，但都只是些零星片断，构不成完整的故事。现在来谈论河伯，得先从他的形貌讲起。《山海经·海内北经》说：

> 从极之渊，深三百仞，维冰夷恒都焉。冰夷人面，乘两龙。

冰夷一作冯夷（《庄子·大宗师》），一作无夷（《穆天子传》）。"冰""冯""无"音皆相近，它们都是河伯的名字。河伯的形貌，这里说他是"人面"，《酉阳杂俎·诺皋记》说他是"人面鱼身"，《尸子》（辑本）说他是"白面长人鱼身"，这在半人半兽的诸天神中，他要算是最具仪表的了。

关于他的出身，有各种说法。《抱朴子·释鬼篇》说："冯夷以八月上庚日渡河溺死，天帝署为河伯。"《庄子·大宗师篇》释文引《清泠传》说："（冯夷）华阴潼乡堤首人也，服八石，得水仙，是为河伯。"但两种都是后起的传说，是不足凭信的。

河伯古本天神，观《海内北经》的记叙和《九歌·河伯》的描写可知。古代殷人祀河，有"尞（liáo）""枋""埋"之称，有"汼（niú）璧"（以璧幸者沉河）之祭，均见卜辞。卜辞还有"河妾"一语，最是奇特，疑当时河神已有娶妻纳妾的传说，这就是后代河伯娶妇的恶俗所由起的缘故。总之，作为黄河水神的河泊，自殷商而下，至于周末，一直都被人奉祀不衰。《庄子·人间世》说："牛之白颡（sǎng）者，与豚之亢鼻者，与人有痔病者，不可以适河。"释文引司马彪云："适河，谓沈人于河祭也。"《史记·六国表·秦灵公八年》说："初以君主妻河。"索隐云："谓以公主嫁河伯也。"直到晚周，从民间到宫廷，还都拿活人作牺牲来祭祀河伯，足见河伯是自古相传的黄河水神，不是普通一般的"溺死为神"或"服药得仙"之比的神。

人们对于这个作威作福、变幻莫测的水神，一方面固然是畏而媚之，因此要用隆重的祭典去祭祀他，甚至不惜以人为牺牲去向他祈福；但另方面却又恶而鄙之，从一些传说里，可以见到他性格的阴险卑怯。

最显明的例子，就是《博物志·异闻》所记的澹台子羽渡河投璧的故事。澹台子羽是春秋末年的一个勇士，曾经带了一块价值千金的璧渡黄河。河伯想要他这块璧，便暗中支使阳侯兴起大波，并叫两条蛟龙去夹绕他坐的船。澹台子羽知道是河伯作怪，一点也不惧怕，左手操璧，右手握剑，把两条蛟龙都刺杀死了。于是风止波平，安然渡过黄河。渡河以后，澹台子羽鄙夷地将璧丢在黄河里。三次投璧，三次都被河伯"跃而归之"。大约是实在感到无脸见人了吧。澹台子羽终于把璧在河岸边岩石上砸个粉碎，然后扬长而去。

不仅这个故事可以说明河伯的性格，就是前节所引《楚辞》王逸注所说河伯为羿所射上诉天帝的事，虽不足以为羿"妻雒嫔"作注脚，但从中仍可见到河伯卑怯性格的另一面。就是在《大荒东经》所记王亥故事里，我们详味正文及郭注，也能感到河伯所扮演的那个两面派角色的尴尬，实在也并不光彩。

有关河伯的神话，以"河伯娶妇"那个民俗故事最值得参考。

《史记·滑稽列传》虽是这个故事的最早记录者,但是文字较繁,不便征引,还是将《水经注·浊漳水》的一段简明生动的记叙引出来看看吧:

> 漳水又北径祭陌西。战国之世,俗巫为河伯娶妇,祭于此陌。魏文侯时,西门豹为邺令,约诸三老曰:"为河伯娶妇,幸来告知,吾欲送女。"皆曰:"诺。"至时,三老廷掾赋敛百姓,取钱百万。巫觋(xí)行里中,有好女者,祝当为河伯妇,以钱三万聘女,沐浴脂粉如嫁状。豹往会之。三老巫掾与民,咸集赴观。巫妪年七十,从十女弟子。豹呼妇视之,以为非妙。令巫妪入报河伯,投巫于河中。有顷,曰:"何久也?"又令三弟子及三老入白,并投于河。豹磬折曰:"三老不来,奈何!"复欲使廷掾豪长趣之。皆叩头流血,乞不为河伯取妇。淫祀虽断,地留祭陌之称焉。

乡里土豪和巫妪勾结,聚敛钱财,利用"河伯娶妇"的民间传说,干了许多惨无人道的坏事。西门豹收拾他们却也痛快,他采取了聪明果断的手段,把多年流传下来的迷信风俗在一天当中就破除了。但是形成这种迷信风俗,必然也是根据远年的神话。水神河伯,定是个风流浪荡、好色贪欢、行止无检的人,所以每年要为他"娶妇",来满足他邪恶的私欲。《史记·滑稽列传·(褚少孙补)西门豹传》还说:"民人俗语云:'即(假使)不为河伯娶妇,水来漂没,溺其人民云。"高诱注《淮南子》所说的"河伯溺杀人",就是这个原因。河伯性格的一方面固然是阴险、卑怯,但阴险、卑怯的另外一方面,也就是残忍、凶恶。传说他不遂私欲就要"水来漂没、溺其人民",就把他残忍、凶恶的另一面相暴露无遗了。

但是《九歌·河伯》所写的河伯,却还是一个风流佻侻的浪荡公子形象:"与女游兮九河,冲风起兮横波;乘水车兮荷盖,驾两龙兮骖螭。……"旧读"女"为"汝",谓指河伯。闻一多《九歌古剧悬解》谓当指与河伯同游的少女,于义较胜,当从。如此,那个好色贪欢的河伯形象就凸现出来了。无怪作为他伴偶的宓妃要深感痛苦,因而有羿"射河伯、妻雒嫔"那一段神话的产生。

四七　嫦娥奔月

又是一个有关羿神话的零片:《淮南子·览冥篇》记叙的嫦娥窃药奔月。这个虽然是零片却也还眉目清晰的神话故事开始把羿推向悲剧的第一个台阶。在这个神话零片中嫦娥扮演了主要的角色。她在成书比《淮南子》早两三百年的《归藏》(约成书于战国初年,后来佚亡)一书里已经露面了。《文选》注两引《归藏》,其一说:"昔嫦娥以不死之药奔月。"(《月赋》注引)另一说:"昔嫦娥以西王母不死药服之,遂奔月为月精。"(《祭颜光禄文》注引)两处都只说嫦娥得了不死药奔月,没有说到羿。难道"羿请不死之药于西王母"只是后来才有的传说吗?否!否!请看下面一段文字:

> 羿请不死之药于西王母,姮娥窃之以奔月。将往,枚筮之于有黄。有黄占之,曰:"吉。翩翩归妹,独将西行,逢天晦芒,毋惊毋恐,后且大昌。"姮娥遂托身于月,是为蟾蜍蠩(zhū)。

这是清代严可均《全上古三代秦汉三国六朝文》所辑张衡《灵宪》里的一段文字,有注云:"当是《归藏》旧文。"这一行小注,真了不起,可谓是巨眼卓识。我拿好几条《归藏》佚文和这段文字相比较,发现它们的格局竟非常相似。《归藏》本是卜筮的书,它的格局原应如此。《文选》注所引,不过是节其概略。就是《淮南子》所述，也是取其首尾神话故事部分，中间卜筮的话头就略去了。张衡《灵宪》载之，可说又恢复了《归藏》的旧观。《初学记》卷一引古本《淮南子》这段记叙，于"姮娥窃以奔月"下，尚有"托身于月，是为蟾蜍，而为月精"十二个字，与张衡《灵宪》所叙完全相同，今本并脱去之。可见《淮南子》所记嫦娥奔月神话，实本于还保存在《灵宪》里的"《归藏》旧文"。可说是由来已古的了。

但可惜这个神话也只是个零片，如果和羿神话联系起来看，它的中间就有着一些空白。例如：羿原本不就是天神下凡吗；天神不死，何以还要去向西王母请不死药；嫦娥何以要背离其夫，窃药奔月，等等。在对神话做整理工作、无法用确切的材料来填补这些空白时，就只好用合理的推想来填补它了。回答第一个问题是：由于羿射九日，得罪了天帝帝俊，被谪在凡间，成了凡人，虽然可能还有一些余剩的神力，却无法避免凡人的死亡的终局，为了逃死，所以跋山涉水，去向西王母请不死药。回答第二个问题是：家庭矛盾，是其原因，没有家庭矛盾，嫦娥是不会悍然窃药奔月的。据我考察，羿所请于西王母的不死药，是足供羿与嫦娥两人服了都不死的。嫦娥留药，并羿的那一份也都服了，所以"得仙"，飞升上了月宫（这我们在下面"仙人不死"节中还要谈到）。由此可见羿和嫦娥间矛盾之大。《淮南子》所说羿"怅然有丧，无以续之"的那种心情，我们是可以理解的。非唯不死药不可续而已，从前两人间亲密的感情，共同的愿望，都像逝水东流，一去不复返了。羿神话到了这个阶段也就自然地涂上了浓厚的悲剧色彩。

余下需要讨论的问题是：嫦娥奔月，目的既在成仙，为什么又"托身于月，是为蟾蜍，而为月精"呢？在解答这个问题之前，先谈两点与此有关的。

一是《淮南子·精神篇》说:"日中有踆乌,而月中有蟾蜍。"古人把月中阴影,设想为蟾蜍,不仅汉代初年如此,就是战国时代,也已经是这样了。屈原《天问》说:"夜光何德,死则又育?厥利维何,而顾菟在腹?"旧以月释"夜光",这是对的;而以"顾望之兔"释"顾菟",就大错特错了。闻一多《天问·释天》举有十一证,说明"顾菟"即蟾蜍,诚确切不可移。那么"月中有蟾蜍",是先秦时代就有的思想观念了。二是古人对蟾蜍的观感,是好还是坏呢?答曰蟾蜍即癞蛤蟆,其形体是相当丑恶的,不但今天的人对它没有好印象,就连古人亦然。《诗·新台》说:"鱼网之设,鸿则离(罹)之;燕婉之求,得此戚施。"鸿即蟾蜍,又是闻一多首先研究出来,现在差不多已成定论了。郭沫若《雄鸡集·释"枭雁丑"》译此诗云:"鱼网张来打鱼虾,打到一个臭蛤蟆;心想配上多情哥,配上一个驼背爷。"以蟾蜍形容丑人之丑,非常形象生动,可见古人对于此物是没有好感的。

明白了这两点,就可以进一步来探讨嫦娥奔月,化为蟾蜍的含义了。嫦娥是古今同誉的美人(张衡《灵宪》已有"翩翩归妹"之语),却化而为这种丑陋的动物,推想起来,必有谴责的意思在内。谴责的原因维何?或当不止于"窃药"这一点吧。由于古神话的缺佚,详情已不可得知,我们也不必再妄事推论。只说化形为蟾蜍的嫦娥,在月宫中做些什么工作。

晋傅玄《拟天问》(《太平御览》卷四引)说:"月中何有?白兔捣药。"过去我们只知道月中有白兔捣药,却不知道在白兔之前,蟾蜍也做着相同的工作。常任侠《沙坪坝出土之石棺画像研究》(见《说文月刊》第二卷第十、十一期)说:"……较小一棺,前额刻一人首蛇身像,一手捧月轮。后刻两人一蟾,蟾两足人立,手方持柞而下捣。中立一人,手持枝状,疑为传说中之桂树。右侧一人,两手捧物而立。……""手捧月轮"的"人首蛇身像",无疑是女娲。"持杵下捣"的"两足人立"之蟾,当即变形以后的嫦娥;所捣者,当是不死药。中立一人手持"枝状"之物,常氏释为桂树,恐怕不是,当是不死树,供人立之蟾捣而为药者。至于"捧物而立"的右侧一人所捧之物,盖即口盛不死药的器皿。这样解释,这幅汉代石刻画像才有其独立完整的意义,否则就不知所云。以灵蟾捣不死药的图像而施于死者之棺,无非表示生者对死者起死回生的祈望罢了。神话题材被表现为艺术运用到宗教迷信上,往往类此,并不足异。

现在的问题是:何以知道画像中捣药的蟾就是变形的嫦娥呢?答道:这也是有根据的。唐李商隐诗说:"嫦娥捣药无穷已,玉女投壶未肯休。"陈陶诗说:"孀居应寂寞,捣药青冥愁。"都径言嫦娥捣药。可见这一传说一直流传到唐末五代,还大体上保留着它的本来面貌,则画像中捣药的蟾,自是变形的嫦娥无疑。嫦娥窃不死药奔月,不仅化形为蟾,且罚她做捣不死药的苦工,谴责的意思是相当明显的。

但是到了后世,嫦娥的地位又渐渐升高了。由于古神话的失落,人们已经不去寻根究底地追问她和羿之间的关系是如何如何的了;而且由于神话的演变,"月中有蟾蜍"后来是让位于月中有玉兔了,蟾蜍捣药的工作也由玉兔来代替了。玉兔的形象本来就是可爱的,兼以天上那一轮万古长新的皓月,更一直在人们心里唤起无穷尽的诗情画意,而传说奔月的嫦娥恰好住在月里,月、玉兔、嫦娥三者凝成一体,混而为一(后来还加上"吴刚伐桂"的衬景),于是嫦娥在人们心目中便逐渐有了一个崇高的地位。是的,她也应该有这样一个地位的。因为在遥远的古代,人们幻想的翅膀就翱翔于太空,让嫦娥飞升到了月宫里,说明月是可以住人的地方,哪能不给这位神话中的宇宙开拓者以应有的崇高地位呢!

四八　西王母

嫦娥奔月神话，涉及"西王母"这个神话人物。这个人物，也是中国神话中的一个著名人物，我们不能不拿出专门的章节来谈谈。

"羿请不死之药于西王母"，从这段神话开始，西王母那里有了"不死药"。但这是西王母神话的演变，是西王母神话走向仙话化的第一步。原来的西王母神话，并不是这样的。我们且把《山海经》中有关西王母的记叙摘录如下：

玉山，是西王母所居也。西王母其状如人，豹尾虎齿而善啸，蓬发戴胜，是司天之厉及五残。（《西次三经》）

西海之南，流沙之滨，赤水之后，黑水之前，有大山名曰昆仑之丘。有神——人面，虎身，文尾（原作"有文有尾"，从王念孙校删改），皆白——处之。其下有弱水之渊环之，其外有炎火之山，投物辄然。有人戴胜，虎齿，豹尾（原作"有豹尾"，从王念孙校删"有"字），穴处，名曰西王母。此山万物尽有。（《大荒西经》）

西王母梯几而戴胜（原作"戴胜杖"，从郝懿行校删"杖"字），其南有三青鸟，为西王母取食。在昆仑虚北。（《海内北经》）

有西王母之山（原作"西有王母之山"，据王念孙、郝懿行校改）。……有三青鸟，赤首黑目，一名曰大鵹（lí）一名少鵹，

一名曰青鸟。(《大荒西经》)

三危之山,三青鸟居之。是山也,广员百里。(《西次三经》)

以上所录,有些误衍的字是经过校改的,就不多说了。我们着西王母的形象,实在还处在半人半兽的野蛮状态,他"司天之厉及五残",原是一个掌管瘟疫刑罚的怪神。他的性别,也很难说。

"蓬发戴胜","胜"即玉胜,虽然可算是妇女的首饰,但在野蛮人中,男女都可以戴的,正如穿耳的环,也每每用来做男人的装饰品。"为西王母取食"的三青鸟,也并不是娇小玲珑的依人小鸟,而是"赤首黑目"、多力善飞的猛禽。居于这种气氛中的原始的西王母面貌就是这样的,他哪里还会有代表吉祥的"不死药"赐予人间。

但是,神话小说《穆天子传》里的西王母形象,已经有了初步的演变了,他已经由一个狞厉的怪神变而为一个气象雍穆的人王。而且从他和周穆王赋诗酬唱中自称"我惟帝女"——我是中华古帝的女儿——看,他的性别已经确定为女性,"他"这个代词便只好改写为"她"了。又从这位天帝之女"虎豹为群、于(乌)鹊与处"的自述中,还可见到有古神话中西王母的那份蛮野的气息蜕而未尽。

从《穆天子传》里的西王母,再到《归藏》和《淮南子》记叙的西王母,西王母神话又经历了再度的演变:她那里开始有了"不死药",这使她向着穿戴道冠霞帔的仙人西王母形象逐渐转移近了。《博物志·杂说上》说:"老子云,万民皆付西王母,唯王、圣人、真人、仙人、道人之命上属九天君耳。"这虽是后起之说,却也给了我们一些启示。所谓"万民皆付西王母"者,是说"万民"的生死寿夭之"命""皆付西王母"也。西王母本是西方的疫疠之神,主杀生——她既然能夺取人们的生命,自然也能赐予人们的生命。这从逻辑上讲,原也是顺理成章的事，因而西王母就成了能对"万民"有生杀予夺大权的主宰者了。

人总是愿从有利于他的方面设想。西王母住地之一的昆仑山（她也常住昆仑山附近的玉山），传说那里有不死树和不死药，于是自然便和西王母神话联系起来，使她开始掌管了不死药，逐渐成为"兴福降祉"的吉神。从近年发掘出土的汉代石刻画像和砖画上看，那个坐在龙虎交椅上的西王母，她的两旁罗列着什么三足乌呀，九尾狐呀，持着芝草的玉兔呀，捣药的蟾蜍呀，以及跪地祈求福祉的信徒们呀，等等，都显示着西王母是以一个吉神的形象被崇奉的。

从掌握有不死药开始，另方面西王母又朝着仙人的形象演化。在现存的《汉武故事》（辑本）和《汉武帝内传》两部笔记体小说里，可以看得出这种演化情况的大概由来。两部书都托名是班固作，实际上可能都是六朝人的手笔。《汉武故事》文辞较简朴，西王母被设想为西方的一位王母，她的身上已仙气浓郁，掌管有不死药及"三千年一着子"的仙桃等。惟三青鸟还没有大的变化，或如乌或如青鸾。到《汉武帝内传》，西王母就成了"年三十许""容颜绝世"的美丽女人，从前替她寻找食物的三青鸟，也都成了董双成、王子登等一群漂亮活泼的侍女了。穿戴着道冠霞帔的仙人西王母的形象，在这两部书里已经大体上完成，以后一切仙人形象的西王母，如杜光庭在《墉城集仙录》里所描绘的，等等，不过都是踵事增华罢了。

西王母神话的余绪，最有意思的，是人们怕她太孤单寂寞，又给她设计了一个配偶神东王公。《神异经·中荒经》说：

> 昆仑之山，有铜柱焉，其高入天，所谓天柱也，围三千里，周圆如削。下有回屋，方百丈，仙人九府治之。上有大鸟，名曰

希有，南向，张左翼覆东王公，右翼覆西王母。……西王母岁登翼上，会东王公也。

东王公是怎样一个神人呢？《神异经》也是有具体描绘的。《东荒经》说：

> 东荒山中，有大石室，东王公居焉。长一丈，头发皓白，人形鸟面而虎尾。……恒与一玉女投壶，每投千二百矫。设有入不出者，天为嚱（yī）嘘；矫出而脱误不接者，天为之笑。

东王公原来是这样一个怪神。《北堂书抄》卷一五二引《神异经》（今本无）说："玉女与天帝投壶，天为之笑，今电光是也。"看来东王公就是东方的天帝。西王母岁登大鸟翼上会东王公，推想起来，或许就是周穆王见西王母神话故事的翻板：周穆王的身份地位相当于后世传说的东王公。不过前者是男去会女，后者是女来晤男罢了。《神异经》旧传为东方朔作，虽不可靠，但汉末服虔已引用《神异经》文字，则此书仍当是汉人的作品。如今我们所见汉代石刻画像及汉铜镜的镂刻中，常有西王母、东王公相会的图像，知此一传说，也由来已早，不是《神异经》的作者所能凭空杜撰的。

四九　仙人不死

嫦娥奔月神话，是中国神话仙话化最早的标志之一。自从道家学说在中国昌盛以来，除神话而外，还逐渐产生了大量的仙话，这些仙话虽然表现为各种离奇古怪的故事，而其中心内容，则在于寻求长生不死。本来这种思想在原始社会末期人们的头脑中也已经有了萌芽，还用神话的形式将它表现出来，究其本质和后来的仙话并没有什么不同。所不同的是：神话叙写的是自然存在，仙话表现的是刻意修炼；神话不以此为唯一鹄的，仙话则视为毕生追求的目标。所以仙话常带着个人主义和利己主义的色彩，和神话中展示的那种舍己为人、牺牲奋斗的精神有较大区别。不过凡事不可一概而论，仙话中也有较积极和较有意义的，或至少是能起到扩展眼界、开拓胸襟作用的。像这类仙话，为什么不能将它们放到神话的范围予以考察呢？在《山海经》这部保存神话资料最丰富的书籍里，事实上早已孕育着好些仙话的因素了。试看下面的记叙：

不死民在其（穿匈国）东，为人黑色，寿，不死。（《海外南经》）

有不死之国，阿姓，甘木是食。（《大荒南经》）

昆仑开明北有……不死树。……开明东有巫彭、巫抵、巫阳、巫履、巫凡、巫相，夹窫窳之尸，皆操不死之药以距之。（《海

内西经》）

　　流沙之东，黑水之间，有山名不死之山。（《海内经》）

　　除以上所说而外，《海内北经》还记有犬戎国文马，"乘之寿千岁"；《海外西经》记有白民国乘黄，"乘之寿二千岁"，等等。都以长寿或"不死"为言：这难道不是神话中又有仙话的孕育吗？追求健康、长寿乃至不死，原也是淳朴的古代劳动人民的善良的愿望，从他们自己的神话创作中也每每透露出这种意愿来，不能和穷奢极欲的统治者的刻意追求长生不老等同看待。至今贵州东南苗族地区还流传一种叫作《榜香由》（又名"长寿歌"）的古歌，叙述榜香由偷吃了天上的豆篓仙果，活了七万九千岁的神话故事，便可作为旁证。所以我认为仙话在其起源阶段实与神话无别，及其末流也可算是中国神话的一个分支，其中健康的仙话可以纳入神话考察的范围。至于正在趋向仙话的神话，即所谓"神话仙话化"的神话，如前面讲过的黄帝乘龙登天，这里正讲到的嫦娥窃药奔月，因其正在变化发展当中，神话仙话糅混难别，我们自然仍当以神话看待它们，不必更做歧视的区分。

　　为了进一步了解仙话的性质和嫦娥窃药奔月等问题，本节便拟专就"仙人不死"为题，试作如下探讨。

　　《史记·封禅书》说："自威、宣、燕昭，使人入海求蓬莱、方丈、瀛洲，此三神山者，其传在渤海中，盖尝有至者，诸仙人及不死之药皆在焉。"这就是"仙人"一词最早见诸载籍的。与此相呼应，屈原《远游》，也早有了"美往世之登仙"的羡叹。《说文》八说："仙，长生仙去。"所以仙人和长生不死、不死药等概念总是经常联系在一起的，吃了不死药而长生不死的，我们就可以叫他作仙人。

　　但古代仙人的登仙，并不专限于服食不死药，除了这最普通、最常见的一种而外，还有其他途径。

一种是"不食五谷，吸风饮露"。《庄子·逍遥游》说："藐姑射之山，有神人居焉，肌肤若冰雪，绰约若处子，不食五谷，吸风饮露。"这里所说的"神人"，实际上就是仙人。他"不食五谷"，单靠"吸风饮露"而登仙。《玉函山房辑佚书》辑《仲长子昌言》说："嗽舌下泉咽之，名曰胎食，得道者身生六翮于臂，长毛羽于腹，飞无阶之苍天，度无穷之世俗。"便是属于这一类。《淮南子·地形篇》说："食气者神明而寿，食谷者知慧而夭，不食者不死而神。""食气者"与"不食者"都可属于这一类。

再一种是"自烧"。《列仙传》所说"赤松子服水玉以教神农，能入火自烧"，便是属于这一类。这一类概括说起来，可以叫作是"火化登仙"。古代许多著名的仙人，如像宁封子、陶安公、啸父、师门等，都是采取这种登仙的办法。当然，在"自烧"前，或者还先得服食点什么，如赤松子"服水玉"即水晶，师门"食桃李葩"，借以锻炼身体，做好准备工作。"自烧"时，还得学会"行火""使火"或"作火"的方法，不是随便架上一堆柴点燃它就完事的。

还有一种是"尸解"。"黄帝葬桥山，山崩无尸，惟剑舄存。"(《列异传》) 就是典型的"尸解"例子。不过这种登仙的手段，似乎不太为古人所重。《抱朴子·论仙》说："仙经云：上士举形升虚，谓之天仙；中士游于名山，谓之地仙；下士死而后蜕，谓之尸解仙。"品列最下，可知其然。

另一种是"兵解"。《神仙传》卷九略云，晋元帝时，郭璞知五行天文之术，后为王敦所杀。璞"殡后三日，开棺无尸，璞得兵解之道"。这是说郭璞以"兵解"而登仙。其实《后汉书·西羌传》已称其人"以战死为吉利，病终为不祥"，在那时候的羌族人中，大约就已萌芽了"兵解"的思想了。

至于什么行容成、素女之道的所谓"房中术"的登仙法，那就简直是卑鄙龌龊，品格最下，不值一谈了。

最后还是来谈谈服食不死药登仙的这最普通的一种。不死药有些什么功效呢？归纳起来，大约有以下三种。

一是使人长生不死。《史记·封禅书》说："蓬莱、方丈、瀛洲，此三神山者，其传在渤海中，诸仙人及不死之药皆在，世主莫不甘心焉。"这就是了。

二是使人升天成仙。《淮南子·览冥篇》说："羿请不死之药于西王母，姮娥窃以奔月。"这就是了。

三是使人起死回生。《山海经·海内西经》说："开明东有巫彭、巫抵、巫阳、巫履、巫凡、巫相，夹窫窳之尸，皆操不死之药以距之。"郭璞注："为距却死气，求更生。"这就是了。

不死药的功效虽有上述三种，而使人长生不死，自是最基本的一种。使人长生不死者，复可以使人升天成仙。《抱朴子·对俗》说："仙人或升天，或住地，要俱于长生，住留各从其所好耳。服还丹金液之法，若且欲留在世间者，但服其半，欲求升天，便尽服之。昔安期生、庞眉公、宁公、修羊公、阴长生，皆服金液半剂者也，其止人间，或近千年，然后去耳。"《神仙传》卷二也说："马鸣生受《太阳神丹经》三卷归，入山合药服之，不乐升天，但服半剂为地仙。"都是其证。

因所服不死药剂量的不同，就使人有"或升天、或住地"的差异，于是就联系到我们在前面"嫦娥奔月"神话中所做的合理推想：羿所请自西王母的不死药，是足供夫妻俩都"但服半剂为地仙"的，嫦娥并羿之药窃而服之，单独飞升到月宫去寻找她幸福的乐园去了，所以才给羿遗留下深沉的悲哀："怅然有丧，无以续之。""无以续之"者，含义恐怕是双重的，是兼药物和作为夫妻纽带的最纯真的感情而言。不过这种推想，或许近于穿凿附会，因为战国时代人的思想观念，未必和晋代人的思想观念完全相同。姑且提供出来，供大家研究参考。

五〇　逢蒙杀羿

羿真是古神话中一个最不幸的英雄，他的生涯几乎就是一连串的悲剧。他先是因为"革孽夏民"（解除下方人民的忧患）而"上射十日"，得罪了做十日的父亲的天帝帝俊；后来他的妻子嫦娥又背离了他；现在，又来了这样一个民间传说："逢蒙杀羿"。羿的不幸的一生就这么终结了。

逢蒙杀羿的传说仅见于《孟子·离娄》：

> 逢蒙学射于羿，尽羿之道，思天下惟羿为愈己，于是杀羿。

和其他有关羿的故事一样，这段故事，也曾和有穷后羿的故事搅混在一起。朱熹注《孟子》，就曾这么解释说："羿，有穷后羿也；逢蒙，羿之家众也；羿善射，篡夏自立，后为家众所杀。"完全是主观臆测，毫无根据。《左传·襄公四年》述后羿故事，有"羿犹不悛，将归自田，家众杀而亨（烹）之"这么几句，并未指明家众即是逢蒙。很明显，这里的家众，是一群起义的奴隶，不是单独的个人。逢蒙杀羿和家众杀后羿的情景全不类似。并且，孟轲引此故事，主要的目的是告诫他的学生"取友必端"，不要像羿那样和坏人打交道，结果丧生在坏人的手里。如果逢蒙真是羿的家众，做奴隶主的羿何得与奴隶为"友"？所以《孟子》所记的这个羿，仍当是尧时的羿，而非有穷后羿。不过，这个故事，神话的意味已经很少，只能算是"人话"了。

自从《孟子》记了这段故事之后，羿和逢蒙的射技常相提并论。《荀子·正论》说："羿、蠭（féng）门者，天下之善射者也。"《淮南子·说林篇》说："百发之中，必有羿、逢蒙之巧。"，等等。《世本》（王谟辑本）甚至还说："逢蒙作射。"自然，"射"当然不是从逢蒙才开始"作"的，而言其"作"者，也无非是誉其射技之高罢了。但是，逢蒙的射技仍是从羿那里学来。他"尽羿之道"，可见羿是怎样尽心竭力、将他的全套本领都毫无保留地教给了他的学生。可是逢蒙报答他的老师，却是以血腥的"杀"。逢蒙可谓是既奸险而又残忍了。总之，嫦娥奔月和逢蒙杀羿的神话传说，是曲折地反映了那个人类共同劳动、和睦相处的原始社会逐渐在解体、崩溃，代之而起的是私有观念兴起的阶级社会，所以仙药要独吞，技术要垄断。基本上还是属于原始社会神话人物的英雄羿，不能适应这种社会变革带来的思想意识上的深刻的变化，因而他的悲剧产生了。英雄羿的悲剧究其实质说来乃是社会的悲剧。从原始社会到阶级社会，从社会发展史说来固然也算是一种发展，一种进步，但是人类童年时期的天真无邪却一去不复返了，只留下如马克思所说的神话的"永久的魅力"，还使我们感觉到远古时代青春的脉搏在跃动。

逢蒙杀羿，是采用什么方式杀的呢？《孟子》并未写明。若干年后《淮南子·诠言篇》才说："羿死于桃棓。"许慎注："棓，大杖，以桃木为之，由是以来，鬼畏桃也。"棓就是棒字的古写，"羿死于桃棓"，是说有人用桃木大棒击杀了羿。这击杀羿的人可能是逢蒙，也可能是另一传说中的另一谁何，弄不清楚了。总之，这死于桃棓的羿，当即尧时射日除害的英雄羿，故许慎才有"由是以来，鬼畏桃也"这样的注释。因为羿既生除民害,死了也当为鬼雄,桃棓击羿,鬼乃畏桃,正是顺理成章的逻辑,自无足异。

《淮南子·氾论篇》又说:"羿除天下之害,死而为宗布。"高诱注:"今人室中所祀宗布也。"我们不知道汉末高诱注所谓"今人室中所祀宗布"是什么样的神,刘文典《集解》引孙诒让云:"宗布,疑即《周礼·党正》之祭禜(yǒng),《族师》之祭酺。"郑注云:"禜谓雩禜,水旱之神;酺者为人物灾害之神也。禜禜并攘除栽(灾)害之祭,羿能除害,故托食于彼,义亦正相应也。"大概是的。

从桃棓杀羿和"羿死而为宗布"的传说,使我们联想到后世钟馗捉鬼神话。沈括《补笔谈》说:

> 禁中旧有吴道子画钟馗,卷首有唐人题记曰:明皇开元,讲武骊山,还宫痁(shān)作,将逾月。忽一夕梦二鬼,其小者衣绛犊鼻,屦一足,跣一足,窃太真紫香囊及上玉笛,绕殿而奔。其大者戴帽,衣蓝裳,袒一臂,鞹(kuò)双足,捉其小者,刳目而啖之。上问大鬼曰:"尔何人也?"奏曰:"臣钟馗氏,即武举不捷之士也,誓与陛下除天下之妖孽!"梦觉,痁若顿瘳(chōu),而体益壮。乃召画工吴道子,告之以梦,曰:"试为朕如梦图之。"道子奉旨,恍若有睹,立笔图以进。上大悦,劳之百金,批告天下,于岁暮图钟馗像,以祛邪魅。

沈括在记了这段故事之后,又说:"皇祐中,金陵上元县发一家,乃宋征西将军宗悫(què)母郑夫人墓,夫人汉大司农郑众女也。悫有妹名钟馗。后魏有李钟馗,隋将有乔钟馗、杨钟馗。然则'钟馗'之名,从来远矣,非起于开元之时,开元之时始有此画耳。钟馗字亦作钟葵。"从以上话看来，沈括并不相信钟馗画上唐人题记所述的钟馗故事是实有其事，这是对的，这不过是一段神话传说罢了。"钟馗字亦作钟葵"，正写其实应该作"终葵"。

《考工记·玉人》说："杼上终葵首。"疏云："齐人谓椎曰终葵。"这因为终葵的合音就是椎，椎的析音就是终葵。椎是用来击邪的，古人有名钟葵或钟馗者，不论男女，也是以祛邪除害为义，不知后来此钟馗竟演变成为捉鬼的钟馗了。从其意义上说来，它和桃棓杀羿以及羿"死而为宗布"的神话传说还是有一脉相承之处的。

五一　尧洪水

继"尧之时，十日并出"的传说之后，又传说尧时候发生过一次特大的洪水。《书·尧典》说："汤汤洪水方割，浩浩怀山襄陵。"《山海经·海内经》说："洪水滔天。"就是对这次大洪水的宏观的概略的叙写。到《孟子·滕文公篇》，更把这次大洪水做了具体、细致而生动的描绘：

当尧之时，天下犹未平，洪水横流，泛滥于天下。草木畅茂，禽兽繁殖，五谷不登，禽兽偪人，兽蹄鸟迹之道，交于中国。

当尧之时，水逆行，泛滥于中国。蛇龙居之，民无所定，下者为巢，上者为营窟。

发生了这么大的洪水，可怎么办呢？紧接着前面所引的那段话，《孟子》的作者又说："尧独忧之，举舜而敷治焉。舜使益掌火，益烈山泽而焚之，禽兽逃匿。禹疏九河，瀹（yuè）济漯而注诸海，决汝汉、排淮泗而注之江，然后中国可得而食也。当是时也，禹八年于外，三过其门而不入。"这是说，尧看见洪水为灾，心里忧虑，便举舜去做平治洪水的工作。舜又派遣禹和益两个人，一个去治水，一个便去焚烧山泽，使禽兽逃匿，不能为患，这样就把洪水治理平息了。一切好像都很顺遂，没有经过斗争和波折，就被尧和舜这两个"圣王"（加上他们的臣子禹和益）把事情安排得停停妥妥。其实这全是历史的美化。神话里平治洪水是有大波折和大斗争的。首先是神国出了个叛逆者鲧。鲧是禹的父亲，这个人在下一节中我们要专门讲到他。《孟子》书中没有提到，但在儒家之徒篡改古神话为历史的《书·尧典》里却是提到并把他当作一个反面形象来刻画的。

《书·尧典》说，尧因洪水为灾，忧心如焚，便召集了四岳和在朝的诸侯来，向他们说："我请问你们四岳和众诸侯，如今洪水滔天，侵山灭陵，老百姓都忧愁日子过不了，有谁能去治理洪水，解救人民的痛苦呢？"大家都说："叫鲧去好啦！"尧摇头说："唉，那人恐怕不行吧，他任性乖张，不服从上边的命令，也和众人相处不好。"四岳说："除他以外没有第二个人啦，试试看吧。"尧只好说："那么就让他去试试吧。"于是鲧便被派去治理洪水，一治治了九年，丝毫没有成绩。到舜摄政的时候，终于把他弄到羽山去拘囚起来了事。

这就是《尧典》篡改神话为历史所记叙的鲧的大概情形，和神话里的鲧相比，可说是已经被弄得面目全非了。《孟子》所记叙的禹和益治理洪水的情况也不是神话的本貌，而是历史的美化——虽然美化，但还没有面目全非。唯独鲧，是被篡改得面目全非了，以至受到后来书传连篇累牍地咒骂，这实在是很不公平的，所以我们要在下节中做专门的辨正。

洪水为灾，其实也只是古代的神话传说，这个神话传说是世界性的。世界上许多国家和民族都有洪水神话，它反映了上古时代某个时期由于自然界的大变动，确曾有过一次几乎遍及于全世界的大洪水。这次大洪水究竟发生在何时已经荒远难稽了（丁山《中国古代宗教与神话考·洪水传说》中说是发生在距今五万年到三万五千年的新冰期），所以只能算是神话。甲骨文昔字作 ▨，或 ▨ 从 ▨，从 ▨、▨、▨ 与 ▨ 均象洪水，即古文的 ▨（灾）字，古人大概不忘洪水之灾，才制作了这个 🌊（昔）字，取义于洪水之日的往昔，这真是很有意思的。

但是，古代发生的那次大洪水既然放在"尧之时"的历史的肩架上，于是洪水神话就初步历史化了。大家都相信尧时候真有那么一次大洪水，因而后来又产生了一些属于地方风物性质的神话传说，散见在各种地理类书中，纷纷指眼前实景以为证明：

> 宜都山绝岩壁立数百丈，有一火烬插其岩间，望可长数尺。传云，尧洪水，人泊船此旁，爨（cuàn）余，故曰插灶。（《汉唐地理书抄》辑《袁崧宜都山川记》）

> 宜都夷陵县西八十里有高筐山。古老相传，尧时大水，此山不没，如筐篚，因以为名。（《艺文类聚》卷七引《荆南图制》）

> 覆船山。尧遭洪水，维舟树下，船因覆焉。（《太平御览》卷四四引《十道录》）

> 济州有浮山。故老相传云，尧时大雨，此山浮水上。时有人缆船于岩石间，今犹有断铁锁。（《太平御览》卷七六九引《郡国志》）

> 尧时洪水，于此山作市。在长兴县。（《锦绣万花谷续集》卷一）

> 永嘉南岸有帖石，乃尧之神人以破石椎将入恶溪，道次，置之溪侧，遥望有似张帆，今俗号为张帆溪。与天台山相接。（《太平御览》卷五二引《永嘉志》）

其他地方志中类乎以上所说的，还有一些，就不多引了。从这里可以看出人们对于古代的洪水印象很深，因受历史的影响，口耳相传，指景物以为证，都把它定在"尧之时"了，其实不过是神话中的神话。

五二 神国的叛逆者

神话中古时候的这场大洪水和大洪水的最初平治者都是有明确记载的。《山海经·海内经》说：

> 黄帝生骆明，骆明生白马，白马是为鲧。
> 洪水滔天。鲧窃帝之息壤以堙洪水，不待帝命。帝令祝融杀鲧于羽郊。鲧复生禹。帝乃命禹卒布土以定九州。

两段记叙虽然简短，也较明确，但要讨论的问题仍然很多。首先一个问题是：洪水是谁降下来为祸世人的？《淮南子·本经篇》说："共工振滔洪水，以薄空桑。"似乎滔天洪水，就只为了水神的一怒而振起，问题恐怕没有这样简单。因为洪水泛滥，乃至遍及于九州，即使确实是共工"振滔"起来，共工的身后，必定还有支使他干这"冒天下之大不韪"的事者。这人是谁？曰：上帝。只有上帝的忮（zhī）忿才能使生灵涂炭，民无噍类。《旧约·创世纪》说："耶和华见人在地上罪恶很大，就后悔造人在地上。耶和华说，我要将所造的人和走兽，并昆虫以及空中的飞鸟，都从地上除灭。我要使洪水泛滥在地上，毁灭天下地上有血肉有气息的活物，无一不死。"以彼例此，中国古代神话中洪水泛滥的缘由，想必和这也差不多。那就是：做天帝的黄帝派遣水神共工去"振滔"起来的。

第二个问题。"黄帝生骆明,骆明生白马,白马是为鲧。"鲧当然是黄帝的孙子。但"白马"呢?是鲧的名字叫"白马",还是鲧的神形是白马呢?答曰,自然是鲧的神形是白马,这从语意上可以知道。《大荒北经》说:"黄帝生……弄明,弄明生白犬,白犬有牝牡,是为犬戎。"也与此同例,白马就是白犬。说不定这两个神话同出一源。所以犬戎有神名戎宣王尸,"马状无首",可能是鲧遭刑戮以后的景象。

第三个问题。"鲧窃帝之息壤","帝"自然是黄帝,"息壤"又是什么物事呢?郭璞注:"息壤者,言土自生长无限,故可以塞洪水也。"这条注释简明扼要,使人一看就能懂得。郭璞在注中还引《开筮》(即《归藏·启筮》)说:"滔滔洪水,无所止极,伯鲧乃以息石息壤,以填洪水。"除息壤外又加上了"息石",它的功能想必也和息壤差不多。全仗这类自然生长的神物,积山成堤,才将洪水锁禁起来,叫它没法施展淫威。

第四个问题。"帝令祝融杀鲧于羽郊。"郭璞注:"羽山之郊。"是的,许多古书都说鲧被殛在羽山。但羽山又在什么地方呢?旧说是在东裔。《汉书·地理志》说,羽山在东海郡祝其县南,恐怕是历史的附会,不足凭信。神话传说中的地名,本不可实指。《墨子·尚贤中》说:"昔者伯鲧,帝之元子,废帝之德庸,既乃刑之于羽郊,乃热照无所及也。"孙诒让注释说:"此似言幽囚之,日月所不照。"正是这样:"热照无所及"就是"日照无所及"。而《淮南子·地形篇》说:"烛龙在雁门北,蔽于委羽之山,不见日。"又说:"北方曰积冰,曰委羽。"高诱注:"北方寒冰所积,因以为名;委羽山在北极之阴,不见日也。"从以上所引看来,传说中鲧遭受刑戮的羽山,当即《淮南子》所记的委羽之山。那里的附近,有烛龙常衔一支蜡烛,用来照耀北极的阴暗。又有可怕的幽都山，山上的人和动物全是一片漆黑。我们可以想象羽山的荒凉暗惨，那就是大神鲧为人民牺牲生命的地方。

第五个问题。"鲧复生禹。"是什么意思呢？这并不难于理解，"复"是"腹"的借字，"鲧复生禹"就是鲧腹生禹——从鲧的肚子里生出禹来。《全上古三代秦汉三国六朝文》辑《归藏·启筮篇》说："鲧殛死，三岁不腐；副（剖）之以吴刀，是用出禹。"记叙得很明白，禹确是从被剖开的鲧的肚子里生出来的。这大约是曲折地反映了原始社会从母权制过渡到父权制男人乔装生子的一种叫作"库瓦达"的风习。

此外还有一些其他的问题，留待以后再慢慢研讨。从《山海经》的两段简单朴质的记叙，那个仿佛希腊神话中盗火者普洛米修斯的神国叛逆者的光辉伟大形象，已经兀现在我们的眼前了。人民对于这样一个神话英雄，当然是表示赞美的。不过他们赞美的声音，差不多已经全然被歪曲的历史的诋毁所淹没了。只在屈原《天问》所问的两段有关鲧神话的问题中，还可以看见代表人民意愿的诗人对鲧所持的同情态度：

> 鸱龟曳衔，鲧（gǔn，同"鲧"）何听焉？顺欲成功，帝何刑焉？永遏在羽山，夫何三年不施？伯禹愎鲧，夫何以变化？纂就绪，遂成考功，何续初继业而厥谋不同？
>
> 阻穷西征，岩何越焉？化为黄熊，巫何活焉？咸播秬（jù）黍，莆雚（pú guàn）是营，何由并投而鲧疾修盈？

前段除"鸱龟曳衔"二语外，大体上同于《海内经》所记。此二语似乎是说，鲧听了鸱龟的献计，才去盗取被天帝保藏得很严密的息壤。"曳衔"二字不大好解，或者"衔"当作"衔"，与后文"妖夫曳衔"的"衔"字适互讹。闻一多《楚辞校补》已说"妖夫曳衔"当作"妖夫曳衔"，这是对的，却还未说到"鸱龟曳衔"当作"鸱龟曳衔"。"曳衔"者，照洪兴祖补注解释："曳，牵引也；衔，行且卖也。"那就是说鸱龟互相牵引，衔售其计。鲧听了它们的献计，而去盗取天帝的宝物息壤。言虽不经，神话里每有这类怪事，或者可以作这样理解。

后段的几句话也不大好理解。似乎说鲧在羽山被殛，化为黄熊以后，西越穷山的冈岩，求活于昆仑山的诸巫。这些巫师，是曾经拿不死药把被贰负杀死的窫窳救活转来的。在路上他又"要大家播种黑小米，把芦苇和杂草都铲除开"，以救洪水遗留下的灾荒。鲧爱民如此，何以许多人还要"把鲧恨得这样厉害"（引号中文采自郭沫若《屈原赋今译》）。这也是鲧神话的异闻，然而详细情况究竟如何，已经不可知了。

关于鲧死后的变化，也有一些神话传说。《左传·昭公十七年》说："昔尧殛鲧于羽山，其神化为黄熊，以入于羽渊。"而《国语·晋语八》却说："昔者鲧违帝命，殛之于羽山，化为黄能，以入于羽渊。"究竟是熊还是能呢？而且"能"又是什么呢？韦昭注《国语》说："能，似熊。"那么能就和熊差不多了。而《尔雅·释鱼》却说："鳖三足，能。"这就使我们迷惑起来，不知道所谓"能"者是熊还是鳖。

好在《史记·夏本纪》正义终于来替我们解答了这个疑难。它说："鲧之羽山，化为黄熊，入于羽渊。熊，音乃来反，下三点为三足也。束皙《发蒙记》云：'鳖三足曰熊。'"由此言之，熊者熊字之讹，熊就是能，也就是三足鳖。

然而问题没有这么简单。因为《尔雅·释鱼》只是说："鳖三足，能。"不作熊，《说文》也没有熊字，知道熊是后起的字。徐灏《说文解字注笺》能字下，说是改熊字下体作三点，是"世俗所造"，这是对的。但据《史记》正义引束晳说，则此字至迟在晋时已经有了。那么这个字初本作能，就是《尔雅》所说的三足鳖。后人又在能下加三点以为熊，求符《尔雅》之说。熊字不经见，又讹为熊。是书传所谓鲧化黄熊者，就是化黄能。熊不可以入渊，只有能才可以。但三足鳖的能，也是正统史家篡改神话对于鲧的诬辞，自以古说鲧化黄龙为近正。

《海内经》郭璞注引《开筮》说："鲧死三岁不腐，剖之以吴刀，化为黄龙。"这才是鲧神话的本来面貌。黄龙、黄能，不仅形近易讹，而且篡改起来，也是很容易的。《周礼·夏官·庾人》说："马八尺以上为龙。"鲧原是天上的白马，天马化为龙，在古人的想象中，乃是很自然的事，何况夏民族原以龙为图腾标志——像鲧那样一个神话英雄，哪能甘心化身为懦弱无用的龟鳖之类呢？其为诬辞，当可想见。

至于有的书说鲧化作了玄鱼（是别写"鲼"字的析离），常见玄鱼"扬须振鳞，横修波之上""与蛟龙跳跃而出"（《拾遗记》卷一）。玄鱼虽然不知为何物，但既然和"蛟龙"为侣，想必也该是蛟龙一类的生物了。从这点而论，《拾遗记》的作者，不管他怎样常对古神话做了过分的渲染修饰，其实倒往往能得古神话的遗意的。即此一端，已可略见。

有关鲧的神话，所剩已无多，大约就是上面所述的这些。只是在《吕氏春秋·行论篇》中，还记叙了一段有关鲧神话的异闻：

> 尧以天下让舜，鲧为诸侯，怒于尧曰："得天之道者为帝，得地之道者为三公，今我得地之道，而不以我为三公。"以尧为失论。欲得三公，怒甚猛兽。比兽之角，能以为城；举其尾，能

以为旌。召之不来，彷徉于野以患帝，舜于是殛之于羽山，副之以吴刀。

这段鲧神话的异闻当然也还是历史化了的，对鲧的形象做了很大的歪曲。在这里把鲧描写做一个居功争位的人物，和神话里那不计一身安危敢于盗窃天帝息壤去平治洪水、解除人民痛苦的鲧的性行自然是大相径庭的。但如果拨开历史的尘雾，从中也还是可以见到鲧的鲜明凸出的反抗性格的。所谓鲧"怒甚猛兽"者，其实就是在治理洪水这件事上和天帝做斗争的鲧，愤怒地变化作了一只庞然巨兽。这兽并角可以为城，举尾可以为旌，当他徘徊在原野上为天帝之"患"的时候，连统治宇宙、威严无比的天帝也曾一度拿这神国的叛逆子没有办法。这就是这段历史化神话最后给我们勾勒出的一幅有关鲧的鲜明图像。它在鲧、禹治水神话中，应占有一个适当的地位，而作为整个神话的可贵的补充。

五三　禹承父业

"鲧窃帝之息壤以堙洪水",真有点像希腊神话普罗米修斯盗窃天上火种来赐予人间。二人都是神国的叛逆者,他们所得的结果也大体相同。前者是被天帝派遣火神杀戮在羽山;后者则是被宙斯锁系在奥林匹斯山,叫岩鹰不断飞来啄食心肝,创口旋啄旋合。论牺牲的惨烈,普罗米修斯似乎更甚;而论斗争的精神,则鲧表现得更超过普罗米修斯。因为"鲧死三岁不腐",从他的肚子里竟孕育出能继承他事业的禹来。薪火相传,绵历不绝:神话中的这种幻想真是大胆超特,反映了古代人民向统治者做斗争的不屈不挠的意志。所以神话结末说:"帝乃命禹卒布土以定九州。"简单的记叙里包藏着深厚的含意。大约天帝看见"鲧腹生禹"的景象,也害怕而有所顾忌了:叛逆者假如也有叛逆的道理,那么即使再将禹也杀戮,哪怕不会从禹的肚子里再生出新的叛逆的一代来么?所以只好"命禹卒布土以定九州"。这并不表示天帝的仁慈宽宏,只是表示鲧禹斗争取得的一曲胜利的凯歌。

值得我们注意的是神话中的"布土"两个字。"土"是什么呢?无疑就是鲧从天帝那里窃取来的息壤,经过鲧禹父子坚决的斗争,天帝不得不被迫批准使用它。这就是说,神话中禹以子承父业,平治洪水,主要使用的仍然是息壤这个法宝,去填堵,去堙塞,而非如后来的一些历史家所说,什么鲧用"堙"而禹用"疏",所以鲧失败了,而禹成功了云云,那纯全是神话历史化以后历史家的瞎说。其实古神话中鲧禹父子最初的所作所为完全是一致的。

"兵来将挡，水来土掩。"——这谚语流传在民间大约已相当古老了。以土掩水在一段长时间中始终被认为是治水的妙法，它反映了原始时代生活在一小块一小块土地上各自为政的氏族公社的人民，遇见像洪水这样大的灾难，无计对付，只有出此"下策"的真实情况。甚而幻想中的英雄人物所持的治水宝物也只是能够生长不已、堆积加多的息石息壤，除此以外，似乎就想不出更好的治水办法来了。疏导，这个明智而有效的治水方法的被发现，恐怕是当历史的车轮已进入了阶级社会，有了国家的组织，人们的地域视野扩展了。一方面知道水流东注、归于大海的这个真理，另方面确实也可以组织一些力量，采取一些措施去疏导河川使归于海，因而才发现并肯定了这个方法的。这在较后的鲧禹治水神话里，也有恰当的反映。《楚辞·天问》说：

洪泉极深，何以寘（填）之？地方九则，何以坟之？应龙何画？河海何历？鲧何所营？禹何所成？

这段神话所表现的，就是禹继承父业、继续做平治洪水工作的情况。但他似乎已变得更聪明了，他已经采取了"堙""疏"并施的方法而不专注于"堙"了。"洪泉极深，何以寘之"，王逸注："言洪水渊泉极深，大禹何用寘（填）塞而平之乎。"洪兴祖补注："《淮南》曰：'凡洪水渊薮自三百仞以上二亿三万三千五百五十有九渊，禹乃以息土填洪水以为名山。'"这就是"堙"。"应龙何画，河海何历"王逸注："禹治洪水时，有神龙以尾画地，导水所注，当决者因而治之也。"洪兴祖补注："《山海经图》云，夏禹治水，有应龙以尾画地，即水泉流通。"这就是"疏"。神话的发展演变，禹已经采取"两条腿走路"

的方针了,而以息壤堙洪水的古法,终于未废。

晋王嘉《拾遗记》卷一说:

> 禹尽力沟洫,导川夷岳,黄龙曳尾于前,玄龟负青泥于后。

这段记叙较之《天问》虽然又晚了七八百年,看来禹治水的格局还是未变。"黄龙曳尾于前",当然就是"应龙何画"了。"玄龟负青泥于后"呢,虽然作者后文说什么:"玄龟,河精之使者也。禹所穿凿之处,皆以青泥封记其所,使玄龟印其上。今人聚土为界,此其遗象也。"其实解释得麻烦啰唆,终于不得要领。我看作者所记假如还是本诸当时的某些民间传说,则玄龟所负青泥,实在便应是息壤,所以才有"今人聚土为界"的"遗象"。"聚土为界"者,当初原本就该是拿息壤去堙洪水、生长不已而加高起来的"名山"啊!作者写此,连他自己也忘乎所以了。

从以上所说看来,神话中禹承父业平治洪水主要还是用堙而不是用疏,后来才堙疏并用,到了讲述他纯用疏导治水的时候,已是唐宋而后的晚近之世的事了。

五四　禹逐共工

我们在前面说过，共工这个神话英雄，在《淮南子·天文篇》记叙的"怒触不周山"神话里，他是以一个正面的形象而出现的。他原是炎帝系统的人物，他和黄帝系统的颛顼所做的斗争，应该算是黄、炎斗争的一部分，是黄、炎斗争的余绪。他虽然看来仍以失败告终，但因触山的结果，改天换地，打破了旧世界的格局，所以仍算得上是一个"胜利的英雄"（毛泽东《渔家傲·反第一次大"围剿"》按语）。

但是，到了禹治水的神话里，共工和禹的斗争，虽也仍可说是黄、炎斗争的余绪，由于他所与斗争的对象不同，他就不得不由正面形象而走向反面了。神话传说的流传演变，是可能出现这样的情况的。《荀子·成相篇》说："禹有功，抑下鸿，辟除民害逐共工。"《议兵篇》也说："禹伐共工。"都决定了作为反面形象的共工所处的地位。

《绎史》卷三引《归藏》说："共工人面蛇身朱发。"一个威猛的天神形象如在目前。到《神异经·西北荒经》，却这么说："西北荒有人焉，人面朱发，蛇身人手足，而食五谷禽兽，贪恶愚顽，名曰共工。"则确定了他是一个恶神。

"共工振滔洪水"，便是他的一大罪状。虽然他后面可能还有主使他干这件事的天帝，但是禹为了要平治洪水，首要的任务还是不能不全力以赴地来对付这个凶恶的捣乱者。禹和共工之战，想必是一场大战。但是古书的记载却很简略。《荀子》虽然一再提到"禹逐共工""禹伐共工",究竟怎样"逐",怎样"伐",却是语焉而不详。《山海经·大荒西经》说:"西北海外,大荒之隅,有禹攻共工国山。"郭璞注:"言攻其国,杀其臣相柳于此山。"恐怕一也只是臆说,不大可信。因为从《山海经》两段有关禹杀相柳(相繇)的记叙看来,都像是洪水已平、但还有余患未尽时的事,不像是洪水方兴、力歼强敌时的事,不能将二者混为一谈。所以"禹攻共工"的这一段神话,其详细情节,到底还是佚亡了。现在只有"禹杀相柳"的两段记载,还比较详细地保存着:

> 共工之臣曰相柳氏,九首,以食于九山。相柳之所抵,厥为泽谿。禹杀相柳,其血腥,不可以树五谷种。禹厥(掘)之,三仞三沮。乃以为众帝之台,在昆仑之北,柔利之东。相柳者,九首人面,蛇身而青。不敢北射,畏共工之台。台在其东。台四方,隅有一蛇,虎色。首冲南方。(《海外北经》)

> 共工之臣名曰相繇,九首蛇身,自环,食于九土。其所歍(ǒu,同"呕")所尼,即为源泽。不辛乃苦,百兽莫能处。禹湮洪水,杀相繇。其血腥臭,不可生谷;其地多水,不可居也。禹湮之,三仞三沮。乃以为池,群帝因是以为台,在昆仑之北。(《大荒北经》)

神话中共工和他的臣子相柳(相繇)确实是紧密联系在一起的。因为在禹杀相柳那个地方之东,就有"共工之台",连射箭的人都"不敢北射",为的是惧怕"共工之台"共工的威灵。《山海经》作这样叙写的,只有黄帝的"轩辕之丘"才可以和它相比拟。《海外西经》说:"穷山在其北,不敢西射,畏轩辕之丘。在轩辕国北。其丘方,四蛇相绕。"可见在古神话中，共工虽然作为禹的对手而出现，但其声威却是和黄帝相等的。他并不是不堪一击或一击即溃的敌人，但是正面叙写禹和共工斗争的这段神话，终于是佚亡不可得见了。

但在《国语·鲁语》里，却又保存了这么一个神话片段："昔禹致群神于会稽之山，防风氏后至，禹杀而戮之，其骨节专车。"这个神话片段，一方面表现了禹的神性，另方面也显示出了禹所召集的那个"群神会"的威风凛凛的气势。巨人防风氏违反了禹的约束禁令，禹就把他"杀而戮之"，以至他的一节骨头，都需要专车运载。后来贺循的《会稽记》（鲁迅《会稽郡故书杂集》辑）还这么说："防风氏身长三丈，刑者不及，乃筑高塘临之，故曰刑塘。"更是写得活灵活现，好像真有其事。可是我们要问："禹致群神于会稽之山"，目的安在呢？古书并无直接的解答。后来袁康、吴平的《越绝书·外传记地》却这么说："禹始也，忧民救水，到大越，上茅山大会计，爵有德，封有功，更名茅山曰会稽。"似乎禹到会稽大会群神是为了"忧民救水"。如果真是这样，那么禹会群神和对付共工便应该是大有关系了。没有群神的助力，要去"攻""伐""逐"，那么豪强的水神共工，恐怕是绝难办到的。但《外传记地》却又说什么"爵有德、封有功"，又好像是治水大功告成，召集了群神去论功行赏似的。记叙得相当含混矛盾。论情理，既然是"忧民救水"，"上茅山"去"大会计"，一下子自然还说不上"爵有德，封有功"的。如果真是"爵有德，封有功"，防风后至，功成不居，正是他"大树将军"、谦逊美德的表现，何至于因此而竟遭杀戮呢。所谓"爵有德、封有功"者，或者已是会稽山的第二次群神会了。那时已是治水功成，故始有"爵""封"之赏。第一次当即是为了对付凶恶的兴起洪水灾害的共工，防风怠惰后至（说不定与共工还存在着某些联系），所以遭戮。

这样解释，就比较近情理了。《外传记地》把它们混而为一，因此扞格难通。

共工确实也有一些实力雄厚的臣僚和儿子。"九首人面蛇身"的相柳氏是"共工之臣"不用说了，他还有一个臣子名叫浮游的，"其色赤，其言善笑，其行善顾。其状如熊，常为天下祟"（《玉函山房辑佚书》辑《古文琐语》），自然也很厉害。不过《荀子·解蔽篇》又说："浮游作矢。"那么他也还有点创造发明上的贡献。此外又传说"共工氏有不才子，以冬至日死，为厉，畏赤豆，故作赤豆粥以禳之"（《路史·后纪二》注引《岁时记》）；又传说"共工之子曰脩，好远游，舟车所至，足迹所达，靡不穷览，故祀以为祖神"（《风俗通义》卷八）：足见共工的队伍也是相当强大的。

最使人吃惊的，是共工的儿子们中，居然有后土这样一个大人物。《国语·鲁语》说："共工氏之伯九有也，其子曰后土，能平九土，故祀以为社。"《左传·昭公二十九年》也说："共工有子曰句龙，为后土。……后土为社。"两部书的说法都是一致的。再证以《山海经·海内经》所说："共工生后土。"后土是共工的儿子更无疑了。他们都是炎帝系统的人物。然而在五方帝神话中，后土又是黄帝的属神，是幽都的统治者，由此也可见到神话传说的演变无定。所以共工的队伍虽是强大，但队伍中的每一个成员却也不是铁板一块、凝固不变的。

五五　助禹治水的诸神

治理洪水是一件极大的功业。在神话中所说用息壤去"堙"洪水的那个时代，不论是鲧或是禹，都未闻有什么神人对他们进行帮助。但是到了禹治洪水的后期，即传说他是"堙""疏"并举的时候，便开始有神人来帮助他了；到他专主于"疏"的时候，来帮助他的神人显得就更要多些。现在我们就把助禹治水的诸神分别提出来谈谈。

首先一个是应龙。《楚辞·天问》说："应龙何画？河海何历？"王逸注："禹治洪水时，有神龙以尾画地，导水所注，当决者因而治之也。"不错，应龙所做的工作正是如此。但应龙不仅仅是条"龙之有翼者"（《山海经·大荒东经》郭璞注）的"神龙"，他还是个神人。在黄帝和蚩尤的战争中，"应龙已杀蚩尤，又杀夸父"（《大荒北经》），他是立了大功的。这回大约仍是奉了黄帝之命，来帮助禹平治洪水，既"堙"复"疏"，收效益宏，当然更是功上加功了。至于是否还负有其他特殊使命，例如像"监军"性质那样的任务，因古神话的缺佚，就不可详知了。

其次是河伯。河伯多行不义，但在助禹治水这件事上，似乎表现还好。《尸子》（辑本）卷下说："禹理水，观于河，见白面长人鱼身出，曰：'吾河精也。'授禹河图，而还于渊中。"这个自称"河精"的"白面长人鱼身"是谁呢？《博物志·异闻》来揭穿了这个谜底："禹理水，观于河，见长人鱼身出，曰：'吾河精。'盖河伯也。"是的，禹在河上所见的这个怪人正是河伯。而所谓"河图",当非"河图、洛书"那类属于谶纬迷信性质的"河图",应即是治河的地图,禹所需要的正是这种宝贵的东西。河伯献给禹治河的地图,就是他助禹治水的具体表现。

再其次是伏羲。《拾遗记》卷一说:

> 禹凿龙关之山,亦谓之龙门,至一空岩,深数十里,幽暗不可复行。禹乃负火而进。有兽状如豕,衔夜明之珠,其光如烛。又有青犬,行吠于前。禹计可十里,迷于昼夜。既觉渐明,见向来豕犬,变为人形,皆着玄衣。又见一神,蛇身人面,禹因与语。神即示禹八卦之图,列于金版之上。又有八神侍侧。禹曰:"华胥生圣子,是汝耶?"答曰:"华胥是九河神女,以生余也。"乃探玉简授禹,长一尺二寸,以合十二时之数,使度量天地。禹即持此玉简,以平定水土。蛇身之神,即羲皇也。

《北堂书抄》卷一五八引《王子年拾遗记》"禹乃负火而入"下,作"有黑蛇长十丈,头有角,衔夜明之珠,以导于禹",或者较近于古。后人也许见了后面所说的"羲皇"即伏羲也是"蛇身人面",和前面的"黑蛇"重复,所以才改"黑蛇"为"豕犬"。殊不知"蛇身人面"的"羲皇"的卫从,正应该也是蛇类才对,改为"豕犬",虽然华赡一些,却是于义无取。至于伏羲"探玉简授禹,使度量天地,以平定水土"云云,我看或者就是《大荒东经》所记的禹使"竖亥把筭""步自东极至于西极"神话的演化。"竖亥把筭",是度量大地;"玉简授禹",是"度量天地","天地"其实就是大地,只不过筭在这里变成了玉简罢了。传说伏羲兄妹,尝遭洪水的灾祸,则回想创痛,推己及人，赠禹玉简助其治水，也是合乎情理的事。

还有就是瑶姬。瑶姬助禹治水，我们在前面"炎帝诸女"节中已经讲过了，这里就不再多赘。

再有就有奇相。奇相本身的神话开始也较早。三国魏张揖著的《广雅·释天》已说："江神谓之奇相。"郭璞《江赋》也说："奇相得道而宅神，乃协灵爽于湘娥。"至于奇相如何"得道"，则始见于宋张唐英的《蜀梼杌》。大意说奇相因为盗窃了黄帝的玄珠，沉江而死，才化为此神的。此神，就是江渎庙神。唐李泰《括地志》（《汉唐地理书钞》辑）说："江渎祠在成都县南八里。"说得似乎有根有据。清张澍《蜀典》卷二"奇相"条引《一统志》引《山海经》说："神生汶川，马首龙身，禹导江，神实佐之。"查今本《山海经》并无此文，也不像是《山海经》的文字，当是他书文字的误记，总之表示有此一说罢了。奇相如果真的曾佐禹治水，那么她所窃自黄帝的玄珠，必然会起到在治水方面的相当作用的。

还有就是黄牛神。宋陆游《入蜀记》说："晚次黄牛庙，山复高峻。其下即无义滩，乱石塞中流，望之可畏。传云，神佐禹治水有功，故食于此。"范成大《吴船录》也说："黄牛峡上有沼川庙，黄牛之神也，亦云助禹疏川者。庙皆大峰峻壁，壁有黄迹如牛，上一墨迹如人牵之，云此其神也。"黄牛神助禹治水的神话大约是宋以后才流传起来的。石岩上人牛迹象，自然是古已有之的了。《水经注·江水》说："黄牛山最外高岩间，有石，色如人负刀牵牛，人黑牛黄，成就分明。"并引当时《行者谣》说："朝发黄牛，暮宿黄牛，三朝三暮，黄牛如故。"丝毫没有提到关于黄牛的神话。虽然《广博物志》卷一四引诸葛亮《黄陵庙记》，已经琐细记叙写到了黄牛神助禹治水神话，但此文据考证，实系南宋以后人的伪托，不足为凭。不过仅就陆、范二人的记叙而言，此一来自民间的传说，也可算是相当早的了。

除上所说助禹治水的诸神而外，还有作为禹的同僚而出现的契和益。他们原本也是神，是东方殷民族的始祖神，后来历史化而为尧舜的臣子，才成了禹的同僚的。关于契佐禹治水，我们在"始祖的诞生"节里已经讲过，益也在前面略讲了一些，以后还要讲，现在就不多说了。

五六　无支祁

禹治水神话中，擒伏水怪无支祁的神话，是一段很奇特的神话。这段神话不见于他书，仅见于《太平广记》卷四六七"李汤"条引《戎幕闲谈》中。小说大意说，唐代宗永泰年间李汤做楚州刺史，闻人见龟山下水中有大铁锁，乃以一牛曳出之。霎时风涛大作，有一兽形如猿猴，高五丈许，白首长鬐，雪牙金爪，闯然上岸，张目若电，顾视人群，欲发狂怒。观者畏而奔走，兽亦徐徐引锁曳牛入水去，竟不复出。当时李汤及楚州知名之士，皆错愕不知其由。其后李公佐访古东吴，泛洞庭，登包山，入灵洞，探仙书，得《古岳渎经》第八卷，乃知其故。下面就是《古岳渎经》所记禹擒水怪无支祁的神话：

禹理水，三至桐柏山，惊风走雷，石号木鸣，土伯拥川，天老肃兵，功不能兴。

禹怒，召集百灵，授命夔龙，桐柏等山君长稽首请命。禹因囚鸿蒙氏、商章氏、兜卢氏、犁娄氏，乃获淮涡水神名无支祁。善应对言语，辨江淮之浅深，原隰之远近。形若猿猴，缩鼻高额，青躯白首，金目雪牙，颈伸百尺，力逾九象，搏击腾踔疾奔，闻视不可久。

禹授之童律，不能制；授之乌木由，不能制；授之庚辰，能制。鸱脾桓胡木魅水灵山祇石怪奔号聚绕，以数千载，庚辰以戟逐去。

颈锁大索，鼻穿金铃，徙淮阴之龟山足下，俾淮水永安流注海也。

看得出来，这段神话不过是因为《书·禹贡》有"（禹）导淮自桐柏"一语，又根据后面我们就要讲到的当时民间相传的金牛神话，就幻设虚构，敷衍出这么一段文字出来。真如明胡应麟所说"文人作意好奇，假小说以寄笔端"（《少室山房笔丛》卷三六）。但是这一神话，后来竟流被民间，演为僧伽或泗州大圣降伏无支祁或水母的神话。以至朱熹《楚辞辩证》尝斥之为俚说，罗泌《路史》有《无支祁辩》，亦力辩降伏无支祁的是禹而非僧伽：屡劳学者纠弹，可见其影响之大。其后吴昌龄杂剧《西游记》写孙行者，有"巫支祁是他姊妹"语，吴承恩著小说《西游记》，更把无支祁的神变奋迅的状貌来移之于孙悟空。于是孙悟空神话逐渐昌盛起来，而禹伏无支祁神话便慢慢堙昧了。

和李公佐同时的李肇（二人都是唐宪宗元和年间人）著的《唐国史补》中，也有"淮水无支奇"这么一条，说："楚州有渔人，忽于淮中钓得古铁锁，挽之不绝，以告官。刺史李阳大集人力引之。锁穷，有青狝猴跃出水，复没而逝。后有验《山海经》云：'水兽好为害，禹锁之军山之下，其名曰无支奇。'"这条简短的记事，看得出来，其实就是隐括《戎幕闲谈》"李汤"条整段文字而成。"刺史李阳"，当然就是"李汤"；所谓"《山海经》"，自然也就是"《古岳渎经》"：所以无支祁神话，还应该是李公佐独家的创造发明，并不是真有什么《山海经》的记叙。

神话虽是出于文人的虚构，但它的前半段，也有近世民间传说的凭依。六朝宋刘义庆《幽明录》（《古小说钩沈》辑）说：

巴丘自金冈以上二十里，名黄金潭，莫测其深。上有濑，亦名黄金濑。古有钓于此潭，获一金锁，引之，遂满一船。有金牛出，声貌莽壮。钓人被骇，牛因奋勇跃而还潭。锁乃将尽，钓人以刀斫得数尺。潭濑因此取名。

刘敬叔《异苑》卷二载之而文较简，只说："晋康帝建元中，有渔父垂钓，得一金锁，引锁尽，见金牛，急挽出，生断，犹得锁，长二尺。"考二刘同时，或所记即系根据同一民间传说。自此而下，有关金牛神话，记载络绎不绝。例如顾野王《舆地志》（《汉唐地理书钞》辑）记的储潭，说尝有渔者钓于此潭，得金锁索长数百丈，忽一物随锁而来，形似水牛，眼赤，角白，见人惊走，渔人补刀断得数尺；刘欣期《交州记》（《太平御览》卷六四四引）记的居风山，说有一妪在山麓行田，见金牛出食，斫得鼻锁，长丈余，等等。这些无疑都是《戎幕闲谈》所写李汤引形若猿猴的异兽出水事的根据。至于为何所传异兽或作牛形，或是猴身，则又应当上溯到古代有关夔的神话去。

《山海经·大荒东经》说："东海中有流波山，入海七千里。其上有兽，状如牛，苍身而无角，一足，出入水则必风雨。其光如日月，其声如雷，其名曰夔（kuí）。"而韦昭注《国语·鲁语》却说："夔一足，越人谓之山獟（sāo），人面猴身能言。"知道古代传说的夔兼具牛、猴二形，故得以演变为渔人所钓的金牛和禹所擒的无支祁。李公佐所虚构的这段禹擒水怪神话，既然上有根据，下有影响，它在中间自然就牢固地占据了一个应有的位置，我们也只好将它当作神话发展演变中的一个环节而予以考察研究了。

五七　涂山氏

禹治水神话的一部分，随着时代的进展，大约也随着他治水工作的深入民间，渐渐播而为传说。作为天神的禹的身上，便逐渐产生了一些关于家庭、恋爱、婚姻等的故事。

古神话说："鲧腹生禹。"禹是从他父亲鲧的肚子里生出来的，出生地是在鲧遭杀戮的羽山，那里是"热（日）照无有及"的地方。但是后来传述的带有人话气味的神话却不这么说了，却说是："鲧娶于有莘氏之女，年壮未孳（zī，生育），嬉于砥山，得薏苡而吞之，意若为人所感，剖胁而产高密。家于西羌，地曰石纽，石纽蜀西川也。"（《吴越春秋·越王无余外传》）"高密"是禹的称号，因为据说禹曾封在高密这个地方。这里禹有了一个叫"女嬉"的母亲了。女嬉《世本》作女志，又作修己。《太平御览》卷四引《遁甲开山图荣氏解》作女狄，说"女狄暮汲石纽山下，泉中得月精如鸡子，爱而含之，不觉吞，遂有娠，十四月，生夏禹"。和前面所述又略有不同。总之，后来的禹诞生神话已经没有先前那种严酷的气氛，而代之以和平环境里的温暖和诗意了。

禹不但有正规的家庭出身，而且还有和一般人相似的恋爱和婚姻。《楚辞·天问》说："禹之力献功，降省下土方，焉得彼嵞（tú，同"涂"）山女而通之于台桑？闵妃匹合，厥身是继，胡为嗜不同味而快朝饲？"郭沫若《屈原赋今译》译作："夏禹尽力治水，是天叫他来观看下方的情景,怎么找到涂山氏女子,在台桑和她通淫?相怜相爱而成配偶,是为生儿育女以延后嗣,为什么彼此的嗜好不同,而只图一时的安逸?"译文大体上是能表达出原诗的精神的。禹和涂山氏姑娘的恋爱,或当属于人神恋爱性质(因诗中有"降省下土方"语),这原是神话中经常遇到的,本无可厚非。但是《天问》作者对禹选择的"螽山女"这个具体对象,却有一些隐约表示不满的言辞。"胡为嗜不同味而快朝饱"就是作者对禹表示的最大不满。只因这位涂山姑娘和禹的志趣有根本不同,以致后来两人之间矛盾重重,终以仳离。作者对禹的择偶不当是以一种叹惋的心情发而为诗中所问的。

关于禹和涂山氏女的恋爱、婚姻到后来仳离的神话传说,秦汉古籍,多记有之。

《吕氏春秋·音初篇》说:"禹行水,见涂山之女,禹未之遇而巡省南土。涂山之女乃令其妾候禹于涂山之阳。女乃作歌,歌曰:'候人兮猗!'实始作为南音。"这是禹遇涂山女的开始,也可说是两人的初恋——从记叙看来,确有点风光旖旎、情意缠绵的味儿。

《吴越春秋·越王无余外传》说:"禹三十未娶,行到涂山,恐时之暮,失其制度。乃辞云:'吾娶也,必有应矣。'乃有九尾白狐造于禹。禹曰:'白者吾之服也;其九尾者,王者之证也。涂山之歌曰:"绥绥白狐,九尾庞庞(máng)。我家嘉夷,来宾为王。成家成室,我造彼昌。天人之际,于兹则行。"明矣哉!'禹因娶涂山,谓之女娇。"这是禹和涂山氏结婚前后的经过。文中所说"九尾白狐造于禹",九尾狐所象征的,乃是"子孙繁息"(《白虎通·封禅篇》)。汉代石刻画像和砖画中,常以之列于西王母的左右,也是祈望子孙众多的意思,并不是什么"王者之证"。禹和涂山女结婚和"王者之证"有什么相干呢?作者记此一段民间传说却把九尾狐的含义弄错了。

《水经注·涑水》说："安邑，禹都也。禹娶涂山女，思恋本国，筑台以望之。今城南门，台基犹存。"安邑所筑台，又叫夏禹台，或叫青台。虽是较后的传说，但从中也可见到禹和涂山氏女的"嗜不同味"也已经有了一些萌芽了。

《楚辞·天问》洪兴祖补注引《淮南子》（今本无）说："禹治鸿水，通轘（huàn）辕山，化为熊。谓涂山氏曰：'欲饷，闻鼓声乃来。'禹跳石，误中鼓。涂山氏往，见禹方作熊，惭而去。至嵩高山下，化为石。方生启，禹曰：'归我子！'石破北方而启生。""嗜不同味"发展到如这个神话故事所写的情景，禹和涂山氏终于只好以决裂而收场了。

这个神话故事，《绎史》卷一二引《随巢子》也记有之，无跳石中鼓事，其余大体相同。化熊化石，表现得这么朴野天真，确该是先秦时代就有的民间传说。而"跳石中鼓"，更有意思。固然，跳有踏的意思。扬雄《方言》卷一说："踏（古踏字）、蹈（yáo）、跗（fù），跳也。"跳石似可直接解释作踏石。但具体用在禹的身上，却不能作这样简单的解释。《荀子·非相》说："禹跳，汤偏。"高亨释云："跳、偏皆足跛也。"这种解释是对的，跳和偏都是病名，就是半身不遂的风湿麻木，表现出来的病象就是足跛。《广博物志》卷二五引《帝王世纪》说："世传禹病偏枯，步不相过，至今巫称禹步是也。"禹因治水而病足跛，当他化熊开山的时候，还作这种状态，因而才有"跳石中鼓"的事情发生，这就是禹之所以为禹。而涂山氏呢，却是"见禹方作熊，惭而去"，这个"惭"字就说明了问题的症结。她是"惭"，不是"惧"。照普通的情况论，应该是一见就"惧"才对，但她却只是"惭"。那就是说，她早知道禹为了治水，不惜变化作奇形怪状的动物模样，以凿山开路，导江疏河——这对于一个"王者"的禹说来，未免太失身份了，故尔她"惭"。并且可能还非止一遭，而是"惭"之已屡，因此她才在这一遭撞见时，不顾一切，拔腿就跑。禹追她到嵩高山脚下，见她已化为石，完全不理他了，才情不自禁，喊了一声："归我子"（大约就是为了如《天问》所说的"厥身是继"吧），于是石人朝北方破开肚子，生出禹的儿子启来。启之所以名启，就有开的意思。禹和启都是剖腹而生，好像是家传。但是石人生启的情景确显得禹夫妇俩的感情非常别扭生硬，已经到了决裂的程度，和涂山氏作"候人兮猗"歌辞时的情景比较起来，真可说是相去天渊了。《天问》所问"胡为嗜不同味而快朝饲"，对禹择偶不当虽有微词，但从"跳石中鼓"这样的神话传说看来，也毕竟没有掩却禹治水辛勤、忘我劳动的光辉啊。

五八　禹游历九州万国

禹为了平治洪水，传说他曾经游历过九州土地和天下万国。汉刘秀［即刘向的儿子刘歆（xīn）］《上〈山海经〉表》就曾说："昔洪水洋溢，漫衍中国，民人失据。鲧既无功，帝尧使禹继之。禹乃乘四载，随山刊木，定高山大川，四岳佐之，逮人迹之所希至，及四海之外，绝域之国，殊类之人。禹别九州，任土作贡，而益等类物善恶，著《山海经》。"禹、益著《山海经》的说法，现在看来自然是站不住足、荒唐可笑的；但是说禹为了治水而游历九州万国，却是自然的推理，可以把它当作禹神话的一部分。其实早在两百多年以前，《吕氏春秋·求人篇》已经这么具体地叙写到了：

> 禹东至榑木之地，日出九津青羌之野，攒树之所，㧈（mǐn）天之山，鸟谷青丘之乡；黑齿之国；南至交趾、孙朴、续樠（mán）之国，丹粟漆树，沸水漂漂九阳之山，羽人、裸民之处，不死之乡；西至三危之国，巫山之下，吸露饮气之民，积金之山，其肱、一臂三面之乡；北至令正之国，夏晦之穷，夸父之野，禺疆之所，积水积石之山，不有懈惰，忧其黔首，颜色鬑黑，窍藏不通，步不相过，以求贤人，欲尽地利，至劳也。

从以上所写，使我们知道禹确实游历过许多荒远的地方，其中包括一些神话传说中的国家，如黑齿国、羽人（民）国、其（奇）肱国、一臂三面国等。但是，《吕氏春秋》的作者却把禹之所以去到这些荒远的地方，说做是"以求贤人"，那就只是为了符合论文的意思，有点不近情理了。不管从哪方面说，禹决不单只是为了"求贤"，而不辞辛劳地东西南北地远涉殊方邈域之地去的。他到这些地方去，首要的工作必然还是为了治理洪水。他在治理洪水的过程中，又随时留心访求贤人，这样于情于理，才说得过去。刘秀《上〈山海经〉表》虽然写得没有《吕氏春秋》那样具体，但他把禹去"四海之外、绝域之国"归结为治理洪水却是正确的。其实《求人篇》所说"欲尽地利"，就包括治理洪水这层意思在内了；所说"（禹）颜色黧黑，窍藏不通，步不相过"，也正如他书所说，是禹治理洪水得下的病症。

　　禹游历海外各国，《战国策·赵策》已说："禹袒入裸国。"《吕氏春秋·贵因篇》也说："禹之裸国，裸入衣出，因也。"这当然不过是为了说明"入境问俗"所举的一个例证，然而从中也能看出先秦时代的人们是承认禹因治水，曾游历海外各国的。《列子·汤问篇》有一段记叙，说得更是明确。"禹之治水土也，迷而失途，谬之一国，其国名曰终北。"这个国家，真有意思："无风霜雨露，不生鸟兽虫鱼草木之类"，什么也没有，却出产一种叫作"神瀵（fèn，水由地下喷出漫溢）"的食品。这食品其实只是一种饮料，是从山顶涌出的一股水泉，"臭过兰椒，味过醪醴"，均匀地流布到全国，一国的人都拿它来既当饮料，又当食品，吃了自然不饥不渴。"男女缘水而居，不耕不稼，百年而死，不夭不病。其俗好音，相携而迭谣，终日不辍音"。他们的生活就是这种光景。这自然是小生产者在阶级斗争剧烈时代感到无出路时幻想中的乌托邦。战国时期老庄"小国寡民""无为而治"的主张就代表这种思想。《列子》书虽是伪托，它的思想还是和老庄思想一脉相承的，因而书中所描写的禹所"谬之"的国就无形中染上道家的色彩了。但除去这些哲学化的尘氛，从这个仙乡乐土的国度中，确实也可看出一些没有阶级、没有剥削和压迫的原始共产主义社会的影子。

除此而外，还有《山海经·海外南经》所记的贯匈（胸）国即穿胸国，据说也是禹的游踪经历之地。《海外南经》只是简单叙写了此国"其为人匈（胸）有窍"，却未写明此国的来源和胸有窍的原因。到《博物志·外国》，才将这段颇有意思的神话补充叙写出来："穿胸国。昔禹平天下，会诸侯会稽之野，防风氏后到，杀之。夏德之盛，二龙降之。禹使范成光御之，行域外，既周而还。至南海，经防风。防风之二臣，以涂山之戮，见禹使，怒而射之。迅风雷雨，二龙升去。二臣恐，自贯其心而死。禹哀之，乃拔其刃，疗以不死之草，是为穿胸国。"原来此国的形成，和禹还有这么一段渊源。那么说禹为了治水，便道游历海外各国，更是在情理中了。

禹所游历的诸国，非异形即异禀，差不多都是奇形怪状、禀赋特殊的。这种神话，会不会给人以一种民族歧视的印象呢？答曰：不会的。这不过表现了古代人们幼稚的世界观，把根据口耳传闻的海外的不经之谈，加以幻想，夸张地描写记录下来，本来意图当作地理教科书的，实际上却只好算是神话了。其中一部分又和原来的神话相结合（如讙头国传说是丹朱的后代、贯胸国传说是防风氏的后代），更是成了新神话。这些神话虽然把殊方异域的人设想为奇形异状或具有特殊禀赋的族类，但看来却只是表明古代人们对于广大世界的一种迫切的求知欲望，而并不具有很多民族歧视的偏见。证据之一就是：这些异形异禀的人，往往据说都是我们的老祖宗——某个古帝——传下来的子孙。这就给人以一种开朗的、"一视同仁""民胞物与"的亲切的感觉，而不是狭隘拒闭的民族歧视，它和后世民族歧视的谰言应当是有严格区别的。就从《山海经》朴质的文字的叙写中我们也只能得出这一种印象而不能得出其他，故这一部分基本上是健康有趣的"远国异人"（刘秀《上〈山海经〉表》语）神话，自然应该归入我们总的神话宝库而不应该除外。在下面各节中，我们就把这些国家来大略谈谈。

五九　大人国和小人国

　　一切神话传说中的国家，最使人感到兴趣的，莫过于大人国和小人国了。因为形体的夸张，不论大小，总是容易从自身得到丰富的联想、不假外求的。十八世纪英国作家史惠夫特就曾以此为题，写了一部趣味横生的游记体小说《格里弗游记》，使我们至今对它有着深刻的印象，也就是这个道理。

　　《山海经》好几处地方都记到大人国。《海外东经》说："大人国在其北，为人大，坐而削船。一曰在䂫（jiē）丘北。"郝懿行云："削当读若稍，削船谓操舟也。"那么图画就是这么画着：一个大人坐在那里划船。《大荒东经》说："东海之外，有波谷山者，有大人之市，名曰大人之堂。有一大人踆其上，张其两臂。"图画画着一个大人蹲在形状像堂室的平坦的山顶上张开他的两只手臂。《大荒北经》说："有人名曰大人。有大人之国，釐姓，黍食。有大青蛇，黄头，食麈（zhǔ）。"从这条记叙使我们知道大人国姓釐，和守封禺之山的汪罔氏之君防风氏姓同（见《史记·孔子世家》），说不定即是防风氏的后裔北迁而为此国的。而《博物志二外国》却说："大人国，其人孕三十六年，其儿则长大，能行云雨而不能走，盖龙类。去会稽四万六千里。""龙类"之说，或从龙伯国大人之说而来，有以异乎《山海经》所记的大人国，其地望在中国的东南方。《博物志·异人》又说："龙伯国人，长三十丈，生万八千岁而死；大秦国人，长十丈；中秦国人,长一丈;临洮人,长三丈五尺。"他们都是大人国的大人,连身体的尺寸都替他们丈量出来了。

《国语·鲁语》说:"防风,汪芒氏之君也;在虞、夏、商,为汪芒氏,于周为长狄,今为大人。僬(jiāo)侥氏长三尺,短之至也;长者不过十之,数之极也。""大人"之名见诸载籍的始此。"长者不过十之"者,是说大人的身量十倍于"长三尺"的僬侥氏,就是长三丈,那也就"长"得有点惊人了。无怪防风被杀,他的一节骨头,要用整部车子去运载。防风以后的大人要算长狄。《春秋·文公十一年》谷梁传说:"长狄也,兄弟三人,佚宕中国,瓦石不能害。叔孙得臣最善射者也,射其目,身横九亩;断其首而载之,眉见于轼。""骨节专车"和"眉见于轼"真是无独有偶,可以先后比美,情景都相差不多——那么长狄又俨然是当年禹所诛戮的防风了。

神话中天堂也有大人,《楚辞·招魂》说:"魂兮归来,君无上天些。……一夫九首,拔木九千些。"——这就是。地府也有大人。"魂兮归来,君无下此幽都些。土伯九约,其角觺觺(yí)些。敦脄(méi)血拇,逐人駓駓(pī)些。参目虎首,其身若牛些。"——这就是。而《神异经·东南荒经》写的那对"并高千里"、因"导开河川,懒不用意,谪之,并立东南,男露其势,女露其牝"的朴父夫妇,又使上面所说天堂地府的大人都相形见绌了。而大人的鼻祖,确还要推《列子·汤问篇》所记的龙伯国大人。诚如此书的编纂整理者张湛在注中所说:"以高下三万里山而一鳌头之所戴,而此六鳌复为一约之所引,龙伯之人能并而负之,又钻其骨以卜计,则此人之形当百余万里,鲲鹏方之,犹蚊蚋蚤虱耳。""并高千里"的朴父夫妇又算什么呢。

从龙伯国大人回转头来让我们来看看小人国的小人,就更有意思了。《山海经·大荒南经》说:"有小人,名菌人。"《大荒东经》说:

"有小人国，名靖人。"菌人、靖人，可能都是侏儒的音转，就是《海外南经》所记的周饶、焦侥。《海外南经》说："周饶国在其东，其为人短小，冠带。一曰，焦侥国在三首东。"《国语·鲁语》说："僬侥氏长三尺，短之至也。"这是小人国人的法定身量。而郭璞注《海外南经》引《诗含神雾》却说："从中州以东四十万里，得焦侥国民，一长尺五寸。"便给减去了一半。而《神异经·西荒经》说："西海之外有鹄（hú）国，男女皆长七寸。"较之《诗含神雾》所说焦侥国民，又减去一半。而《洞冥记》卷二说："勒毕国人，长三寸。"较之鹄国，又减去了一半还有多。小人国人身量发展演变的趋势，都是愈缩愈短：这大约就是神话之所以为神话的缘故吧。

《史记·大宛传》正义引《括地志》说："小人国在大秦南，人才三尺，短之至也。其耕稼之时，惧鹤所食，大秦卫助之。即焦侥国，其人穴居也。"又给小人国神话增添了新的内容。《法苑珠林》卷八引《外国图》说："僬侥国人长尺六寸，迎风则偃，背风则伏，眉目具足，但野宿。"把他们那种"弱不禁风"的光景，描写得尤其生动。

神话中还有这种有趣的情景，竟可以把小人当做药物来服食。《神异经·西荒经》说："西北荒中有小人，长一分，其君朱衣玄冠，乘骆车马，引为威仪。居人遇其车，抓而食之，其味辛，终年不为物所咋，并识万物名字。"《抱朴子·仙药篇》也说："行山中见小人乘车马，长七八寸，捉取服之，即仙矣。"就是这类药物。

传说中也有把这类小人状态的仙药，从动物变成植物的。《述异记》卷上说："大食王国，在西海中。有一方石，石上多树干，赤叶青枝。上总生小儿，长六七寸，见人皆笑，动其手足，头着树枝，使摘一枝，小儿便死。"吴承恩《西游记》第二十四、二十五回写猪八戒、孙悟空盗食五庄观的人参果，那人参果的形态性状，大约便是取自

《述异记》的这段叙写。

小人国中最小的小人,无过《庄子·则阳篇》所写"触蛮之争"里的触氏和蛮氏了。《则阳篇》说:"有国于蜗之左角者曰触氏,有国于蜗之右角者曰蛮氏。时相与争地而战,伏尸数万,逐北旬有五日而后反。"这种小人之小,笔墨恐难形容,只能用想象来加以模拟了。正如《列子·汤问》所记龙伯国大人之大,要用想象来加以推想一样。自然我们可以说"触蛮之争"不过是庄周的寓言,但"龙伯钓鳌"何尝不是《列子》的寓言,我们又何能厚彼薄此。寓言固然都是寓言,不过我们可以设想它们都是有某些古神话的凭依,再经哲学家们于论证他们哲学题旨时一番渲染夸饰,就成为这种大小相差何止天壤的、教我们即使在想象中也会感到目眩神移的状态了。

六〇　长寿国

大人和小人，传说中这些身体发育异常的人类，似乎又是和长寿的观念联系着的。例如上节所说的那个鹄国，《神异经·西荒经》就这么记叙着："西海之外，有鹄国焉，男女皆长七寸，为人自然有礼，好经纶拜跪。其人皆寿三百岁。其行如飞，日行千里，百物不敢犯之。唯畏海鹄，遇辄吞之，亦寿三百岁。此人在鹄腹中不死，而鹄一举千里。"鹄国小人"寿三百岁"并不足奇，奇的是吞了这种小人的海鹄"亦寿三百岁"，而且此人"日行千里"，海鹄也"一举千里"：仿佛这种小人的特殊质素，即使经过海鹄肠胃的消化，也能起到相同的特殊作用似的。而龙伯国大人，"长三十丈，生万八千岁而死"（《博物志·异人》）；陀移国小人，"长三尺，寿万岁"（《初学记》卷十九引《拾遗记》），鹄国小人的"寿三百岁"比起这些人来，自然又像小巫见大巫，算不得什么了。

说到长寿，在海外许多奇异国家当中，有好些国家就是属于长寿或不死的。

例如东方海外的君子国，就是长寿国家中著名的一个。《山海经·海外东经》说："君子国在其北，衣冠带剑，食兽，使二文虎在旁。有薰华草，朝生夕死。一曰在肝榆之尸北。"《说文》四说："东夷从大，大，人也；夷俗仁，仁者寿，有君子、不死之国。"以不死国和君子国同列，可见君子国人的长寿。而《博物志·外国》却说："君子国人，衣冠带剑，使两虎；民衣野丝，好礼让不争。土千里，多薰华之草。民多疾风气，故人不蕃息；好让，故为君子国。"所说又似恰和《说文》相反，大约也是传闻不同而异辞的缘故吧。《说文》在前，似乎还是应从《说文》。

西方海外的长寿国则有轩辕国。《海外西经》说："轩辕之国在此穷山之际，其不寿者八百岁。在女子国北。人面蛇身，尾交首上。"《大荒西经》也说："有轩辕之国。江山之南栖为吉。不寿者乃八百岁。"我们知道轩辕是黄帝的号，那么轩辕国就应该是黄帝子孙相聚而成国的。古天神多人面蛇身，这里说轩辕国人人面蛇身，固是神子的容态，宜乎这些人会是"不寿者乃八百岁"——相当于人类中寿命最长的彭祖的年岁了。

轩辕国不远有白民国。《海外西经》说："白民之国在龙鱼北，白身被发。有乘黄，其状如狐，其背上有角，乘之寿二千岁。"白民国出产这种异兽，自然此国的人都是寿长二千岁的了。《周书·王会篇》说："白民乘黄。乘黄者，似麒，背有肉角。"与此略异。然见于《周书》，亦可知其传说之早。

西方海外，还有个和白民国大致相仿的国家，就是奇肱国的文马。《海外西经》说："奇肱之国在其（一臂国）北，其人一臂三目，有阴有阳。乘文马。"郭璞注："文马，即吉良也。"吉良又作吉量。《海内北经》说："（犬戎国）有文马，缟身朱鬣（liè），目若黄金，名曰吉量，乘之寿千岁。"这也就是奇肱国人所乘的文马吉良。照此说来，奇肱国和犬戎国都是长寿的国家了。

关于奇肱国，郭璞注中还介绍了一段有趣的神话传说。说"其人善为机巧，以取百禽；能作飞车，从风远行。汤时得之于豫州界中，即坏之，不以示人。后十年，东风至，复作遣之。"这段记叙又大同小异地见于《博物志·外国》。他们原来是飞车的创造发明者。不过推情度理,该作"奇股国"才是。《淮南子·地形篇》正作奇股国。由于只有一只足,痛感行路维艰,所以才有创造飞车、翱翔云天的想望;正维两只手都不缺,所以才"善为机巧",制作了飞车;因而作"奇股"胜于作"奇肱"。

有的国家,不但是长寿,而且简直就是长生不死,例如南方海外,就有不死民的部族。《海外南经》说:"不死民在其东,其为人黑色,寿,不死。"郭璞注:"有员丘山,上有不死树,食之乃寿;亦有赤泉,饮之不老。"陶潜《读山海经》诗说:"赤泉给我饮,员邱足我粮,方与三辰游,寿考岂渠央。"便是指此而言。这些人所以不死,原来是有这样美妙的食品和饮料啊。

西方的荒野,则有氐(dī)人国和三面一臂国,都是长寿或不死的国家。《大荒西经》说:"有人焉三面,是颛顼之子,三面一臂,三面之人不死。"叙写得很是明白,无烦多说。《大荒西经》又说:"有氐人之国。炎帝之孙灵恝(jiá),灵恝生氐人,是能上下于天。"郭璞注:"言能乘云雨也。"按《海内南经》说:"氐人国在建木西,其为人人面而鱼身,无足。"即此国。这些人面鱼身的怪人,既有本领能乘云雨而"上下于天",看光景即非不死,寿命也是很长的。

长生不死的国家中,最使人感到兴趣的,要算西北海外的无启国了。《海外北经》说:"无启之国在长股东,为人无启。""无启",就是"无继",也就是没有后嗣的意思。既然没有后嗣,怎么还能成为国家呢?幸亏郭璞的注释来替我们解答了这个疑问。郭璞注说:"其人穴居,食土,无男女,死即薶(埋)之。其心不朽,百廿岁,乃复更生。"原来这些怪人"其心不朽",死了还可以复活。像这样活了又死，死了又活，等于永远不死，所以无需后嗣。《大荒北经》说："无继民食气鱼。"郝懿行笺疏："食气鱼者，此人食气兼食鱼也。"无继民就是无启国民，原来此国的人还有"食气"的本领。"食气者神明而寿"（《大戴礼·易本命篇》），怪不得他们"其心不朽"，能够死了又活。

六一　异形国和异禀国

《山海经》所记殊方异域的国，大抵非异形即异禀。形就是形体，禀就是禀赋，或形体禀赋兼异的往往也有之，如前节所说的氐人国、奇肱国（或奇股国）就是。为了讲述方便，现在大致把他们分为异形和异禀两大类，择要地讲一讲。先讲异形。

异形的国家据《海外南经》所记，有结胸国，"为人结胸"，大约就是鸡胸，是《史记》称秦始皇"为人挚鸟膺"的那种状态；交胫国"为人交胫"，走路时腿足弯曲，交叉而行；歧舌国郭璞注说"其人舌皆歧"，那么就是说舌头是分了叉的，此国《淮南子·地形训》作反舌国，那就是舌根生在前面，舌尖倒向喉咙，"语不可知而自相晓"（高诱注）；三首国"一身三首"；长臂国"捕鱼水中，两手各操一鱼"。《海内南经》还记了一个很奇特的异形国家——枭阳国："其为人人面长唇，黑身有毛，反踵，见人则笑，左手操管。"这国的人的图像就是如此。他们所以"操管"者，《文选·吴都赋》刘逵注引《异物志》说："枭羊善食人，大口，其初得人，喜笑，则唇上覆额（额），移时而食之。人因为筒贯于臂上，待执人，即抽手从筒中出，凿其唇于额（额）而得擒之。""管"就是"筒"，他手上所握的只是一个空竹筒，他已经被骗而就擒了。枭阳或枭羊《海内经》又写作赣巨人，实际上是一种狒狒类的野兽，《山海经》的作者错把它们当作国族看待了。

《海外东经》所记，有黑齿国"为人黑齿"；玄股国"髀以下尽黑"（郭璞注）；雨师妾"为人黑身人面"，"左耳有青蛇，右耳有赤蛇"，"两手各操一蛇"或"各操一龟"，这些介乎人神之间的怪人，大约是一个部族；毛民国"为人身生毛"。

《海外北经》所记，有跂踵国"为人两足皆支"，郭璞注："其人行，足跟不着地也"；拘瘿（yǐng）国"一手把瘿"，走路时一只手常扶着颈脖上的大瘤子；夸父国"其为人大，右手操青蛇，左手操赤蛇"，这也是介乎人神之间的国民，他们大约就是那追日的夸父和与蚩尤同抗黄帝的夸父的子孙相聚于此而成国的；聂耳国"使两文虎，为人两手聂其耳"，走路时须用两手捧着搭在肩头上荡来荡去的大耳朵；无肠国"为人长而无肠"；柔利国"为人一手一脚，反膝，曲足居上"，全身简直像是没有骨头；一目国"一目中其面而居"，一只眼睛长在脸的正当中，这种奇怪可怕的模样，《大荒北经》又叫它作"鬼国"。

《海外西经》所记的异形国家不多，只有两三个。首先一个是长股国，又叫长脚国。"长脚人常负长臂人入海中捕鱼"（郭璞注），就是在这个国家所见到的奇趣的景象；其次是一臂国，一臂国"一臂、一目、一鼻孔，有黄马虎文，一目而一手"，这个国家的人只能算是半体人，连马也只有半爿（pán）身子；还有便是三身国，其人"一首而三身"。

异禀的国家《海外南经》所记头一个是羽民国，"为人长头，身生羽"，郭璞注："能飞不能远，卵生，画似仙人也。""卵生"就决定了他们不仅形体异常，而且禀赋也异常。附近又有卵民国，"其民皆生卵"（《大荒南经》），恐怕也是羽民国一类的国家。其次是讙头国或讙朱国，"为人人面有翼，鸟喙，方捕鱼"，他们是丹朱的子孙相聚于此而成国的。再其次是厌火国,"兽身黑色,生火出其口中",能从口里吐火,说明其国人禀赋实在异常。再其次是载国,"其为人黄,能操弓射蛇"。他们是帝舜的后代,又叫巫载民,他们所住的"载"这个地方,物产丰富,得天独厚,"不绩不经服也,不稼不穑食也。爰有歌舞之鸟,鸾鸟自歌,凤鸟自舞。爰有百兽,相群爰处。百谷所聚"(《大荒南经》):真是人间少有的乐园。再其次是贯胸国,"为人胸有窍",他们的来历我们在前面已经讲过了。

《海外东经》所记的异禀国头一个是青丘国。这个国家本来形禀似乎都没有什么奇特处,唯"其狐四足九尾"。《南山经》说它"能食人",《大荒南经》郭璞注说它"太平则出而为瑞",却是有些奇特。禹所遇见于涂山后来和涂山女结了婚的就是这种怪兽。其次是劳民国,"其为人黑","正理躁扰不定"(《淮南子·地形篇》高诱注),这就是他们禀赋异常的表现。其次是司幽国,"司幽生思士,不妻;司女,不夫",郭璞注:"言其人直思而气通,魄合而生子,此《庄子》所谓'白鶂(yì)相视,眸子不运而风化'之类也。"真是奇妙得很,两个集团的男女只要用眼睛互相瞧瞧,就能怀孕生出儿子来。

北方的异禀国家《海内北经》记了个姑射国,说它"属列姑射"。《列子·黄帝篇》说:"列姑射在海河洲中,山上有神人焉,吸风饮露,不食五谷,心如渊泉,形如处女。"看来姑射国就是这些"神人"(实即仙人)所居住的国家。此国实际当在东方海外,《山海经》文有错简,把它列到北方海外去了。其次《大荒北经》记了个犬戎国,说他们是黄帝子孙中一对"有牝牡"的白犬传下来的后代,大约便是后来传述的盘瓠神话的雏形,我们在前面"盘古与盘瓠"节中已经讲过了。

《海外西经》所记异禀国头一个是肃慎国。"有树名雄常,圣人代立，于此取衣"。郭璞注："其俗无衣服，中国有圣帝代立者，则此木生皮可以为衣也。"虽是奇特，对少数民族却含有侮辱的性质，应是神话的糟粕。其次是沃民国。《大荒西经》说："有沃之国，沃民是处；沃之野，凤皇卵是食，甘露是饮。爰有甘华、甘柤、白柳、视肉、三骓、璇瑰、瑶碧、白木、琅玕、白丹、青丹。多银铁。鸾鸟自歌，凤鸟是舞。"沃民所居的地方，也是一个人间的乐园。其次是女子国。"两女子居，水周之。"图像所画便是如此。郭璞注："有黄池，妇人入浴，出即怀妊矣；若生男子，三岁辄死。"所以此国永远只能是女子国。其次是巫咸国，是一群巫师组成的国家。"左手操青蛇，右手操赤蛇，在登葆山，群巫所从上下也。""上下"就是"上下于天"，做宣神旨、达民情的工作的意思。再其次是丈夫国，"为人衣冠带剑"，和君子国人的仪表风度相差不多。郭璞注："殷帝太戊遣王孟采药，从西王母至此，绝粮，不能进。食木实，衣木皮。终身无妻，而生二子，从形中出，其父即死，是为丈夫民。"不但说明了此国的来历，还说明了此国人传宗接代的妙法，是名副其实的异禀国。此外，《大荒西经》还记了一个寿麻国，是大神南岳传下的子孙后代。这国的人禀赋是"正立无景，疾呼无响"；所住的地方是"爰有大暑，不可以往"：也真可算是一个奇特的国家。

六二　神性英雄的堕落

传说中的启是夏代开国的国君,他本是神和人间的女儿所生的儿子,因而在他的身上,表现出充分的神性。《山海经·海外西经》说:

> 大运山高三百仞,在灭蒙鸟北。大乐之野,夏后启于此儛(wǔ)《九代》,乘两龙,云盖三层。左手操翳,右手操环,佩玉璜。在大运山北。一曰大遗之野。

大同小异的记录,又见于《大荒西经》:

> 西南海之外,赤水之南,流沙之西,有人珥两青蛇,乘两龙,名曰夏后开(即夏后启,汉景帝名启,汉人避讳改)。开上三嫔(宾)于天,得《九辩》与《九歌》以下。此天穆之野,高二千仞,开焉得始歌《九招》。

"歌《九招》"就是"儛《九代》",《九招》和《九代》都是乐舞的名称。从其歌而言之,叫作《九招》;从其舞而言之,叫作《九代》:其实是一回事体。《大荒西经》记录得更详细些。它记录了启三次上天去做宾客,从天廷得到《九辩》和《九歌》两支乐曲到凡间来。"开焉得始歌《九招》"者,意思是说,启把天乐《九辩》和《九歌》来改造制作一番，成为《九招》这支人间的新乐，所以说"始歌《九招》"，或者"(始)儛《九代》"。

不用说记录中所描写的启的那种华贵雍容的姿态，几乎就是一个神人的光景；单拿他"三嫔（宾）于天"这件事来说，也充分表现出了他的神性。启宾天这件事在中国神话中是很著名的，各书多有记叙。屈原《天问》说："启棘（亟）宾商（帝），《九辩》《九歌》。"《离骚》说："启《九辩》与《九歌》兮，夏康娱以自纵。"《玉函山房辑佚书》辑《归藏·郑母经》说："昔者夏后启筮乘飞龙而登于天，而枚占于皋陶，陶曰：'吉。'"《大荒西经》郭璞注引《归藏·启筮》说："不可窃《辩》与《九歌》以国于下。"两段文字合起来看，就是《大荒西经》记叙的主要内容了。不过《大荒西经》说是"得《九辩》与《九歌》"，《归藏·启筮》却说是"窃《辩》与《九歌》"。究竟是"得"还是"窃"呢？据我们看，说是"窃"，似乎更符合古神话的本貌一些。

何以这样说呢？《太平御览》卷八二引《史记》说："昔夏后启筮乘飞龙以登于天，占于皋陶。皋陶曰：'吉而必同，与神交通，以身为帝，以王四乡。'"这里所引的《史记》云者，或当也是《归藏》旧文。据此文所记，大约是启初承禹位，很想奋振有为，想乘飞龙登天，到天帝那里去请求教益，所以皋陶的占辞，才有那四句大加称许的话语。可是后来几度登天（"三宾于天"），听到天乐《九辩》《九歌》，不禁心荡神移，便把它们默记，"窃"了下来，改造制作而为《九招》或《九代》，从此不恤国事，日以酒食声色自娱。窃得的天乐就成了他主要助欢的工具，神性英雄的启就这样慢慢地堕落了。

《墨子·非乐篇》对启的堕落生活有很好的叙写：

启乃淫溢康乐，野于饮食，将将锽锽，筦磬以方。湛浊于酒，渝食于野，万舞翼翼，章闻于天，天用弗式。

这就是《离骚》所说"启《九辩》与《九歌》兮，夏康娱以自纵"的具体情景。"野于饮食""湛浊于酒"等，都是常见的胡行非为，用不着说它了，只说"万舞翼翼"。"万舞"是什么呢？"万舞"原来是一种模仿蝎形的独足跳舞，多用之于祭祀高禖（《诗·閟(bì)宫》："万舞洋洋"），其内容是表现男女欢爱情状的。启用"万舞"，由此可见说他"淫溢康乐"确非过论。所以当他的过恶"章闻于天"的时候，"天用弗式"，连天都弃他而不顾了。《天问》所说"死分竟地"、《离骚》所说"五子用失乎家巷"，就是他所得的报应。

关于启的淫纵，诸书所记，并无异辞，唯独儒家孟轲的说法有些两样。《孟子·万章篇》说："启贤，能敬承继禹之道"，故能"继世以有天下"。《史记·夏本纪》本诸《孟子》，也说："禹子启贤，天下属意焉。"这两部书在中国的影响是相当大的，因而"启贤"之说便取得了统治地位而几乎成为定论，乃至有人（清代的惠栋、江声）据此以怀疑《墨子·非乐篇》所说的"启乃淫溢康乐"。认为"启乃"当作"启子"，还振振有词地诘问："启是贤王，何至淫溢？"其实都是囿于自己所见不广，而又受了儒家之徒颠倒篡乱历史以宣传他们主张的欺骗的。

启虽然因为淫佚败德，未足称贤，《山海经·海内南经》却还记了一段启的贤臣孟涂"司神于巴"的神话："夏后启之臣曰孟涂，是司神于巴。巴人讼于孟涂之所，其衣有血者执之，是请生。居山上，在丹山西。"郭璞注"是请生"说："言好生也。"大约是说孟涂断狱，明察公平，有好生之德。其实这种传说，也不过是如像皋陶神羊触邪、帝尧屈佚指佞之类，表明在生产水平低下、认识事物能力也较低的古代人们，对于辨别善恶是非有着极大的渴望与追求罢了。而统治者也正好利用人们这种近于宗教的迷信心理来遂行其统治。断狱要凭血见于衣，或神羊的抵触以定罪，从它的反面看，也就说明在古代社会，无辜被冤的人实在未免较为普遍了。

六三　益与启的斗争

益，这也是一位神性英雄，史传上一般称他为伯益。有关他的最古的神话现在几乎已经见不到什么了，但是从历史的记叙或篡改神话为历史的记叙中还能看出一点影子。例如《史记·秦本纪》就记载了这么一段故事：

> 秦之先，帝颛顼之苗裔孙，曰女修。女修织，玄鸟陨卵，生子大业。大业取少典之子曰女华，女华生大费，与禹平水土。已成，帝赐玄珪。禹受曰："非予能成，亦大费为辅。"帝舜曰："咨尔费，赞禹功，其赐尔皂游。尔后嗣将大出。"乃妻之姚姓之玉女，大费拜受。佐舜调驯鸟兽，鸟兽多驯服。是为柏翳，舜赐姓嬴氏。

这里所说的柏翳，其实就是伯益，他是曾经帮助大禹平治过水土的。但他主要的功业，还在于"调驯鸟兽"。《孟子·滕文公篇》所谓"舜使益掌火，益烈山泽而焚之，禽兽逃匿"，无非便是"调驯鸟兽"的变文。

益为什么有"调驯鸟兽"的本领？因为他原是天上的神鸟燕子，神话化又成了凤凰。天上地下的草木鸟兽都归他管理，他无异就是百禽百兽的王，所以他有本领"调驯鸟兽"。《汉书·地理志》说："伯益知禽兽。"《后汉书·蔡邕传》说："（伯益）综声于鸟语。"他是神话传说中最早一个能懂禽言兽语的人，无怪他对"调驯鸟兽"这件工作是那么胜任愉快了。《水经注·洛水》还说,九山东山际九山庙"有百虫将军显灵碑,碑云:'将军姓伊氏,字隤敳（tuí ái）,高阳氏之第二子伯益者也。'","百虫将军"这个民间封号更把他"调驯鸟兽"的神职形容描写得具体而生动。

益除了有"调驯鸟兽"的本领而外,传说还有一些可贵的创造发明。《吕氏春秋·勿躬篇》说:"后益作占岁。"这也不难解释:因为燕子秋去春来,知道季候的变迁,所以说他"作占岁"。《勿躬篇》又说:"伯益作井。"因为燕子近人而居,知道水泉之所在,故说他"作井"。所以益的创造发明表面上看来只是属于人事范围的普通事物,究其实际仍是变相的神话。至于《淮南子·本经篇》说:"伯益作井而龙登玄云,神栖昆仑。"高诱注:"伯益佐舜初作井,凿而求水,龙知将决川谷,漉陂池,恐见害,故登云而去,栖其神于昆仑之山。"那又可说是称颂"伯益作井",夸饰过分,近于穿凿了。

有关益的神话,大略便是如上所述。其余则是历史传说的片断记载,涉及益与启间的政治斗争。大约有两种不同的说法。"尧舜举贤,禹独与子"（《淮南子·齐俗篇》高诱注）;"益干启位,启杀之"（《古本竹书纪年》辑本）:这是一说。"禹授益而以启为吏,及老,而以启为不足任天下,传之益也,启与支党攻益而夺之天下"（《战国策·燕策一》）:这又是一说。而诗人的同情,则并不在启而在益。屈原《天问》说:"启代益作后,卒然离蠥（niè）,何启惟忧而能拘是达？皆归射鞠（jū）而无害厥躬,何后益作革而禹播降？"词句晦昧,文意难晓。郭沫若《屈原赋今译》译这几句诗的大意说:"夏启代替伯益做了国王,而终于杀死了伯益,从失意的情况中,启为什么又能转入得意？未行征诛,同受禅让,为何伯益失败,夏禹繁昌？"据此,则以后面一种说法为近正:益的被杀,实在是启干益位,而非"益干启位"。

然而儒家之徒的孟轲在篡改神话传说为历史的时候，对益启间的严重的政治斗争却解释得非常圆滑巧妙。在《孟子·万章篇》里，他也是承认禹是传贤不传子的，但是，"天与贤则贤，天与子则子"，无法违反"天命"。你看，"禹荐益于天"，禹是有意要传贤了，但是，"七年，禹崩，三年之丧毕，益避禹之子于箕山之阴，朝觐讼狱者，不之益而之启，曰：'吾君之子也。'讴歌者，不讴歌益而讴歌启，曰：'吾君之子也。'"这样一来，启自然便被拥戴做了国王，一向靠边站的益自然就垮台了。这是"天命"，有什么办法呢？在"天命"的幌子下，一切都是这么顺顺当当，迎刃而解，什么"益干启位"啊，什么"启与支党攻益而夺之天下"啊，一切的矛盾斗争都没有了，都被取消了。世间上竟有这种奇怪的事吗？这不过是儒家之徒在做篡改工作的时候，为了美化历史而闭着眼睛说瞎话罢了。

益被启杀，启登上国君宝座以后，情况又是怎样呢？《越绝书·吴内传》说："夏启献牺于益。启者，禹之子，益与禹俱臣于舜，舜传之禹，荐益而封之百里。禹崩，启立，（益）晓知王事，达于君臣之义。益死之后，启岁善牺牲以祠之。经曰：夏启善牺文圣，此之谓也。"这自然是后世历史化的传说，对启特多饰词。果如所说，也无非表现启在杀了益之后，内心感到不安，又要减轻众人的"腹诽"，因而有此"猫哭老鼠，假慈悲"之举，对被杀的益，又能起到什么作用呢？

最后还是《离骚》的几句诗，把启的一生概括得很好："启《九辩》与《九歌》兮，夏康娱以自纵；不顾难以图后兮，五子用失乎家巷。"闻一多《楚辞校补》说，家巷就是家哄，也就是内讧的意思。由于启的"康娱自纵""不顾难以图后"，启闭上眼睛不久，他的五个儿子就闹起内乱来了，以致给有穷后羿以可乘之机，"因民弗忍，距于河"（《书·五子之歌》），后来终于夺去了夏家的天下。

六四　有穷后羿

有穷后羿，是传说中夏代的一个英雄人物。这个英雄，出身草泽，勃然而兴，奄然而逝，有点像后来的西楚霸王项羽。但项羽是历史人物，后羿虽然也被安排在历史的肩架上，却实实在在是个传说人物，以至经常和神话中的射日英雄羿混淆起来。直到晋代皇甫谧作《帝王世纪》，才勉强替后羿清理出一个家世渊源：

> 帝羿有穷氏，未闻其姓何先，帝喾以上，世掌射正。至喾，赐以彤弓素矢，封之于鉏，为帝司射，历虞夏。羿学射于吉甫，其臂长，故以善射闻。（《史记·夏本纪》正义引）

帝喾赐羿"彤弓素矢"，当然就是《山海经·海内经》"帝俊赐羿彤弓素矰"的变文，本来是神话，又演变成了历史，于是神话中射日除害的英雄羿，便定为是后羿的祖先了。因而在后羿的身上，常有浓厚的神话传说的意味。

例如《路史·后纪十三·夷羿传》说："夷羿有穷氏，五岁得法于山中，传楚狐父之道。"注引《括地象》说："羿五岁，父母与之入山，处之木下，以待蝉鸣。还欲取之，而群蝉俱鸣，遂捐而去。羿为山间所养，年二十，习于弓矢。仰天叹曰：'我将射四方，矢至吾门止。'因捍即射，矢靡地，截草径，至羿之门，乃随矢去。"这就具有相当神话的意味。羿发誓要寻找到他的故家,一箭射去,箭落在地上,居然"截草径",一直往前窜,直窜到自己的家门——这不是神话是什么?

后羿回到故家,父母似乎已经双亡了,所以根据另一处材料,有"每食糜,则余一杯"(《北堂书抄》卷一四四引《括地图》)的记叙。"食糜余一杯"者,无非是表示他对他死去的父母不尽的哀思罢了。

后羿壮年时期,大约是在四方浪游。《文选·鲍明远〈拟古〉》注引《帝王世纪》说:"帝羿有穷氏与吴贺北游,贺使羿射雀。羿曰:'生之乎?杀之乎?'贺曰:'射其左目。'羿引弓射之,误中右目。羿仰首而愧,终身不忘。"可能便是属于这段时期的一个插曲。这一方面表现了后羿射技的高强,另方面也表现了他力求上进的谦逊美德。在这些片断的材料里,可以看出后羿确可算是古代神话传说中的一个英雄人物。

但是,有关他的传说,又常和射日英雄羿的神话搅混在一起。即搅混在一起,又历史化而为历史,呈现出一种相当复杂的情况。例如《左传·昭公二十八年》所记叙的这么一段:

> 昔有仍氏生女,鬓黑而甚美,名曰玄妻。乐正后夔取之,生伯封,实有豕心,贪惏无餍,忿颣无期,谓之封豕。有穷后羿灭之,夔是以不祀。

我们知道,夔在古神话中,原是东海流波山的一头怪兽,历史化以后,就成了尧舜时代的乐官"乐正后夔"了。封豕就是射日英雄羿所射的封豕,有的书写作"封狶"或"封豨",即大野猪,现在却成了乐正后夔和他的老婆玄妻共同生的"实有豕心"的儿子伯封了。伯封给有穷后羿灭掉,以至造成夔断绝子孙的痛苦。你看,这不是既把羿的神话和后羿的传说搅混在一起,同时又把它变作后羿的历史吗?

说到后羿的历史,《左传·襄公四年》有一段完整的记叙,把有穷氏的兴亡说得比较详细:

> 昔夏之方衰也,后羿自鉏迁于穷石,因夏民以代夏政。恃其射也,不修民事,而淫于原兽。弃武罗、伯因、熊髡(kūn)、尨圉(máng yǔ),而用寒浞。寒浞(zhuó),伯明氏之谗子弟也,伯明后寒弃之,夷羿收之,信而使之,以为己相。浞行媚于内,而施赂于外,愚弄其民,而虞羿于田,树之诈慝(tè),以取其国家,外内咸服。羿犹不悛,将归自田,家众杀而亨(烹)之。以食其子,其子不忍食诸,死于穷门。靡奔有鬲氏。浞因羿室,生浇及豷(yì),恃其谗慝诈伪,而不德于民,使浇用师,灭斟灌及斟寻氏,处浇于过,处豷于戈。靡自有鬲氏收二国之烬,以灭浞而立少康。少康灭浇于过,后杼灭豷于戈,有穷氏遂亡。

这是一幅悲剧性的波澜壮阔的历史图卷,其基本材料当然无非还是由传说组成。英雄后羿只因"恃其射也,不修民事,而淫于原兽",结果被一个小人寒浞所谋算而弄到杀身亡国。屈原在他的诗篇《天问》和《离骚》里于此都有记叙。《天问》说:"浞娶纯狐,眩妻爱谋,何羿之射革而交吞揆之?"又说:"惟浇在户,何求于嫂,何少康逐犬而颠陨厥首?女歧缝裳而馆同爰止,何颠易厥首而亲以逢殆?浇(原作汤,据闻一多《楚辞校补》改)谋易旅,何以厚之?覆舟斟寻,何道取之?"《离骚》说:"羿淫游以佚田兮,又好射夫封狐;固乱流其鲜终兮,浞又贪夫厥家。浇身被服强圉兮,纵欲而不忍;日康娱而自忘兮,厥首用夫颠陨。"这些记叙,都可以和《左传》的记叙互相发明,自然,又加上了一些作者所闻的民间传说。但由于是以文学的咏叹样式写出,只能略知其大意,至于具体情况,则终不可得而详了。

例如二诗中提到的浇这个人物,似乎就是个传奇色彩浓厚、值得研究的人物。据《左传》,浇是"因弈室"所生,自然要算是寒浞的儿子,但从浇的气质和行迹看,又多和后羿相似,又何尝不可疑为是后羿的遗腹子。此值得研究者一。从《天问》"少康逐犬""女歧缝裳""覆舟斟寻"等句看,似乎浇在斟寻打了一个大败仗,乃至于"覆舟";后来文被少康设计用女色引诱,终于砍下了他的脑袋——"颠陨厥首"。事奇难晓,此值得研究者二。《离骚》说:"浇身被服强圉兮。"闻一多《楚辞校补》说:"余考先世盖尝传浇始作甲。《吕氏春秋·勿躬篇》曰:'大桡作甲子。'盖即浇作甲之传讹。"据闻说,"浇身被服强圉(yǔ)",就是说他身被坚甲。是否如此,此值得研究者三。

《论语·宪问》说:"羿善射,奡(ào)荡舟,俱不得其死然。"所说羿,即有穷后羿;奡,即浞之子浇,"荡舟",言其力能陆地行舟,注释明白,没有疑义。《琱(diāo)玉集·壮力篇》又根据唐代的民间传说,把浇来作了一番通俗化的描写:"奡(奡,浇)乃夏时多力人也,能于陆地牵大舟而行,手拔大树,推倒城墙,时人无有敬(敌)者。"虽说如此,然而其人有勇无谋,品德败坏,所以终于"颠陨厥首""不得其死"——这也可以作为后世军阀式的"武夫蛮貊"人物的儆惩了。

六五　孔甲畜龙

孔甲是传说中夏代末年的一个国君,他是以一个暴君的形象登上神话舞台的。《吕氏春秋·音初篇》记述了一段他作《破斧之歌》的故事,已把这个暴君的形象初步勾画出来了。大意说,某次他带着随从到东阳贲(bèi)山去打猎,遇见刮大风,天昏地暗。孔甲入一民家避风,正遇这家人生孩子。有人说:"国王来了,是个好日子。"有人说:"日子虽好,压不住,恐怕会遭殃。"孔甲听了发火说:"把孩子给我做儿子,看谁敢给他遭殃!"孩子在宫中抚养长大成人,一天正在演武厅玩耍,大风吹动帷幕,屋椽子落下来,把一柄斧头弹起,斩断了少年的足,于是只好让他做个看门人。孔甲也不能不感叹命运实在难违,便作了这首《破斧之歌》。东阳贲山,是吉神泰逢主管的山(见《山海经·中次三经》),孔甲去此山打猎,践踏了山林,"大风晦盲",或当即是此神的所为;后来斧斫少年的足,使少年不能不仅仅成为一个守门者,大约也是神对自以为能主宰世人命运的王权的嘲弄。此虽未见文献正式记录,推想或当如此。郭璞注《中次三经》"泰逢神动天地气也",就是引用了《吕氏春秋·音初篇》的这段材料的。

而有关孔甲神话最著名的一件(恐怕也是唯一的一件),是《左传·昭公二十九年》记叙的孔甲畜龙:

有夏孔甲扰于有帝,帝赐之乘龙,河汉各二,各有雌雄。孔甲不能食,未获豢龙氏。有陶唐氏既衰,其后有刘累,学扰龙于豢龙氏,以事孔甲,能饮食之。夏后嘉之,赐氏曰御龙,以更豕韦之后。龙一雌死,潜醢(hǎi)以食夏后,夏后飨之。既而使求之,惧而迁于鲁县,范氏,其后也。

"孔甲扰于有帝",意思是说,孔甲敬顺上帝,《史记·夏本纪》称他"好方鬼神事,淫乱",这就是他"扰于有帝"的内容实质。当此时也,一方面是如《夏本纪》所说,"夏后氏德衰,诸侯畔之",另方面他又取得了上帝的欢心,"赐之乘龙,河汉各二,各有雌雄"。龙在古人的观念中,本来是富有神话色彩的动物,这种动物,多为神人服役,《山海经》所记四方神,除北方禺彊为"践两青蛇"外,余如南方祝融、西方蓐收、东方句芒,都是"乘两龙",河伯、夏启也是"乘两龙",孔甲也被上帝"赐之乘龙",当然就使这个暴君侪于神人的行列,这件事的本身也就属于神话范围了。

龙虽然得到天赐,但还须有畜龙的本领。具有这种本领的人,传说以往是有的。在《左传》这段记叙之前,还有一段记叙说:"昔有飂(liú)叔安,有裔子曰董父,实甚好龙,能求其耆欲以饮食之,龙多归之。乃扰畜龙,以服事帝舜,帝舜赐之姓曰董氏,曰豢龙,封诸鬷(zōng)川,鬷夷氏其后也。故帝舜氏世有畜龙。"从这段记叙,可知在帝舜时代,已经开始做驯龙为工作了。董父能够驯伏龙而养育之,其最大的本领,乃是求得龙的"耆欲以饮食之":拿龙喜欢吃的东西给龙吃。龙喜欢吃什么东西呢?古书无征。宋钱希白《南部新书》说:"龙之性麁(cū,粗)猛,畏蜡爱玉及空青,而嗜烧鹜肉,故食烧鹜肉人不可渡海。"有趣固然有趣,不过恐怕也只是后世的传闻,不得据以衡度往古。所可推测的,只是有关刘累的一些情况。刘累大约是一个没落的贵家公子,只因游手好闲,一事无成,才去向豢龙氏学得养龙的方法,用以服事孔甲,为孔甲畜龙。但从"龙一雌死"的记叙看,可见这位贵家公子畜龙的本领实在并不高明。相反他却又能异想天开、胆大妄为,将这条死龙"潜醢以食夏后",剁做肉酱奉献给他的主子,希望邀功取赏。哪知孔甲吃了雌龙的肉忽又想起雌龙,叫人索取,刘累无法供应,只得举家搬迁,逃走了事。这是关于孔甲畜龙的一种情况,一种传说。

孔甲畜龙的另一种情况,另一种传说就是仙人师门为孔甲驯龙。《列仙传》卷上说:

> 师门者,啸父弟子也,食桃李花,亦能使火,为夏孔甲龙师。孔甲不能顺其意,杀而埋之外野。一旦,风雨迎之,讫,则山木皆焚。孔甲祠而祷之,还而道死。

这个传说虽然比较后起,但和前面一个传说比较起来,却也不失为有意义。因为正直的师门在驯龙问题上,有他自己的办法和主张,不能"顺"暴君孔甲之意,所以才被"杀而埋之外野"。后面叙写的什么"风雨迎之""山木皆焚",等等,看来好像死后的师门精魂作怪,实际上乃是古仙人修道期满的火化登仙。前面不是说他"食桃李花、亦能使火"吗?"使火"又叫"行火"或"作火",是古代仙人准备自焚登仙的必具手段。要学会"使火""行火"或"作火"的方法,才能达到登仙的目的。师门的老师啸父就有一整套"作火法",曾将此法传给他另外一个弟子梁母,临到要登仙的时候,"与梁母别,列火数十而升"(《列仙传》卷上)。所以这里所说师门死后"山木皆焚",也还是变相的火化登仙,不过是死后再补办登仙的手续罢了。至于说孔甲见此异象,受到惊恐,"祠而祷之,还而道死",则是人民在幻想中对于暴君的惩罚。人民要惩罚暴君,上帝却要"赐之乘龙,河汉各二",对比之下,上帝是哪一路货色,也就可以了然于心了。

六六　空桑中的婴儿

中国历史上第一个著名的暴君是夏桀，夏王朝的天下就断送在他的手里。和夏桀站在对立面的一个英雄人物是成汤，据说他得到一个名叫"伊尹"的贤臣做辅佐，终于领导他的民族，战胜夏桀，取得夏家的天下，使中国历史翻了新的篇页。这当中的矛盾斗争，既有史实，也有神话传说，情况是比较复杂的。现在当然只从神话传说的角度来谈一谈这场矛盾斗争。按照戏剧角色出场次序的先后，头一个应该是伊尹。

伊尹，又名阿衡，又名伊挚，大约是一个平民的儿子，本人后来沦为奴隶。《楚辞·天问》说："成汤东巡，有莘爰极，何乞彼小臣，而吉妃是得？水滨之木，得彼小子，夫何恶之，媵（yìng）有莘之妇？初汤承挚，后兹承辅，何卒官汤，尊食宗绪？"郭沫若《屈原赋今译》译此数语说："成汤往东方去巡游，一直到有莘氏的国境，目的是找那位小臣，为什么却得到一位夫人？那位小臣伊尹是产生于伊水上的一株空桑，有莘氏为何不喜欢，要把他作为奴隶陪嫁姑娘？伊尹开始是成汤的臣下，后来被献给夏桀，何以终于事汤，并得到宗室一般的待遇？"这几句话概括了伊尹一生的行迹。

有关伊尹的神话，主要是他诞生的不同寻常。王逸在《天问》几句诗后面注释说：

伊尹母妊身，梦神女告之曰："臼灶生鼋（蛙），亟去无顾。"居无几何，臼灶中生鼋（蛙）。母去东走，顾视其邑，尽为大水。母因溺死，化为空桑之木。水干之后，有小儿啼水涯，人取养之。既长大，有殊才。有莘恶伊尹从木中出，因以媵女也。汤初举伊尹，以为凡臣耳，后知其贤，乃以备辅翼承疑，用其谋也。

伊尹生空桑，是一个陷湖神话和一个变种的感生神话相结合的复合型神话。说是陷湖神话容易理解，"顾视其邑，尽为大水"，这就是陷湖神话。为什么又说是变种的感生神话呢？王逸注说，伊尹母"梦神女告之曰：臼灶生蛙，亟去无顾。"；《吕氏春秋·本味篇》记叙此事又略有不同，神告伊尹母亲的话是："臼出水而东走，毋顾。"不论是"臼灶生蛙"也好，是"臼出水"也好，都是洪水将要到来的象征，所以伊尹可说是感洪水而生的。不过洪水来到的时候，连他的母亲也化为"空桑之木"了。这样，伊尹就成了一个既无父、也无母的孤儿。

《本味篇》说："有侁氏女子采桑，得婴儿于空桑之中，献之其君，其君令烰（庖）人养之。"有侁就是有莘，从此伊尹就在有莘氏的宫廷，在庖人的养育下长大成人了。成汤知道伊尹贤，特地东巡到有莘地方，以聘女为名，想要得到小臣伊尹。而有莘国君恰正讨厌伊尹是从空桑中生出来的野小子，便在嫁女时候，把他作为陪嫁臣子一起嫁了出去。这是一说，是《楚辞·天问》的成汤求贤说。而《史记·殷本纪》却说："阿衡（伊尹）欲干汤而无由，乃为有莘氏媵臣，负鼎俎，以滋味说汤，至于王道。"这又是一说，是伊尹因欲干汤而自请为媵臣说。两种说法自然是互相矛盾的。但是考较起来，求贤说或者更近于古。这和殷武丁访求傅说、周文王访求吕尚都是同一类型的传说。至于伊尹干汤的说法，或者是受了战国时代游学博辩风气影响而产生的。始于《孟子·万章篇》，《万章篇》说："伊尹以割烹要汤。"继以《韩非子·难言篇》，《难言篇》说伊尹说汤"七十说而不受，身执鼎俎为庖宰，昵近习亲，而汤乃仅知其贤而用之。"《淮南子·泰族训》更进一步说："伊尹忧天下之不治，调和五味，负鼎俎而行，五就桀，五就汤。"完全把伊尹描写作一个游说之士的模样，显然是以今度古的臆说，是不足为凭的。

伊尹出身微贱。《墨子·尚贤下》说："昔伊尹氏为莘氏女师仆，使为庖人。"《韩诗外传》卷七更明确地说："伊尹固莘氏僮也。"《天问》所谓"小臣"者，其地位乃介在僮仆之间，看来确实是一个家内奴隶。拿他的相貌来说，实在也不合"贵相"的标准。《荀子·非相》说："伊尹之状，面无须麋（眉）。"《晏子春秋·内篇谏上》说："伊尹黑而短，蓬头而髯，偻身而下声。""蓬头而髯"与"面无须麋（眉）"虽略有矛盾，但其为奴隶的状貌则一。尤其《晏子》说他"偻身而下声"，刻画出僮仆在主人面前唯诺的光景，惟妙惟肖。所以《本味篇》说："汤得伊尹，祓之于庙，爝（jué）以爟（guàn）火，衅以牺猳（高诱注：所以祓除其不祥），明日设朝而见之，说汤以至味。"这就是奴隶的进身之阶：即使已经算是"得遇明主"，还必须通过这么一些带有严重侮辱性的门槛，也真算是可哀了。

在成汤伐夏的斗争中，伊尹帮助成汤做了些什么工作呢？《吕氏春秋·慎大篇》说：

> 桀为无道，汤欲令伊尹往视旷夏，恐其不信，汤由亲射伊尹。伊尹奔夏，三年，反报于亳（bó）。曰："桀迷惑于末喜，好彼琬、琰，不恤其众，众志不堪。上下相疾，民心积怨，皆曰：'上天

弗沕，夏命其卒。'"汤谓伊尹曰："若告我旷夏尽如诗（高诱注：诗，志也）。"汤与伊尹盟，以示必灭夏。伊尹又往视旷夏，听于末喜。末喜言曰："今昔天子梦西方有日，东方有日，两日相与斗，东方日胜，西方日不胜。"伊尹以告汤。商涸旱，汤犹发师以信伊尹之盟，故令师从东方出于国，西以进。未接刃而桀走，逐之至大沙，身体离散，为天下戮。

这自然未必是历史，只能算是神话传说。在这段传说中，伊尹是用了苦肉计，到夏桀那里去做了大量的谍报工作。并且还和身为女奴而遭遗弃的妹喜配合起来，把夏桀最隐秘的梦中所见的情景都当作谍报材料输送到成汤那里去。这样里应外合，政治军事，双管齐下，自然就加速了夏王朝灭亡的过程。传说伊尹"五就桀、五就汤"，如果不是以一个游说之士的身份而是以一个谍报者的身份，那倒是完全适合的。

六七　成汤伐夏

在夏殷之交这出历史伟剧中第二个出场的重要角色，是成汤。《晏子春秋·内篇谏上》说："汤晳而长，颐以髯，兑上丰下，倨身而扬声。"这副状貌姿态，和前面所说伊尹的相较，成汤就俨然是贵族奴隶主的模样了。然而据说他很有"仁德"，《吕氏春秋·异用篇》记述的"网开三面"故事就是颂扬他仁德的一个有名的故事。较之夏桀那个昏暴的奴隶主，成汤这个新兴的奴隶主或许真要开明些、进步些，所以终于能够蓄积力量，战胜夏桀。但在战胜夏桀以前，他却被夏桀囚禁过，遭受了很大的困厄。《绎史》卷十四引《帝王世纪》说："桀无道，皋（罪）谏者，汤使人哭之，桀囚汤于夏台。"又引《太公金匮》说："桀怒汤，以谀臣赵梁计，召而囚之均台，寘之种泉，嫌于死。汤乃行赂，桀遂释之，而赏之赞茅。"均台就是夏台，是夏王朝的狱囚之地；种泉就是重泉，即《楚辞·天问》所说"汤出重泉"的重泉，大概是地下水牢之类：这就是成汤所遭的困厄。成汤被囚，终因贿赂而获释，后来得了伊尹，便定下伐桀的计谋。成汤伐夏，史传所记的那些武功都无须提谈了，独有两段神话性质的记叙可以谈谈：

有人无首，操戈盾立，名曰夏耕之尸。故成汤伐夏桀于章山，克之，斩耕厥前。耕既立，无首，走厥咎，乃降于巫山。（《山海经·大荒西经》）

逮至乎夏王桀,天有酷(酷)命,日月不时,寒暑杂至,五谷焦死,鬼呼于国,鹳(鹤)鸣十夕余。天乃命汤于镳(biāo)宫,用受夏之大命。汤焉敢奉率其众,是以乡有夏之境。帝乃使阴暴毁有夏之城。少少,有神来告曰:"夏德大乱,往攻之,予必使汝大堪之。予既受命于天,天命融隆(降)火于夏城之间,西北之隅。"汤奉桀众,以克有夏,属诸侯于薄。(《墨子·非攻下》)

两段都是带神话色彩的历史传说,后一段除神话色彩外,还含有宗教意味。前一段被成汤砍掉脑袋的那个夏耕之尸,郭璞注说:"亦形天尸之类。"这种比拟未免不伦。其实夏耕哪里能和刑天相比呢,刑天断首,"猛志常在";夏耕"既立,无首",却是"走厥咎",郭璞注:"逃避罪也。"是的,夏耕失守了重要的关口,只好一走以逃避其罪,和刑天断首犹斗是不能相比的。但从断首的夏耕的懦弱无能,就反衬出成汤的神性和勇武,而且还暗示出成汤所统率的伐夏军队是所向无敌的正义之师。神话的意义就在于此。第二段叙写的是夏王朝的末日,灾变百出,成汤奉上帝之命,兴师征讨。上帝并命火神祝融,前往助战,"隆(降)火于夏城之间,西北之隅"。成汤得此有力的援助,一举而颠覆了夏王朝,臣服诸侯在商都亳邑。这段神话颇有些天命论的色彩,意义没有前一段大。不过只是从中看出成汤是具有神性的人物罢了。

成汤伐夏取得胜利、君有天下之后,又有大旱七年(或说五年)、桑林祷雨的传说。这个传说是很著名的,许多古书都有记叙。《淮南子·主术篇》说:"汤之时七年旱,以身祷于桑林之际,而四海之云凑,千里之雨至。"就是这个传说的概略叙写。桑林,据《吕氏春秋·顺民篇》高诱注,说是"桑山之林,能兴云作雨也"。又据《墨子·明鬼下》说："燕之有祖，当齐之有社稷，宋之有桑林，楚之有云梦，此男女之所属而观也。"则桑林当即殷的高禖神社（所以能"兴云作雨"），其地当在殷都亳（今河南省偃师县）的附近。关于成汤祷雨传说比较详细可靠的记叙，有如下两段：

> 昔者汤克夏而有天下，天大旱，五年不收。汤乃以身祷于桑林，曰："余一人有罪，无及万夫；万夫有罪，在余一人：无以一人之不敏，使上帝鬼神伤民之命。"于是翦其发，磿（lì）其手，以身为牺牲，用祈福于上帝。民乃甚悦，雨乃大至。（《吕氏春秋·顺民篇》）

> 汤时，大旱七年，卜，用人祀天。汤曰："我本卜祭为民，岂乎自当之。"乃使人积薪，剪发及爪，自洁，居柴上，将自焚以祭天。火将燃，天乃大雨。（《文选·思玄赋》注引《淮南子》）（今本无）

前段"磿其手"的"磿"，原作"鄌"，据许维遹《吕氏春秋集释》引毕沅、俞樾说改，说"磿"的意思就是"以木枑十指而缚之"。那么前段所写，就是成汤祷雨，决定"以身为牺牲"，剪发磿手，被群众簇拥着，走向桑林的情况。后段所写，主要是到了桑林，"自洁，居柴上，将自焚以祭天"的情况。文中汤所说"我本卜祭为民，岂乎自当之"两句话，疑有讹误。大意是说我卜祭本以为民，岂肯因此伤民之命，既然一定要"用人祀天"，愿以身自当之。从上面所引的两段传说，可以看出上古时代民智未开，确有以人祭天，将人放在柴堆上活活烧死的野蛮风习。而成汤能"以身为牺牲，用祈福于上帝"，代替无辜民命，也是值得称道的高尚的英雄行为。但是揆诸实际，与其说这是出于成汤的主动，毋宁说是出于被动倒更近情理些。正如郑振铎在《汤祷篇》里所说："汤之将他自己当作牺牲，这乃是他的义务，这乃是他被逼着不能不去而为牺牲的。他是君，他是该负起这个祈雨的严重的责任的！除了他，别人也不该去，他却不去不成！"我们认为这个分析是比较中肯的。至于去了以后而果降大雨，当然也只能说是偶然的幸运，并不是什么"至诚格天"。自然，如果当它是神话看待，那又是另一回事了。虽然这种宗教色彩浓厚的神话，也只能算是神话的末流。

六八　桀与妹喜

这出戏剧的最后登场人物，第三个和第四个，就是桀与妹喜。

关于桀，我们只简单地说上这么几句。桀在传说中是一个昏暴的君主，大家都是知道的，这方面就不多说了。《淮南子·主术篇》说："桀之力制觡（gé）伸钩，索铁歙（xī）金，椎移大牺，水杀鼋（yuán）鼍（tuó），陆捕熊罴（pí）。"论其材勇还是很可观的。却沉湎于酒。《博物志·异闻》说："夏桀之时，为长夜宫于深谷之中，男女杂处，十旬不出听政。天乃大扬风沙，一夕填此宫谷。"又很喜欢女人，《述异记》上说："夏桀宫中有女子化为龙，不可近；俄而复为妇人，甚丽，而食人。桀命为蛟妾，告桀吉凶。"从这两段神话性质的记叙也可见到桀的淫昏。《博物志·异闻》还说："夏桀之时，费昌之河上，见二日，在东者烂烂将起，在西者沉沉将灭，若疾雷之声。昌问冯夷曰：'何者为殷？何者为夏？'冯夷曰：'西夏东殷。'于是费昌徙族归殷。"费昌是桀的亲信，当夏王朝败亡的前夕，连桀的亲信也叛离他了。"二日"的情景和《吕氏春秋·慎大篇》所记桀自己梦中所见情景是一致的，或当是出于同一传说的分化。桀虽然以昏暴而亡国，但《淮南子·说山篇》却说："桀有得事。"桀有什么得事呢？高诱注云："谓若作瓦屋遗后世也。"这就是传说中桀的创造发明。《世本》（张澍稡集补注本）早就说过："桀作瓦屋。"暴君的桀，对于后世却有这样的遗爱，真可谓是出人意料啊。

关于桀和妹喜。《楚辞·天问》说:"桀伐蒙山,何所得焉?妹嬉何肆?汤何殛焉?"四句话概括了桀和妹喜之间的关系,并且规定了他们在这出戏剧里扮演的角色的任务,大意是说,桀去征伐蒙山,有何所得而回?妹喜为何肆其心志?汤为何遂其诛讨?在总观了若干材料之后,对这四句似乎并不难理解。

但是,《楚辞》的注释者两大名家——王逸和洪兴祖——却都不能正确地理解这几句话的意思,只好望文生义地乱说一通。前两句王逸注说:"言桀伐蒙山之国而得妹嬉也。"洪兴祖觉得不大对头,又引《国语》的话说:"昔夏桀伐有施,有施人以末嬉女焉。"其实两人都没有说到点子上。王逸说"桀伐蒙山得妹嬉",但桀伐蒙山得的并不是妹喜。洪兴祖说桀得妹喜是由于伐有施,这是对的,但有施却又不是蒙山,仍是牛头不对马嘴。至于下面两句,注释得就更荒唐了。王逸说:"言桀得妹嬉,肆其情意,故汤放之南巢也。"《天问》明明问的是"妹喜何肆",注释却一变而为"桀何肆"了。洪兴祖无所补正,只好抓住一个"妹嬉"、一个"殛"的音义来大做文章,敷衍一通了事。由此可见注释古书之难,名家尚且如此,遑论其他。

其实要正确地理解这四句也并不那么费事,只需找到可靠的材料予以研究分析就行。先从洪兴祖补注所引《国语》说起。《国语·晋语一》说:

> 昔夏桀伐有施,有施人以妹喜女焉;妹喜有宠,于是乎与伊尹比而亡夏。

韦昭注:"伊尹,汤相伊挚也,自夏适殷也;比,比功也:伊尹欲亡夏,妹喜为之作祸,其功同也。"从记叙的内容看,这种解释应当说是对的。因为正统历史家总是把女人当作祸水，认为国家的兴亡，应该由她们来负责任。所以《国语》在这段记叙之前，径称之为"女戎"，韦昭注也说："言其祸由姬也。"因此解释为"妹喜为之作祸"，与伊尹"比功"而亡夏是不错的。但是，据另外一种材料，情况就和这不一样了。《绎史》卷十四引《竹书纪年》说：

> 后桀命扁伐岷山，岷山女于桀二人，曰琬曰琰。后爱二女，斲（zhuó）其名于苕华之玉，而弃其元妃于洛，曰妹嬉氏。以与伊尹交，遂以夏亡。

据这段材料的记叙，那么妹喜并不是和伊尹"比功"而亡夏，而是"与伊尹交"而亡夏；并且也不是在"有宠"的情况下，而是在遭"弃"的情况下。究竟哪一种材料更可靠呢？我们说自然是后面一种材料更可靠。用后面一种材料，就完全可以解释《天问》所问的四句。"桀伐蒙山"，就是伐岷山；"何所得"，就是得到琬和琰；"妹嬉何肆"，就是妹喜因遭遗弃而肆志于报复；"汤何殛"，就是成汤利用了这种矛盾，使伊尹与妹喜交而终于败桀于南巢。有了这种正确可靠的材料，解释起来自然就顺适无碍了。前段所记，除了"比而亡夏"是儒家之徒的谰言而外，也提供了我们一些有用的情况：那就是妹喜的出身，也还是和琬、琰一样，是被征伐的国家当作赎罪贡品进奉给征伐者的。那么，妹喜所处的地位也是奴隶的地位，她和一般处于奴隶地位的女人一样，由于玩弄她们的男主人的喜新厌旧，而有着从得宠到失宠的不幸遭遇，并不一直是得宠。可是妹喜的性格是刚强的，《列女传》称她是"女子行，丈夫心"，受了非人的待遇，她会报复，报复的具体表现就是所谓的"败国亡家"。但她却不是败自己的国，亡自己的家，而是败征服者的国，亡征服者的家。一个受了侮辱的女奴隶从她切身遭遇中一旦憬悟了发出来的大愤，确实是有以加速给她以侮辱和损害的暴君所统治的国家的败亡进程的。夏殷之交的这出宏壮的史剧，就由妹喜"与伊尹交"而亡夏来把它闭幕了。

六九　傅说星

人化为星的神话，在我国，是不多的。前有高辛氏的两个儿子阏伯和实沈，因兄弟阋墙，被化为参、商二星，东出西没，永远不相见；后有现在我们就要讲到的傅说，却是因为贤能，死后在箕星和尾星之间，化作了一颗小小的星宿，就叫"傅说星"。

《庄子·大宗师》说："傅说得之，以相武丁，奄有天下，乘东维，骑箕尾，而比于列星。"《楚辞·远游》也说"奇傅说之托辰星兮，羡韩众之得一。"洪兴祖补注引《庄子音义》说："傅说死，其精神乘东维，托龙尾，今尾上有傅说星。其生无父母，登假三年而形遁。"傅说化星神话大略就是如上所引。说他"生无父母"，那么就是遗腹子而母亲也死于产育的可怜的孤儿。"登假三年而形遁"，是说他死后三年就消遁了他的形骸，化身为天上的星宿。傅说化星神话，已带有一些仙话的气味，因此《大宗师》以之比于黄帝、禺强、西王母、彭祖等真人，《远游》以之比于赤松子、韩众等仙人。其实真人也就是仙人，所以《远游》说："贵真人之休德兮，美往世之登仙。"傅说在这些真人和仙人之间，至少也算得上是半个仙人了。这种仙话化的神话，虽然见于先秦古书，恐怕也还是较后起的传说，其初大约只是如像成汤得伊尹于滕臣，文王得吕尚于屠钓一样，是个求贤得贤的故事，其后才有化星神话的附会。然而就连这较后起的化星神话，由于古书记叙简略，其内容究竟怎样，也不可得而详了。

傅说遇武丁的故事,《书·说命》里已经记叙有了,但是文字晦奥,难以引用,且先引《墨子·尚贤篇》所记的一段:

> 昔者傅说,居北海之洲,圜(yuán)土之上,衣褐带索,庸筑乎傅岩之城,武丁得而举之,立为三公。

"圜土",是狱城;"衣褐带索",是囚徒的形状;傅说既然在那里劳作,本身就应该是个囚徒。但又说他"庸乎傅岩之城",似乎又只是在那里替囚徒作佣工,并不是真正的囚徒。这段记叙未免简略一些,欲知其详,还得看《书·说命》孔颖达疏引皇甫谧说:

> 高宗梦天赐贤人,胥靡之衣,蒙之而来。且曰:"我徒也,姓傅名说。"明以梦示百官,百官皆非也。乃使百工,写其形象,求诸天下。果见筑者胥靡,衣褐带索,执役于虞、虢之间,傅岩之野,名说。以其得之傅岩,谓之傅说。

《史记·殷本纪》亦记此事,而无"写其形象"语,略觉疏漏。但说傅说"为胥靡"则同于皇甫谧说。"胥靡"是什么呢?胥靡就是相縻,就是用绳索锁链互相縻系强迫使之服役的囚徒,在殷代,可能就是奴隶。这和《墨子》所说"庸筑"(为人佣工劳作)不大一样。《吕氏春秋·求人篇》更明确地说:"傅说,殷之胥靡也。"屈原《离骚》也说:"说筑操于傅岩兮,武丁用而不疑。"光景也是以胥靡的身份在傅岩"筑操",没有说是"庸筑"。看来说是胥靡更合理些。但也有赞成《墨子》所说的,《殷本纪》集解引孔安国说就是如此。孔安国说:"傅氏之岩,在虞虢之界,通道所经,有涧水坏道,常使胥靡刑人筑护此道。说贤而隐，代胥靡刑人筑之，以供食也。"照此说法，傅说既是贤人，又是隐士，只是由于生活无着，才在那里"代胥靡筑之以供食"。当然，这种说法不但比"为胥靡"说高超，也比简单的"庸筑"说巧妙：这就使傅说在中国士大夫阶层中保持着一个清高的贤人和隐士的形象，虽然身操贱役，却并不与贱役为伍。像这种说法，虽说高超，但恐怕也是以今度古、臆想假设之辞吧。所以我们还是赞成"为胥靡"之说，不赞成"代胥靡"之说。

《荀子·非相》说："傅说之状，身如植鳍。"梁启雄《荀子柬释》引郝懿行云："鳍在鱼之背，立而上见，驼背人似之，然则傅说亦背偻欤？"郝懿行的解释不错，傅说之背，正是背偻，和"偻身而下声"的伊尹状貌相似。《太平御览》卷三七〇引《孙卿子》说："傅说之状，秃无须麋。"又相似于伊尹的"面无须麋"。二人的形貌，为何竟像是一副刻板翻印出来的呢？这也不难解释：因为他们都是卑贱的奴隶出身，在辛苦的劳作中成长起来的啊。

这样看来，傅说的"贤"应当是事实，"隐"则可以断定其为臆说。正因为傅说贤，所以武丁才在如《书·说命》所说"亮阴三祀"（装哑巴装了三年）的过程中，叫人默察暗访，寻访到了傅说这个贤人。由于他身居微贱，武丁怕骤然提拔他担当重任，群臣不服，所以才假托异梦，图画了他的形象，叫"百工营求之野"（《殷本纪》），结果找到了他早已访求到的贤人。傅说神话如果有历史依据的话，这或者就是历史的依据，也是较合理的历史的解释。

七〇　羑里之囚

武丁时代是商王朝的兴盛时代，自此而后就江河日下，走了下坡路。传到纣的手上，王朝的历史篇页就翻到只剩下最后几页了。那时西方又有周民族兴起，是后稷传下的子孙后代，他们的首领是周文王，或简称文王。

《荀子·非相》说："文王黫然而黑，几然而长，眼如望羊。""黫然而黑，几然而长"我们是懂得的，是说文王黑而瘦长，但什么又是"眼如望羊"呢？马叙伦《庄子义证》卷十七说一："《释名》曰：'望，茫也，远视茫茫也。'望羊盖以叠韵举义，望羊即望也。"是的，望羊就是"远视茫茫"的光景。远视既然"茫茫"，反转过来说，文王的眼睛必然就是近视。总起来看，那就是一副忧愁忧思的光景。《吕氏春秋·遇合篇》说："文王嗜菖蒲菹。"菖蒲菹就是用菖蒲来做的酱，那味道并不见得好吃。据说景慕文王的孔丘模仿文王吃这东西，缩着脖子吃了三年，才勉强将它学会（同上书），可见文王嗜好之奇。《广博物志》卷四一引《论衡》说："文王嗜胆。"谁也知道胆是极苦的，而文王偏喜欢吃它，这也不同寻常。又传说他酒量很大，"文王饮酒千钟"（《论衡·语增篇》），这也是一般人难于办到的。

文王平生有两件大事，一件是现在要讲到的羑（yǒu）里之囚，另一件是渭水访贤得姜太公，留到下一节再讲。羑里之囚是怎么一回事呢？这回事各书多有记载，而以蔡邕（yōng）《琴操·拘幽操》所录的一段最饶民间传说风趣：

>文王修道备德，百姓亲附。文王有二子，周公、武王皆圣。是时崇侯虎与文王列为诸侯，德不能及文王，常嫉妒之。乃谮于纣曰："西伯昌圣人也，长子发、中子旦皆圣人也，三圣合谋，将不利于君，君其虑之。"纣用其言，乃囚文王于羑里，择日欲杀之。于是文王四臣太颠、闳夭、散宜生、南宫适之徒往见文王。文王为矉（pín）右目者，纣之好色也；拊桴其腹者，言欲得奇宝也；蹀躞（xiè）其足者，使迅疾也。于是周流海内，历经风土，得美女二人，水中大贝，白马朱鬣，以献于纣。纣见之，仰天而叹，曰："嘻哉，此谁宝也？"散宜生趋而进曰："是西伯之宝，以赎刑罪。"纣曰："于寡人何其厚也！"立出西伯。纣谓宜生："谮歧侯者，长鼻决耳也。"宜生还，以状告文王，乃知崇侯谮之。

这段记录有风趣的是：文王四臣往见文王的时候，由于有狱吏隶卒在旁边监视，连话都不能明说，只能做眼色，打手势，暗中传递消息。四臣会意，赶快去觅得美女珍宝来献给纣，才免去文王羑里之囚。文王囚羑里的获释与否，实在是他一生事业成败的关键，所以奇闻异说，往往因此而生。即以所求珍怪而论，便有许多大同小异的说法。《淮南子·道应篇》说："散宜生乃以千金求天下之珍怪，得驺虞、鸡斯之乘，玄玉百工，大贝百朋，玄豹黄罴，青犴白虎，文皮千合，以献于纣。"《全上古三代秦汉三国六朝文》辑《六韬》说："于是散宜生受命而行，得犬戎氏之文马，豪毛朱鬣，目如黄金，名鸡斯之乘；九江之浦，得大贝百冯；宛委条涂之山，得黄熊、玉女三人，因费仲而献之商王纣。"，等等。众多珍怪物事中，犬戎氏的文马鸡斯之乘是最有名的,《琴操》所说的"白马朱鬣",便是此马;《山海经·海内北经》所说的"名曰吉量,乘之寿千岁"的文马,亦即是此马。它除了有鸡斯之乘、吉量的名称外,还有吉良、吉黄、吉皇,腾黄、吉光等名称,可见它确实是我国古代神话传说中有名的异兽。奇肱国也有此兽,我们在"长寿国"节中已经讲过了。

文王所囚的羑里,在什么地方?是什么情况呢?《水经注·荡水》说:"羑水出荡阴西北韩大牛泉,东迳韩附壁北,又东迳羑城北,故羑里也。《史记音义》曰:'牖里在荡阴县。'《广雅》:'牖(yǒu),狱犴也。'夏曰夏台,殷曰羑里,周曰囹圄,皆圜土。"这就说得很是明白,羑里又叫牖里,是殷王朝拘系重要囚犯的地方,在荡阴县,就是如今河南省的汤阴县。闻一多《周易义证类纂》说:"古凿地为窨,故牖在室上,如今之天窗然,书传称殷狱曰牖里,或以此欤?"这种解释是合乎情理的。

"西伯拘羑里演《周易》",这是司马迁在《史记自序》中的一句脍炙人口的话,大家都熟知的了,因而又有关于文王在羑里拘系中活动情况的传说。《封氏闻见记》卷八说:"相州汤阴县北有羑里城,周回可三百步,其中平,实高于城外地丈余,北开一门,相传文王演《易》之所。曹子建《诘纣文》云:'崇侯何功,乃用为辅?西伯何辜,囚之囹圄?囹圄既成,负土既盈;兴立炮烙,贼害忠贞。'观此意,见文王见囚之地,纣使负土,实成此城也。未详子建所据。"我看"子建所据"或当便是当时的民间传说,负土成城事也可说是纣囚文王的一件异闻。

文王囚羑里,还有食子羹的传说。《太平御览》卷八四引《帝王世纪》说:"纣既囚文王,文王之长子伯邑考质于殷,为纣御,纣烹以为羹赐文王,文王得而食之。纣曰:'谁谓西伯圣者,食其子羹尚不知也.'"演为《武王伐纣平话》,就说文王虽然知道却佯为不知,故意食其子羹才获得释放。"出羑里城半舍之地,姬昌下马用手探之,物吐在地,其肉尽化为兔儿。姬昌大哭。至今有吐子塚,在荡阴四里地。"这或者也是《平话》成书时代(宋、元)的民间传说。

文王羑里之囚的一些传说大略就是如上所述。至于潛(zèn)文王的那个"长鼻决耳"的崇侯虎呢,据《史记·周本纪》所叙,文王后来还是征伐了他的国,而把他那个地方改作了丰邑——恶人的下场只好是如此。

七一　太公遇文王

文王平生的第二件大事就是渭水访贤，得到姜太公做他的辅佐，这关系到他一生事业的成败，也关系到他的民族的前途。从姜太公这方面来说，太公遇文王，更是他平生唯一的大事，关系到他本人的才能和抱负是否能得到发展。两个人的际遇结合在一起了，历史的车轮因而得到了推动。于是后代民间便逐渐流传出了有关他两人的神话传说，而以太公钓渭水为这些神话传说的中枢。

姜太公本名吕尚，又名吕望，因为据说周文王见到他时曾向他说过一句"吾太公望子久矣"这样的话，所以称他做"太公望"（《史记·齐太公世家》），或简称"太公"；又因为他姓姜，所以后来民间传说都称他作姜太公。其实"太公"两个字，原是古时候儿子对父亲的尊称。

从传说中姜太公的经历看，他也是出生微贱，大半生都过着穷愁潦倒、很不得志的生涯的人。《战国策·秦策》说："太公望齐之逐夫，朝歌之废屠，子良之逐臣，棘津之雠不庸。"《尉缭子·武议第八》也说："太公望年七十，屠牛朝歌，卖食盟津。"《楚辞·离骚》说："吕望之鼓刀兮，遭周文而得举。"洪兴祖补注说："吕尚为老妇之所逐，卖肉于朝歌，肉上生臭，不售。"都说明了他早年的困顿生涯。"棘津之雠不庸"，是说棘津（在河南省延津县东北，又叫南津，已湮）那个地方讨厌他的人多，连帮工都不成。当然，这就比"屠牛""卖食"

等生涯更困苦了。

姜太公遇文王,有说是在朝歌屠牛的时候,屈原《离骚》《天问》便作此说。《离骚》已见前引,《天问》说:"师望在肆昌何识?鼓刀扬声后何喜?"王逸注:"吕望鼓刀在列肆,文王亲往问之,吕望对曰:'下屠屠牛,上屠屠国。'文王喜,载与俱归。"就说得很明白。但多数还是说他是在渭水钓鱼的时候。《吕氏春秋·首时篇》说:"太公望,东夷之士也,欲定一世而无主,乃钓于渭以观之。"《史记·齐太公世家》也说:"吕尚盖尝穷困,年老矣,以鱼钓奸周西伯。西伯将出猎,卜之,曰:'所获非龙非彨,非虎非罴,所获霸王之辅。'于是周西伯猎,果遇太公于渭之阳。与语,大说,曰:'自吾先君太公曰:"当有圣人适周,周以兴;"子真是邪,吾太公望子久矣!'故号之曰'太公望',载与俱归,立为师。"此外还有《六韬》《尚书大传》等,都是这么说。

太公渭水遇文王这个故事,已经具有相当神话意味了。更具有神话意味的是,《齐太公世家》正义引《说苑》(今本无)还记了下面一个故事:

> 吕望钓于渭渚,三日三夜,鱼无食者,望即忿脱其衣冠。上有农人者,古之异人也,谓望曰:"子姑复钓,必细其纶,芳其饵,徐徐而投,无令鱼骇。"望如其言,初下得鲋,后得鲤,刺鱼腹得书,书文曰:"吕望封于齐。"

不仅此也,太公钓鱼而得兵钤符印等记叙,还见于汉代一些纬书中。虽有相当神话意味,但同时也有着"天命论"的臭味。它只是表明太公渭水遇文王这回事,在秦末汉初已成为广泛流传的民间故事,为人所称艳,所以自然有些奇闻异说,附会在这个故事里面,乃至有属于糟粕性质的落后的东西,也都夹杂在中间。

和太公渭水遇文王故事有关的,还有《搜神记》卷四所记的下面一段神话:

> 文王以太公为灌坛令,期年,风不鸣条。文王梦一妇人,甚丽,当道而哭。问其故,曰:"吾泰山之女,嫁为东海妇,欲归,今为灌坛令当道,有德,废我行。我行必有大风疾雨,是毁其行也。"文王觉,召太公问之,是日果有疾雨暴风,从太公邑外而过。文王乃拜太公为大司马。

这段神话,《博物志·异闻》里也有记叙,文字大同小异。从它的内容看,大约是太公初遇文王不久,只在灌坛做了个小官,没有得到大的信任。神话便假借泰山山神之女,托梦给文王,说因敬畏太公,连行路也成了问题,这样来渲染太公的"有德"。于是文王才进一步认识到了太公的贤,因而提升他做了大司马的官。这段神话,无非是太公遇文王神话的补充、发展,说明太公是连神也知其为贤德的人物罢了。

太公遇文王神话,大约是战国中年以后才逐渐流传起来的,和这神话流传的同时,又有伊尹遇成汤、傅说遇武丁(反转过来说当然也就是成汤得伊尹、武丁得傅说)等神话流传。这些神话,基本上就是一个求贤得贤的神话。现在我们就要来探讨一下,为什么这些神话(或故事),以前鲜有所闻,而在战国中年以后却突然一下子兴盛起来,而且一再被诗人屈原咏歌、形诸诗篇呢?

这是有它的时代背景和思想意识的总趋向的。原来春秋战国之交，是奴隶制社会逐渐解体、封建制社会逐渐取代奴隶制社会而形成的时期，阶级斗争尖锐复杂，作为上层建筑的意识形态领域的斗争也同样尖锐复杂。拿政治上用人这方面来说吧，就存在着维护奴隶主利益的用人唯亲和维护新兴地主阶级利益的用人唯贤这两条路线的斗争。大抵儒家的孔孟之徒是奴隶主的代言人，他们是主张"亲亲"、主张"世臣""世禄"的；代表新兴地主阶级利益说话的法家和墨家则主张"举贤""让贤"，主张"尚贤"。《管子》的《小匡篇》，就是"举贤""让贤"的典范；《墨子》的《尚贤》三篇文字，也旗帜鲜明地宣传了墨家的主张。曾经"造为宪令"（《史记·屈原贾生列传》）的屈原思想是接近法家一派的，当他受到国内势力的打击和迫害之后，在他的内心深处，无疑更加同情出身微贱、沉埋在生活底层的贤人们的辛酸遭遇，而以他们的见"用""得举"为幸事了，因而在《离骚》《天问》等诗篇中，接连对伊尹、傅说、吕望（姜太公）等人的际遇发出了叹美的呼声。这以后关于他们遭遇"明主"的神话传说便逐渐在民间流传开来，成为群众叹美的对象，而姜太公渭水遇文王就成了这些神话传说中的一个典型。

七二　武王伐纣

武王伐纣，是历史上的一个重大事件，先秦古书对于这个事件曾有不少的记叙，并且形诸诗人的咏歌。例如《诗·大明》就有"牧野洋洋，檀车煌煌，驷𬳿彭彭。维师尚父，时维鹰扬。凉彼武王，肆伐大商，会朝清明"等如火如荼的描写；又如《楚辞·天问》也有"武发杀殷何所悒？载尸集战何所急""苍鸟群飞，孰使萃之""伯林雉经，维其何故"等咏叹，都是有关武王伐纣的事的。

既然是历史上的大事件，在历史和神话还不能严格区分的古代，必然会有一些神话性质的东西，附会到它当中去。其主要内容为记叙诸神助周灭殷的事迹，而姜太公在这当中则表现为一个具有神通和法力的人物。

武王伐殷，诸神助周灭殷神话始见于《墨子·非攻下》。《非攻下》说："武王践功（阼），梦见三神曰：'予既沉渍殷纣于酒德矣，往攻之，予必使汝大堪（戡）之。'武王乃攻狂夫，反商之周，天赐武王，黄鸟之旗。"三神自告奋勇，梦中去向武王说，他们已经拿酒把殷纣灌醉了，只要出兵伐纣，一定能帮助他打个大胜仗。武王出兵，果然大获全胜。上天赐给武王黄鸟之旗，以奖其功。本来《书·武成》早有"惟尔有神，尚克相予，庶济兆民，无作神羞"。这样的话，是武王统率大军会师牧野之前向神的祝词（大意是：请求神赐予我以帮助，使我能济渡广大人民出于危难，不给神带来羞辱），应是所有诸神助周灭殷神话的所本。但一般以为《武成》晚出，恐不足据。可据的还是如上所引《墨子·非攻篇》的记叙。正像同篇所记的夏殷之交有火神祝融助殷灭夏一样，殷周之交也有不知名的"三神"助周灭殷。神的佑助一方而惩罚另一方，并非纯粹是"天意"如此，实际上乃是体现着人心的向往——人民对于暴君的憎恨和对于新兴的能够拯救他们出于水火的领袖的热忱的希望，乃至设想有神来帮助正义的王师，打倒他们切齿痛恨的仇敌。

下面就是一段助周灭殷神话的典型的记叙：

武王伐纣，都洛邑，未成。阴寒雨雪十余日，深丈余，甲子平旦，不知何五大夫乘车马，从两骑，止王门外，欲谒武王。武王将不出见，尚父曰："不可。雪深丈余，而车骑无迹，恐是圣人。"

太师尚父乃使人持一器粥出，开门而进五车两骑，曰："王在内未有出意，时天寒，故进热粥以御寒，未知长幼从何起？"两骑曰："先进南海君，次东海君，次西海君，次北海君，次河伯、雨师、风伯。"粥既毕，使者具告尚父。

尚父谓武王曰："客可见矣。五车两骑，四海之神与河伯、雨师耳。南海之神曰祝融，东海之神曰句芒，西海之神曰蓐收，北海之神曰玄冥；河伯名冯夷，雨师名咏，风伯名姨，请使谒者各以其名召之。

武王乃于殿上，谒者于殿下门外引祝融进。五神皆惊，相视而叹。祝融拜。武王曰："天阴远来，何以教之？"皆曰："天伐殷立周，谨来受命，愿勅(chì)风伯雨师各使奉其职。"（《太平御览》一二又八八二引《太公金匮》）

《太公金匮》是一部佚亡了的古书，不详成于何代，亦不详撰人，唯《隋书·经籍志》已著录，则成书当在隋以前，至少是六朝时的产物。它所记叙的七神雪天远来、助周灭殷的神话，又见于卢文弨辑录的《尚书大传续补遗》，只是文字较简，大约就是《太公金匮》所本。《尚书大传》是汉代初年的作品，足见这段神话在秦末汉初已有流传了。这段神话，不仅正面地表现出武王伐纣的正义性，使得诸神都来亲附；更重要的，还从侧面传达出了这样一个主题思想：人比神聪明，可以驾驭神，使神供人役使。神话因为这个主题思想而显得生动有趣和精神焕发了。

姜太公自然是这段神话的主要人物，是他的智谋胜过了诸神，因而使诸神心悦诚服地为周效力。可是同书及《六韬》所记的关于姜太公的另一神话却具有着不同的情调：

武王伐殷，丁侯不朝，尚父乃画丁侯射之。丁侯病，遣使请臣。尚父乃以甲乙日拔其头箭，丙丁日拔其目箭，戊己日拔其腹箭，庚辛日拔其股箭，壬癸日拔其足箭，丁侯病乃愈。四夷闻之乃惧。越裳氏献白雉。（《艺文类聚》卷五八引《太公金匮》，又见《太平御览》卷七三七引《六韬》）

这里所写，是太公用巫术制胜桀骜不驯的诸侯，使之驯伏，同举吊民伐罪的义旗。在这里，太公固然被表现为一个具有神通和法力的神性人物，但也正如鲁迅在《中国小说史略》里评《三国演义》写诸葛亮说："状诸葛之智而近妖"。《太公金匮》等书写太公的神通法术，实在也有点妖气。后来《封神演义》本之而又加以渲染，那妖气就更是显然。《论衡·恢国篇》说："武王伐纣，太公阴谋，食小儿以丹，令身纯赤，长大教言殷亡。殷民见儿身赤，以为天神；及言殷亡，皆谓商灭。"也是"状诸葛之智而近妖"之类的。可见太公的妖气形象，是早有根源的了。

  武王伐纣神话大略就是如上所述。此外还有一些近乎历史的传说，见于《韩诗外传》《淮南子》《论衡》诸书，主要叙写武王和姜太公在异常艰苦的自然条件下，排除万难，统率大军向纣都朝歌奋勇前进，终于取得胜利的情景。其中姜太公尤其表现得刚毅果断，有不信天命、不畏灾变、不惧鬼神的革命精神。就其思想内容和给人的教育启发而论，后者似乎更胜前者。但以范围所限，就不再在这方面多做论述了。

七三　纣与妲己

纣是中国历史上一个典型的暴君。有人曾经将古书所载纣的荒淫暴虐诸事，试做统计，为数乃至七十，真可谓是洋洋大观（见《古史讨论集·封恶七十事的发生次第》）。这当中一部分固然是有着古代民间传说的凭依，而大部分必然是出于臆想，将暴君可能发生的罪行全都推在纣的身上。不唯如此，就连桀纣的传说也有互相模仿、辗转抄袭的地方。《路史·发挥六·关龙逄》说：

> 大抵书传所记桀纣事，多出模仿。如《世纪》倒曳九牛，抚梁易柱，引钩伸索，握铁流汤，倾宫瑶室，与夫璿台三里，金柱三千，车行酒，骑行炙，酒池糟丘，脯林肉圃，宫中九市，牛饮三千，丘鸣鬼哭，山走石泣，两日并出，以人食兽，六月猎西山，以百二十日为夜等，纣为如此，而谓桀亦如是，岂其俱然哉！

罗泌《路史》，以历史的眼光看待神话，议论常多迂执；唯独这段议论，却有独到的眼光，虽然还未达于一间。桀纣传说看来所以有互相模仿的地方者，是因为二人同为暴君，同是被诛伐的箭垛式的人物：每支诛伐的箭，可以射在这个箭垛上，也可以射在那个箭垛上，不必一定真个互相模仿，自然就会形成彼此的类同。而这当中，因为纣毕竟去古未远，人们对他荒淫暴虐的记忆犹新，兼以战胜的民族又夸大宣传他的罪恶，所以他身上被射的箭也就最多。实际的情况恐怕当如《论语·子张》所记子贡的慨叹那样："纣之不善，不如是之甚也；是以君子恶居下流，天下之恶皆归焉。"

在有关纣的传说中，妲己的传说特别使人发生探讨的兴趣。《书·牧誓》说："今商王受，惟妇言是用。"《楚辞·天问》也说："殷有惑妇何所讥？"又说："彼王纣之躬，孰使乱惑？"其中有人，呼之欲出，注解者以为即是妲己，照史传的记叙看，恐怕应该是的。妲己之名，始见于《国语》。《晋语一》说："殷辛伐有苏，有苏以妲己女焉，妲己有宠，于是乎与胶鬲（gé）比而亡殷。"妲己原来也和妹喜一样，是被大国所攻伐的小国进奉去赎罪而"有宠"的。但据《周书·克殷篇》，纣后来似乎又别有新欢，妲己也曾由"有宠"而失宠。《克殷篇》说："武王乃适二女之所，既缢。"孔晁注说："二女，妲己及嬖（bì）妾。"这注恐怕是出于臆想，靠不大住。《克殷篇》所说的"既缢"的"二女"，应当只是不包括妲己在内的纣的"嬖幸二女"，如传说中桀所嬖幸的琬、琰然。《史记·周本纪》正作："武王已而至纣之嬖幸二女，二女经，自杀。武王又射，三发，击以剑，斩以玄钺，悬其头小白之旗。"未言妲己，明妲己不是殉情自杀而与"二女"同列。妲己的下落，见于《殷本纪》。《殷本纪》说："武王遂斩纣头，悬之白旗，杀妲己。"明妲己的死乃是被杀。而《列女传·殷纣妲己》却说："武王遂致天之罚，斩妲己头，县于小白旗，以为亡纣者是女也。"是把"二女"事和妲己事混淆在一起了。孔晁注的附会可能便是由此而来。

据以上所说，那么曾经"有宠"的妲己后来还是不得不让位给纣所另外嬖幸的"二女"了。桀纣传说的很多类同，在这一点上竟也这么相似，真是教人诧异。奴隶有奴隶的怨恨，于是正像妹喜"与伊尹比而亡夏"一样，妲己自然也会"与胶鬲比而亡殷"。胶鬲，韦昭注："殷贤臣，自殷适周，佐武王以亡殷也。"贤臣不见容于昏君，只好是"弃暗投明"。但所谓"比而亡"云云，恐怕真个是朋比勾结、里应外合以达到最后亡殷的目的，非仅如韦氏注所说"其功用同"而"比功"的意思。至于妲己达到目的，有功于周而仍被武王所杀者，这当中自然有传说的分歧抵牾，主要恐怕还是由于后来封建统治者对女性的偏见，所以虽有功而仍旧传说她是被杀了。《列女传》所说"亡纣者是女也"，从某一角度看那是说得有几分对的。但首先应当是惹起人民反对的荒淫暴虐的纣的自取灭亡，其次才是受辱的女奴隶妲己的怨恨报复，因而促使了纣的加速灭亡，而不是什么以"牝鸡无晨，牝鸡之晨，惟家之索"（《书·牧誓》）等鬼话作为原因而致使其灭亡的。

在武王的大军压境和奴隶倒戈的局面下，殷王朝很快就彻底崩溃了，纣也随着他的国家的覆灭而死亡了。但是关于纣的死亡，在秦汉之际也还存在各种不同的传说，大概说来，有以下四种。

一、自焚死。《周书·克殷篇》说："商辛奔内，登于鹿台之上，屏遮而自燔于火。"《世俘篇》也说："时甲子夕，商王纣取天智玉琰瓐（缝）身，厚以自焚。"以后《史记·周本纪》和《殷本纪》都本此为说，直到明代小说《封神演义》还是本此为说，有"殷纣王鹿台自焚"这样的回目。此说在纣死诸传说中最占优势。

二、自缢死。《楚辞·天问》说："伯林雉经，维其何故？何感天抑地，夫谁畏惧？"旧注以为是晋太子申生事，郭沫若《屈原赋今译》译作"纣王和他的嬪妃为何吊死，以衣蒙面，怕见天地"，说古伯、柏通用，"伯林"即柏林，"伯林雉经"就是纣在柏林园中自缢身死。此四句既是承上文文王得吕望、武王伐纣而来，则郭说可从。况且《墨子·明鬼下》也说："武王奔逐入宫，万年梓株，折纣而系之赤环。"旧于"万年梓株"无释，今据郭说，便当是园中松柏之属的意思。毕沅说"环亦作镮（huán）"，那么"赤环"就是朱轮了。"折纣而系之赤环"者，是说折绝悬挂在松柏上的纣首而系之朱轮的意思。《史记·褚先生〈补龟策列传〉》有"（纣）头悬车轸、四马曳行"（见下）之说，那么"折纣而系之赤环（镮）"是可以作如是解的。总之，《墨子》此段所说，实可以作郭先生释《天问》"伯林雉经"的一个旁证：纣乃自缢身死。

三、自杀或被杀宣室死。《淮南子·本经篇》说："武王甲卒三千，破纣牧野，杀之于宣室。"高诱注："宣室，纣宫名；一曰，宣室，狱也。"《氾论篇》说："汤、武有放弑之事。"注："周武弑纣宣室。"这是被杀。而褚先生《补龟策列传》却说："纣不胜，败而还走，围之象郎（廊）。自杀宣室，身死不葬。头悬车轸，四马曳行。"这又是自杀。无论自杀或被杀，其死于宣室则一。

四、身斗而死。《新书·连语》说："纣走，还于寝庙之上，身斗而死，左右弗肯助也。纣之官位与纣之躯，弃之玉门之外，民之观者皆进蹴之，蹈其腹，蹑其肾，践其肺，履其肝。武王乃使人帷而守之。民之观者，搴帷而入，提石之者，犹未肯止。"暴君的终局如此，也可说是非常凄惨了。

七四　穆王西游

周穆王西巡狩见西王母的传说，是西周时代一大传说，出于汲冢的《穆天子传》，就是记载这一传说的最早的文献。它的主要部分如下：

> 吉日甲子，天子宾于西王母，乃执玄圭白璧以见西王母，好献锦组百纯，□组三百纯，西王母再拜受之。
>
> □乙丑，天子觞（shāng）西王母于瑶池之上，西王母为天子谣曰："白云在天，山陵（陵）自出。道里悠远，山川间之。将子无死，尚能复来。"天子答之曰："予归东土，和治诸夏。万民平均，吾顾见汝。比及三年，将复而野。"西王母又为天子吟曰："徂（cú）彼西土，爰居其野。虎豹为群，於（乌）鹊与处。嘉命不迁，我惟帝女。彼何世民，又将去子。吹笙鼓簧，中心翔翔。世民之子，唯天之望。"
>
> 天子遂驱升于弇（yǎn）山，乃纪名迹于弇山之石而树之槐，眉曰西王母之山。

《山海经》里所写"豹尾虎齿"的西王母，在这里已经一变而为雍穆的人王了。周穆王和西王母在瑶池赋诗酬唱，全部诗歌不能尽译，只译西王母所赋最后一篇诗的大意如次：

自从我到了西方的土地，我就在这里的原野上安居下来。老虎、豹子和我同群，乌鸦、喜鹊与我共处。只因我是华夏古帝的女儿，我才秉承我父的善命，谨守此土，而不迁移。可惜我那些善良的人民呀，他们又将离开你了。乐师们吹奏起笙簧，我不安的心魂随着乐音在天空翱翔。万民的君主呀，只有你是上天的瞩望。

《穆天子传》有人以为是穆王西征的实录，其实完全不是这样，它只是一部含有神话因素的历史小说。以前将它列在史部的起居注或别史、杂史类，都不稳妥，直到清初纪昀修《四库全书》，将它列在子部的小说类，才算是比较稳妥了。

周穆王西游，除了曾经见到西王母外，还见到《山海经·中次七经》及《中次十一经》所记的另外一个神人——帝台。《晋书·束晳传》说：“《穆天子传》五篇，言周穆王游行四海，见帝台、西王母。”这条简短的记叙很重要，说明晋时束晳所见《穆天子传》，除有穆王见西王母事外，还有见帝台事。今本《穆传》已无见帝台事，想是缺佚了。帝台在《山海经》里虽只是统辖一方的小神，毕竟也是诸神之一，穆王能和神人的帝台会晤，则《穆传》非实录可知。

有关穆王的神话传说，除《穆天子传》所记而外，其余零星片段，还散见在魏晋六朝人所著书中。例如晋张湛辑补的《列子·周穆王篇》和《汤问篇》中，就记叙了化人神话和偃师神话。化人神话叙写来自西域的化人，在穆王西游之前，先导引穆王神游中天，见到种种奇幻的景象，以启迪他的游兴。穆王受了化人的启迪，果然就肆意远游了。这段神话从其内容和表现形式看，大约是受了佛经故事影响而虚构的寓言，不是中国古代神话所固有的，所以不宜将它列入中国神话的范畴而给予考察，至于偃师神话情形就不同些。它叙述一个名叫偃师的工人，在穆王游行返国的途中，被人奉献给穆王，偃师用"革、木、胶、漆"等物替穆王制作了一个能歌善舞、与真人无别的偶人,把穆王和他的姬御等一时都蒙混住了。这个神话虽然也有点像是虚构,实际上却是有古神话的凭依的,从《山海经》记叙的巧倕以及后世传说中的能工巧匠如鲁班、墨翟之流,在偃师身上都可能找到他们的身影。所以这应该算是正宗的中国神话。又如穆王所乘的八骏,在《穆天子传》里只是简单地记下了它们的名称,有什么赤骥、盗骊、华骝、绿耳等,而在《拾遗记》卷三里,却是这么描写的:"穆王巡行天下,驭八龙之骏:一名绝地,足不践土;二名翻羽,行越飞禽;三名奔霄,夜行万里;四名超影,逐日而行;五名踰辉,毛色炳耀;六名超光,一行十影;七名腾雾,乘云而奔;八名挟翼,身有肉翅。"不但名称改变得似乎更神骏了,而且还对它们做了具体的刻画和描写,使古神话能够更通俗而接近群众,可说是古神话的世俗化。紧接着《述异记》卷上还补充了一个关于八骏神话的细节:"东海岛龙川,穆天子养八骏处也。岛中有草名龙刍,马食之,一日千里。古语云:'一株龙刍,化为龙驹。'"这就不但丰富了八骏神话,还使它在人们心目中更加可信了。

穆王不仅八骏具有神性,还有他的狗,也具有神性。《述异记》卷上说:"周穆王之犬,日走千里,食虎豹。"就是神性的说明。他随身服用的物事,也都是奇珍异宝。《十洲记》说:"周穆王时,西胡献昆吾割玉刀及夜光常满杯。刀长一尺,杯受三升。刀切玉如切泥,杯是白玉之杯,光明夜照。冥夕出杯于中庭以向天,比明而水汁已满于杯中也。汁甘而香美,斯实灵人之器。"这便是小小的证明。至于他本人呢,不仅有我们在下节中就要讲到的"叱鼋鼍以为梁"的能耐,还有吹笛止雨的本领。《述异记》卷上说:"周穆王时,天下连雨三月,穆王乃吹笛,其雨遂止。"这都说明在周穆王身上,本身便具有神性。

周穆王是周王朝处于兴盛时期的一个国君,据历史记载,他确实是到各方去巡行过。《汉学堂丛书》辑《古本竹书纪年》说:"穆王东征天下,二亿二千五百里,西征亿有九万里,南征亿有七百三里,百(北)征二亿七里。"数目不免有传说的夸张,但穆王的巡游总该是事实,所以屈原《天问》才有"穆王巧梅,夫何为周流?环理天下,夫何索求"这样的问语。穆王周流天下,除了有他本人的"巧梅(贪)""索求"之心而外,其最大原因,无非是向四周小国夸耀周王朝的威德罢了。这样就容易随着他的有传说夸张的行程,在他的身上产生一种神性的光圈,使他由历史人物跨进神话人物的行列,给后来的诗人和哲学家以极大的感兴。

七五　徐偃王

徐偃王传说是和周穆王同时的人，但却不见于先秦史乘，仅见于《尸子》和《荀子·非相》。《荀子·非相》说："徐偃王之状，目可瞻焉。""目可瞻焉"原作"目可瞻马"，据梁启雄《荀子柬释》改。云：焉借为颜，颜，额也。徐偃王眼睛可以看见自己的额头，可真是个怪人。《尸子》（辑本）也说："徐偃王有筋而无骨。"又说："徐偃王好怪，没深水而得怪鱼，入深山而得怪兽者，多列于庭。"这就表明其人不单形貌怪，就连性情爱好也怪，应该是属于神话传说范围内的人物。

还有一点可以证明他是传说人物。《史记·秦本纪》说："徐偃王作乱，造父为缪王（穆王）御，长驱千里以救乱。"以他为和周穆王同时，而《韩非子·五蠹篇》说："徐偃王处汉东，地方五百里，行仁义，割地而朝者，三十有六国。荆文王恐其害己也，举兵伐徐，遂灭之。"荆文王就是楚文王，便是以徐偃王和楚文王同时。而《史记·秦本纪》正义说："按《年表》，穆王元年去楚文王元年三百一十八年。"徐偃王假如没有彭祖的长寿，当然不能同时生存于两个不同的时代，则其为传说的人物可知。

有关徐偃王的神话传说，直到晋代以后才有比较完整的记叙。《博物志·异闻》说：

《徐偃王志》云：徐君宫人娠而生卵，以为不祥，弃之水滨。独孤母有犬名鹄苍，猎于水滨，得所弃卵，衔以东归。独孤母以为异，覆煖（暖）之，遂㹿（烰fú）成儿。生时正偃，故以为名。徐君宫中闻之，乃更录取。长而仁智，袭徐君国。后鹄苍死，生角而九尾，实黄龙也。偃王又葬之徐界中，今见存。偃王既袭其国，仁义著闻。欲舟行上国，乃通沟陈、蔡之间，得朱弓矢。以己得天瑞，遂因名为号，自称徐偃王。江淮诸侯皆伏从，伏从者三十六国。周王闻之，遣使乘驷，一日至楚，使伐之。偃王仁，不忍斗害其民，为楚所败。逃走彭城武原县东山下。百姓随之者以万数，遂名其山为徐山。山上立石室，有神灵，民人祈祷，今皆见存。

《博物志》所据的《徐偃王志》，不知何时何人撰，从记叙内容看，肯定是有古代神话传说的凭依而非向壁虚造。单从徐偃王是卵生这一点就可以作为证明。徐本嬴姓，传说就是那佐禹治水有功的伯益的子孙后代，是古代东夷民族的一个分支。中国古代东方民族中，普遍流传的是鸟和鸟卵生人的神话，因而《左传·昭公十七年》记叙有少皞氏"为鸟师而鸟名"的神话，《诗·玄鸟》记叙有"天命玄鸟，降而生商"的神话，《史记·秦本纪》记叙有"女脩（xiū）织，玄鸟陨卵，女脩吞之"，生子遂为"秦之先"的神话，《后汉书·扶余传》也记叙有扶余王东明卵生的神话，等等。这里所记徐偃王神话，也说他是神犬衔徐君宫人所弃卵回家遂覆暖成儿，足见确实是有古神话的依据。

但是，研讨徐偃王神话，也要用批判的眼光。因为徐偃王这个人物，是以"行仁义"或"仁义著闻"而为人称道的，而"仁义"这种虚伪的说教恰好是儒家之徒妄图恢复一去不复返的奴隶制社会而倡导的。在奴隶制度面临总崩溃的春秋战国之交，新兴的地主阶级起来，要使用地主阶级专政的工具——法律和军队——来推行他们的主张，而不用虚伪的"仁义"。那个时代，谁也没有认真去实行过仁义，实际上也是行不通的。传说中的徐偃王，大概是受了孔孟之道的毒害，老老实实而又不合时宜地去奉行仁义，所以演成了后来的悲剧。《韩非子·五蠹篇》批评他说："徐偃王行仁义而丧其国。"不是没有道理的。

至于他之为人称道，流为传说，演为故事，大概是汉代以后的事。那时封建社会已经完全确立，并且开始露出一些大大小小的破洞，人们切身感受到统治者对他们横征暴敛、剥削压迫的痛苦，因而对曾经"行仁义而丧其国"的徐偃王产生了憧憬和惋惜，这样才在有些地方流传起他的神话传说来的。先秦时代有关他的传说，只是说他"怪"，至多说他"行仁义"而亡国，没有说他为人民拥护，竟至逃走时还"随之者以万数"的。说他为人民拥护，那是后来的事。单从《博物志》所记徐偃王的这段神话看，他也只是一个志大才疏，做事虎头蛇尾的懵懂人物，远不足当英雄的形象。什么"仁不忍斗害其民"，不过是块无识无能的遮羞布。倒是周王（周穆王）的形象在记叙中显得英武果决，"遣使乘䭴，一日至楚，使伐之"，给了这个草头王以无情的打击。

《太平御览》卷三〇五引《竹书纪年》说："周穆王四十七年，伐纡，大起九师，东至于九江，比鼋以为梁。"徐旭生《中国古史的传说时代》认为：纡与徐同音，伐纡就是伐徐。照此说来，周穆王伐徐，竟是有古史的凭依的了。不过我们要知道，中国的古史，其实也多半是神话传说。即如这里所记的"比鼋以为梁"，其他地方引作"叱鼋鼋以为梁",周穆王呼叱鼋鳌来替他的军队架桥梁,自然含有浓厚的神话的意味,把周穆王也当作了具有神性的人物。《古本竹书纪年辑校订补》又还记了这么一条:"穆王南征,一军尽化,君子为猿,小人为飞鸮。"不系年,大约也是伐纡即伐徐的事。这也具有神话性质,说明穆王伐徐,战争进行也还是相当酷烈的,他的军队不论"君子"或"小人",大都已经化为异物了。如果这条记叙可以和徐偃王神话联系起来,那么徐偃王也并不是如后来所传的"不忍斗害其民"、一击即溃的"仁"而近懦的人物。不过,这也只是揣拟,并没有直接的凭证,只好把它当作是徐偃王传说中有此可能的传说之一来认识罢了。

七六 "檿弧箕服"

如果说周穆王见西王母神话是标志着周王朝还处于兴盛时期的话，那么周幽王宠褒姒神话就标志着周王朝已趋于衰微，从此一蹶不振了。周幽王宠褒姒，是历史，也是神话，其中有一些神话的因素，但也夹杂了不少迷信伪妄的东西。凡是古代某个王朝处于衰亡时期传出来的故事，总是少不了要夹杂着许多这样的东西的。

《楚辞·天问》说："妖夫曳衒（衔），何号于市？周幽谁诛，焉得夫褒姒？"问的就是周幽王缘何得到褒姒而宠之的这么一回事。故事的内容很曲折离奇，从《国语·郑语》就开始记叙了，以后《史记·周本纪》也记叙了它，然后是《列女传·周幽褒姒》，记叙得更是有条不紊——虽然是站在歧视妇女的立场来记叙的。为了尽量避免繁冗，勾画出故事的轮廓，我们还是引用《列女传》的记叙，而适当做了一些删节：

  褒姒者，童妾之女，周幽王之后也。初，夏之衰也，褒人之神，化为二龙，同于王庭。夏后卜杀之与去之，莫吉；卜请其漦（chí，涎沫）藏之而吉。乃藏漦椟中，置之郊，至周，莫之敢发也。至周厉王之末，发而观之，漦流于王庭，化为玄蚖（xuán），入后宫。府之童妾未毁而遭之，既笄（jī）而孕。当宣王之时，产，无夫而乳，惧而弃之。

  先是，有童谣曰："檿（yǎn）弧箕服，实亡周国。"宣王闻之，后有夫妻卖檿弧箕服之器者，王使执而戮（缪）之。夫妻夜逃，闻童妾女遭弃而夜号，哀而取之，遂窜于褒。长而美好，褒人姁（xǔ）有罪，献之以赎。幽王受而嬖之，号曰褒姒。

既生子伯服，幽王乃废申侯之女而立褒姒为后，废太子宜咎而立伯服为太子。幽王惑于褒姒，褒姒不笑，幽王乃欲其笑，万端，故不笑。幽王为举烽燧大鼓，有寇至则举，诸侯悉至而无寇，褒姒乃大笑。幽王欲悦之，数为举烽火，其后不信。诸侯不至，申侯乃与缯、西夷、犬戎共攻幽王，遂杀幽王于骊山之下。

《楚辞·天问》所说的"妖夫曳衒（衔），何号于市"，就是指在周都镐京市上号叫售卖"檿弧箕服"（山桑弓和箕草箭袋）的怪人夫妇；"周幽谁诛，焉得夫褒姒"，就是说周幽王将诛褒人姁，褒人姁献褒姒以赎罪，以致后来褒姒得宠，"实亡周国"，应了童谣所说的那两句话。童谣所说的两句，到六朝梁萧绎《金楼子·箴戒篇》又有了一些变异，说是："周宣王时歌云：'皦（jiǎo）皦白服，实亡周国。'宣王下令国内有白服者杀之。时褒姒初生，父母不养而弃。白服者闻婴儿啼，因取以犇（bēn）褒。后褒人以姒赎罪，因名褒姒焉。"褒姒生子，恰名白服，后被幽王"废太子而立之，用褒姒为后"：童谣的"白服"，原来应在此子身上。不管是什么变异，其为妖妄迷信则一。

处于长时期奴隶社会和封建社会的我国，无论历史家或文人士大夫，总是容易用非历史的歧视妇女的偏见看问题。每每把改朝换代时亡国一方的亡国责任推到妇女身上，因而夏有妹喜，殷有妲己，周有褒姒，三个女人倾覆了三个王朝，灭亡了三个国家，传为千古奇谈。就中褒姒的被诋毁似乎更甚。《诗·正月》说："赫赫宗周，褒姒灭之。"《瞻卬》也说："哲夫成城，哲妇倾城；懿维哲妇，为枭为鸱；妇有长舌,为厉之阶。乱匪降自天,生自妇人;匪教匪诲,实维妇寺。"释之者都以为是指褒姒的事,看来大概是的。《正月》的作者责骂褒姒灭亡了煊赫的"宗周"(指周都镐京),《瞻卬》的作者更是历数褒姒的罪过:他们诋毁褒姒并无足怪,因为他们都是士大夫,为了维护统治者的利益,出于他们阶级的阶级本性,非要如此不可。就连后来史传的作者也难免不有这些现象。例如本节所录《列女传》的记叙,把褒姒和妹喜、妲己同列于"孽嬖"类,就可见其一斑。所谓"孽"者,妖孽也;"嬖"者,嬖幸也——"孽嬖"就是说这些妖孽的女人而遭嬖幸者。性质既定,于是"亡国祸水"的罪名自然便落在她们的头上。其实在这些被称为"亡国祸水"的女人中,褒姒倒是最无辜的。

我们来看看褒姒的身世罢。褒姒,她本是"不夫而育"的王宫里的童妾(女奴隶)的弃子,被在镐京市上卖山桑弓和箕草箭袋的乡下夫妇收养起来,因有罪逃奔褒国,一家人做了"褒人姁"(名叫"姁"的褒国贵族)的奴隶,后来"褒人姁"复因有罪被幽王所囚,这才把长大成人而美好的她奉献给幽王用以赎罪。这样看来,褒姒的身世自始至终都是一个奴隶的身世。母亲是奴隶,义父母是奴隶,本人也是奴隶——奴隶又兼孤女。"不好笑"的缘由,可能是她孤凄的奴隶身世,也可能是有关爱情或别的什么,那就很难说了。总之,"不好笑"是表征着抑郁寡欢而不表征着欢乐多喜,却是可以肯定的。然而她这与众不同的神情,从一个淫昏的君主的眼光中看来,却是更加富于魅力,因此才有周幽王烽火戏诸侯,把国家大事当作儿戏,以博美人一笑,终至弄到亡国丧身的最愚蠢的举动表现出来。国亡了,家破了,历史的悲剧演出了,人们不去着重责备身任编导兼主角的周幽王,反轻易把亡国破家的责任推到一个做奴隶的孤女身上,目之为"孽"为"妖",这实在是很不公平的。

七七　苌弘之死

幽王被杀，平王东迁以后，传了十代，传到灵王手上，周王朝的衰微形势便成了定局了。可是在这时候，却出了两个历史人物而兼神话人物：一个是灵王的臣子，号称"周室之执数者"（《淮南子·氾论篇》）的苌（cháng）弘；另一个是灵王的儿子太子晋，是古代有名的仙人号称"王乔"或"王子乔"的。本节单说苌弘。

《史记·封禅书》说："苌弘以方事周灵王，诸侯莫朝周，周力少，苌弘乃明鬼神事，设射狸首。狸首者，诸侯之不来者。依物怪，欲以致诸侯。诸侯不从，而晋人执杀苌弘。周人之言方怪者，自苌弘。"古人文章，简略疏阔，常只能表达大意，未可详求。因此有的地方，就给后来的读者设下了疑难障碍，须用心寻绎，才能理解。例如这里的"狸首"二字，就有些费解。《文选·上林赋》说："射狸首，兼驺（zōu）虞。"郭璞注："狸首，逸诗篇名，诸侯以为射节。""狸首"，确实是逸诗的篇名，《大戴礼·投壶》载之，其辞曰："今日泰射，四正具举……"云云。但是揆（kuí）此文意，"狸首"既然是苌弘所"依"的"物怪"，是"侯诸之不来者"（《史记》集解引徐广曰："狸一名不来。"），那就绝不能说是"诸侯以为射节"的"逸诗篇名"。就应当排除此歧义的干扰，径以《说文》段注释"狸"为"野猫"的野猫头释之。苌弘"依物怪"射野猫头"欲以致诸侯"者，使用的无非是一般巫师和术士常用的交感巫术，射物创人，以遂其使诸侯朝周之意罢了。先前姜太公射丁侯，就将这种巫术使用过一回，那次是成功的。这次却是"诸侯不从"，说明巫术完全失效。结果这个"以方事周灵王"的忠心耿耿的术士苌弘，终于被晋人"执杀"了。这就是处于衰微时期的周王朝企图用装神弄鬼来力挽颓势所造成的全部悲剧，而苌弘则成了这出悲剧的牺牲者。

但苌弘却不是等闲之辈，而是具有相当神通法术的人物。《拾遗记》卷三，就记叙了一场苌弘所做的神通法术的精彩表演：

> 灵王二十三年，起昆昭之台，台高百丈，升之以望云色。时有苌弘，能招致神异。王乃登台，望云气蓊郁。忽见二人乘云而至，须发皆黄，非世俗之类也。乘游龙飞凤之辇，驾以青螭，其衣皆缝缉毛羽也。王即迎之上席。时天下大旱，地裂木燃。一人先唱能为霜雪，引气一喷，则云起雪飞，坐者皆凛然，宫中池井，坚冰可琢。又设狐腋素裘，紫黑文褥，黑褥是西域所献也，施于台上，坐者皆温。又一人唱能使即席为炎，乃以指弹席上，而暄风入室，裘褥皆弃于台下。……

这些当然都是后来的传说，文学的渲染，不过以之形容苌弘的神术，像这类招致神人的小游戏之于他，倒并不是太过分的。但为什么"设射狸首"招致诸侯却又失败了呢？推想起来，大约巫术也有正义与非正义的性质之分吧？太公射丁侯，是为了招致诸侯，同举正义的王师，讨伐殷纣，所以鬼神亲附，巫术奏效。而苌弘射狸首，则只是为衰颓的周王朝挽回颜面，想用招致诸侯朝觐来装幌子，师出无名，鬼神不亲，所以失败。但《封禅书》所说"晋人执杀苌弘"，实际上却是晋大夫叔向行反间计让周人自己杀了苌弘。

《韩非子·内储说下》说："叔向之谗苌弘也，为苌弘书谓叔向曰：'子为我谓晋君，所与君期者，时可矣，何不亟以兵来？'因佯遗其书周君之庭，而急去行。周以苌弘为卖周也，乃诛苌弘而杀之。"苌弘就是这样中计冤死了，而且死得很惨。《淮南子·氾论篇》说："昔者苌弘，周之执数者也，天地之气，日月之行，风雨之变，律历之数，无所不通，然而不能自知，车裂而死。"于叹惋之中又略寓嘲讽之意。这是苌弘死的一说。

《庄子·外物篇》说："苌弘死于蜀，藏其血三年，而化为碧。"成玄瑛疏："苌弘遭谮，被放归蜀，自恨忠而遭谮，遂刳肠而死。蜀人感之，以匮盛血，三年而化为碧玉。"《庄子·胠箧篇》也说："苌弘施。"陆德明音义说："一云刳肠曰施。"看来成疏所说苌弘"刳肠而死"是不错的。那就有点近于后来日本人的剖腹自杀，真是壮烈得很，不料这种壮烈的毕命形式还是我们首创。这又是苌弘死的另一说。至于"血化为碧"之说，不过是神话的幻想，借以慰藉众多同情这个忠而遭祸的智者的人们的心意罢了。

七八　仙人王子乔

王子乔，又叫王乔，是古代有名的仙人。《楚辞·远游》说："轩辕不可攀援兮，吾将从王乔而娱戏。"就是这个王乔，是见于先秦典籍的有据者。《列仙传》卷上对他学道登仙的全过程有很好的记叙：

> 王子乔者，周灵王太子晋也，好吹笙作凤鸣，游伊洛之间。道士浮丘公接以上嵩高山。三十余年后，求之于山上，见柏良曰："七月七日，待我于缑氏山巅。"至时，果乘白鹤驻山头，望之不得到。举手谢时人，数日而去。亦立祠于缑氏山下及嵩高首焉。

《四库提要》称《列仙传》的这类记叙为"事详语约，词旨明润"，可谓恰当。一幅仙人登仙辞世的图景，给人留下深刻的印象：乘驾着白鹤的仙人，已经要飘然高举远引了，还伫立在山头，频频向山下的亲人挥手，表示他对世间还有所依恋。因而《水经注·洛水》又记叙了一条属于地方风物的仙话（神话）说："缑氏山。……王子晋控鹤斯阜，灵王望而不得近，举手谢而去。其家得其遗屣。俗亦谓之为抚父堆，堆上有子晋祠。刘向《列仙传》云，世有箫管之声焉。""其家得其遗屣"，就是王子乔仙话（神话）流传为地方风物传说的新的增添，也是仙人依恋世间亲情的纽带。

屣是什么呢？据《汉书·地理志》颜师古注："屣谓小履之无跟

者也。"那么光景就像是如今的拖鞋,所以才轻易地从云端堕下而为"其家"所"得"。不过说也奇怪,有关王乔或王子乔的神话(仙话),总是和履之类的东西有些联系。《易林·谦之谦》说:"王乔无病,狗头不痛;亡跛失履,乏我送从。"这几句话很有些费解,不知所谓,只是知道他曾"失履"而已。《风俗通义·正失篇》记叙了另一个仙人王乔的故事,有点近于《易林》所说"失履"的情景:

> 俗说孝明帝时尚书郎河东王乔迁为叶令,乔有神术,每月朔,尝诣台朝。帝怪其数而无车骑,密令太史候望。言其临至时,尝有双凫从南飞来。因伏伺,见凫举罗,但得一双舄(xì)耳。使尚方识视,四年中所赐尚书官属履也。

《易林》的作者焦延寿(赣)是西汉宣帝时人,而这个"迁为叶令"的河东王乔则是东汉明帝人,看来似乎和他有些联系不上,但事情也很难说。《风俗通义》在记叙了上述奇异事及叶令殁后其他一些怪异事后,又在末尾赘了这么一句:"言此令即仙人王乔者也"。于是东汉时代的王乔又和古仙人王乔的事迹混淆起来了。以知这些都是神话传说,并非历史,本来容易因为流传演变的关系而相溷的。

古仙人王乔也有一段关于鸟和履的神话被记录在《天问》王逸注引古本《列仙传》里,文云:

> 崔文子学仙于王子侨,子侨化为白蜺,而婴茀持药与崔文子。崔文子惊怪,引戈击蜺,中之,因堕其药。附而视之,王子侨之尸也。崔文子取王子侨之尸,置之室中,覆之以弊筐(筥)。须臾,则化为大鸟而鸣,开而视之,翻飞而去。

闻一多《楚辞校补》说：文中两处"王子侨之尸"的"尸"字，均当是"履"字的缺损。先不说考证，但观其所写情景，确也当是"王子侨之履"，所以他的处置措施："置之室中，覆之以弊筐"，才那么从容不迫。否则见了"王子侨之尸"的崔文子，岂但会如初见子侨化白蜺的"惊怪"而已，简直应该是惊慌失措了。然而他并没有，以知不过只是"王子侨之履"。这里是履化大鸟，河东王乔那里则是双舄化为双舄，审视之乃是"四年中所赐尚书官属履"。化来化去，都不过是履鸟之变，以知后来传说的那个王乔确实很可能便是古仙人王乔传说的流传演变。

至于古仙人王乔，他实在的身影只不过是周灵王的太子晋。太子晋少年聪颖，英明有为，当他年纪十三四岁的时候，谷水和洛水合流，泛滥到王宫下面，将要冲毁王宫。灵王忙命人筑土壅水，太子晋居然去谏诤他的父王，说出一番不可壅水的大道理（见《国语·周语下》）。灵王虽然没有采纳孩子的谏言，但孩子有胆识的声誉却传扬到了四外，使远近诸侯都很佩服。晋国国境和周国接壤，周国声就和复与两处田地早被强大的晋国侵占过去，晋平公听说周王太子英明，怕将来太子继位，惹起麻烦，便先派遣叔向到周国去探听一下虚实。叔向回来说："太子真是了不起，我和他谈话，五个话题竟被他问难住了三个，请把声就和复与两处田地归还给周国算了。"晋平公正打算还田，乐官师旷听了不服气，请求再派他去周国试试。师旷衔了晋平公的使命，又去周国探听回来，向晋平公报告说："太子确实聪明有才干，可惜，当我和他谈话的时候，我听他说话的声音清亮中带着点嘶嘎、痰喘，可以想象得到，他的脸色一定红得像火烤，这种人无疑是痨病腔子，用不着主上操心，要不了三年，他就会上天去见天帝爷了。"果然，不到三年，太子晋去世的讣闻就来到了晋国，因此，声就和复与两处田地仍安安稳稳掌握在晋国手里（见《周书·太子晋篇》）。原来历史上的太子晋是因病早夭而死，神话上却说他是跨鹤登仙，还有那些履和鸟的变异之类，现实和幻想间的差距，真是教人惊异。虽说像《周书》所记的那些，也含有传说的因素，不一定纯属历史。

七九　老子与关令尹喜

老子是道教的祖师，也是仙话（神话）中一个很有名的人物。老子的仙话（神话），大概是三国魏晋以后才逐渐发展起来的。先有东汉三国的分裂，后有两晋十六国的扰乱和破坏，士大夫逃避现实，崇尚虚无，老庄玄学之风大畅。影响及于民间，加上道士们的渲染，传说人物的老子自然便成了神话人物。记载老子神话事迹最完备的，自然首推葛洪《神仙传》卷一的《老子》一篇，但也正如同卷《彭祖》篇一样，其中糟粕太多，所可录的，只有开头一段：

> 老子者，字伯阳，楚国苦县曲仁里人也。其母感大流星而有娠，虽受气天然，见于李家，犹以李为姓。或云老子先天地生。或云天地之精魄，盖神灵之属。或云母怀之七十二年乃生，生时剖母左腋而出，生而白首，故谓之老子。或云其母无夫，老子是母家之姓，或云老子之母，适至李树下而生，老子生而能言，指李树曰："以此为我姓。"

即使是这一段，也看得出来，是谬悠之谈，异说纷纭，不过倒也还符合神话因素附会在一个传说人物身上时它自身的规律。本来在《史记·老庄申韩列传》中所记叙的老子，就每多游移之辞，常将他和老莱子与周太史儋相混，记得并不那么踏实，似乎只是一个传说人物。到葛洪《神仙传》，所以单讲老子的出生，就有这么多纷纭的异说了。其实还没有包罗尽致，例如《古小说钩沈》辑《小说》说："老子始下生，乘白鹿入母胎中。"便是遗漏的一条。至于老子之所以名叫"老子"，《神仙传》有很好的解释。"生而白首，故谓之老子。"这是一条。"时俗见其久寿，故号之为老子。"这又是一条。有此二条：老子先天的"老"和后天的"老"，就派定了这个人物本身具有的合乎神仙条件的神话性质。

但除了一些伪妄迷信、辗转抄袭的言谈而外，真正称得上是老子神话的，检点起来，其实并不太多，并且主要集中在和另一个名叫"关令尹喜"的人物的关系上：

> 老子西游，关令尹喜望见其有紫气浮关，而老子果乘青牛车而过。（《古小说钩沈》辑《列异传》）
>
> 老子为关令尹喜著《道德经》。临别，曰："子行道千日后，于成都青羊肆寻吾。"今为青羊观是也。（《太平御览》卷一九一引《蜀本纪》）
>
> 老子乘青羊降，其地有台存。（《蜀中名胜记》引《古今集记》）

《列异传》旧传为三国魏曹丕撰，《蜀本纪》则是三国蜀谯周撰，二人生同时，谯周略后，如果前一段神话零片撰人无问题，那么老子神话的主体在那个时代可说便定下来了。至于末段《古今集记》所云，只不过是神话的一点补充，说明老子在成都青羊肆度关令尹喜升仙时，是"乘青羊降"的，已经无关紧要。而且明眼人不难看出，这个补充其实有些拙劣，近于蛇足，因为在老子来前，成都已有"青羊肆",此复"乘青羊降",岂不是重复啰嗦么?为其意境较高,故亦录而存之。

关令尹喜这个人物,他的名字,有几种说法。通常的一种,是说函谷关的关令名叫尹喜的(《列仙传》卷上),还有是说函谷关的关尹名叫喜的,也有说喜是动词,剩下只是无名无姓的关令尹。寻绎《老庄申韩列传》语意,"老子……至关,关令尹喜曰:'子将隐矣,强为我著书。'"喜字确该是动词。一切后来的仙话都是以此为据,所以尹喜或喜这样的名称恐怕都属附会,这个人物实际不过是个没有名姓、只有官职称谓的传说人物。在这个人物的身上,后来也附会了一些神话的因素。如《太平御览》卷五六引《关令内传》说:"关令尹喜生时,其家堂陆地自生莲花,光色鲜盛。"《列仙传》卷上说:"喜内学,常服精华,隐德修行,时人莫知。老子西游,喜先见其气,知有真人当过。物色而遮之,果得老子。"至于尹喜怎样"物色而遮之",则以《太平御览》卷六六一引《三一经》说得最形象具体:"及老子度关,喜先诫官吏曰:'若有翁乘青牛薄板车者勿听过,止以白之。'果至,喜带印绶,设师事之礼,老子重辞之。喜曰:'愿为我著书,说大道之意,得而奉行焉。'于是著《道德经》上下二篇。"这就是说,老子未至关时,尹喜已由望气知道其将至,说明他本身已先具备了学道的根基。

老子这个神话人物与关令尹喜这个神话人物在函谷关(或说散关)相遇后,照前面所引《蜀本纪》的说法,是老子叫关令尹喜去"成都青羊肆"上相晤;而照《列仙传》的说法,则是(尹喜)后与老子俱游流沙化胡"。都是传说,当有歧异,自不必去辨其孰是孰非。而据后说,则还说"老子入胡,作樗(chū)蒲"(《艺文类聚》卷七四引《博物志》),大约所作樗蒲就是他"化胡"的初阶,是以游戏而传道了。

而前说可谓是"老子度人说"。老子除在成都青羊肆上度过首先和他相遇的关令尹喜外,还在焦山(在今湖北省镇江市)度过一个名叫"傅先生"的学道人。这个故事,似乎更有意思:

> 傅先生入焦山七年,老君与之木钻,使穿一石,厚五尺,云穿此便当得道。其人昼夜钻之,积四十七年,钻尽石穿,遂得仙丹升天。(《锦绣万花谷》前集卷三〇引《真诰》)

这段记叙原见陶弘景《真诰·甄命授》,文较繁,故引此节文。从以上所引可见,它穿的虽是仙话外衣,骨子里却是有着神话的精神实质。它教人研求真理,当如木钻钻磐石,既须苦钻,也得巧干,持之以恒,操之以韧,不管时间多长,木钻终能钻穿磐石。像老子这样的度人,还是"有足多者"的啊!

八〇　眉间尺

春秋战国之交的那个时代，正是奴隶制社会逐渐趋于崩溃，封建制逐渐代替奴隶制、取得统治地位的巨大变革时代。在这个时代流传下来的关于眉间尺的神话，就是广大人民群众对贵族奴隶主残暴不仁的有力的控诉，并且是对奴隶们以百折不挠的精神起来做反抗斗争而终于取得胜利的热情的颂歌。

故事是从铸剑开始的。吴国的工师干将替吴王阖闾铸造了两把宝剑，雄的叫干将，雌的叫莫邪——莫邪就是干将妻子的名字。为了铸造这两把宝剑，干将夫妻都曾作出巨大的牺牲。一说夫妻俩因锻冶时"金铁之类不销"，夫妻都"断发揃爪，投之炉中""金铁乃濡，遂以成剑"（《文选·七命》注引《吴越春秋》）。另一说则是干将的妻子莫邪以身为牺牲，奋身跃进炉中，以祭炉神，因而成剑（唐吴广微《吴地记》），其行事就更加伟烈了。干将将打造好的两把宝剑，自己藏一把，献一把给吴王。

这段故事是《吴越春秋·阖闾内传》开始记述的，到此为止，没有再发展下去。人们不知道干将为什么要将打造好的宝剑藏一把献一把。故事流传演变，到据说是魏曹丕撰的《列异传》（已佚，鲁迅《古小说钩沈》有辑录），成为眉间赤（尺）神话，才知道干将藏剑。原来早知道作为工艺奴隶的他，当他把天下最好的工艺品武器贡献给主上时，等待他的必然是死亡的命运（因为怕他有朝一日会流亡国外再去替其他国君造剑）。他不甘心在暴君的淫威下无辜横死，所以要留下一把宝剑，让子孙拿了它去替他报仇雪恨。眉间尺神话就是奴隶子孙为自己先人报仇雪恨的神话。这个神话《太平御览》卷三六四所引的《吴越春秋》（今本无）、《广博物志》卷三二所引的《列异传》（较鲁迅《古小说钩沈》所辑为详）和《搜神记》卷十一均有记录，以《搜神记》的记录尤为详备，现在就把《广博物志》所引《列异传》移录如下，略见梗概：

> 眉间赤名赤鼻，父干将，母莫邪。父为晋王（一作楚王）作剑，藏雄送雌。语其妻曰："吾藏剑在南山之阴，北山之阳，松生石上，剑在其中矣。君若杀我，尔生男，以告之。"乃至，君觉，杀干将。妻后生男，名赤鼻。斫南山之松，不得剑，于屋柱中得之。晋君梦一人，眉广三尺，辞欲报仇，购求甚急。乃逃朱兴山，道逢一客。客问曰："子眉间赤乎？"答曰："是也。""吾能为子报仇。"赤曰："父无分寸之罪，枉被杀戮，今君惠念，何所用耶？"客曰："须子之头并子之剑。"赤乃与头。客乃与王。王大赏之，即以镬煮其头，七日七夜不烂。客曰："此头不烂者，王亲临之。"王即视之。客于后以剑斩王头入镬中，二头相啮。客恐尺不胜，自以剑拟头入镬中，三头相咬。七日七夜，一时俱烂。乃分葬之，名曰三王冢。

干将本来是为吴王阖闾作剑，传说演变到后来，又说是为晋王，或说是为楚王。说是为吴王，还有一点历史的影子，到《列异》《搜神》所记，说是为晋王或楚王，就纯粹是神话传说了。眉间赤《御览》引《吴越春秋》作"眉间尺"，我们认为作眉间尺是对的。因为据《搜神记》的记述,"(楚)王梦见一儿,眉间广尺",所以正应该作"眉间尺"。眉间尺是正名,眉间赤乃是谐音。至于眉间尺父子所斗争的王,一般传说是楚王,这也是较合情理的。因为古时吴楚国境毗连、传为吴的神话很容易又会传而为楚。《天中记》卷二二引《吴赵春秋》末尾说:"三头相咬,七日后一时俱烂,不可识别。乃分其汤肉而葬之,今在汝南宜春县界,名曰三王冢也。"宜春县(今宜春市)属江西省,正是古代楚国的属地,所以应该是楚王;若作晋王,首先在地理位置上就说不过去了。

这个神话虽然可能是在春秋战国之交奴隶制社会开始崩溃时期传出来的,但记录此一神话已在汉末到魏晋时期,因而所反映的情景,就不单纯是奴隶制社会崩溃时期的情景,而又加上了一些封建社会的积尘。例如眉间尺"道逢"的那个"客",就像是司马迁在他的《史记·游侠列传》里所叙写的朱家、郭解一流人物,是个自由民,而不像是个逃亡的奴隶。虽然最初所传的舍却生命去为眉间尺父子报仇赴死的必然应该也是一个奴隶——一个逃亡在外无家可归的奴隶。

神话主要是歌颂了眉间尺为父报仇不惧艰险、不怕牺牲的精神和道逢客代他父子二人报仇的既勇敢而又机智的大无畏精神。从反面也就刻画出了那个残暴、愚蠢的楚王形象。《搜神记》记叙眉间尺遇道逢客和道逢客为眉间尺父子报仇一段最是精彩:

> 王梦见一儿,眉间广尺,言欲报仇。王即购之千金。儿闻之亡去,入山,行歌。客有逢者,谓:"子年少,何哭之甚悲耶?"曰:"吾干将,莫邪子也,楚王杀吾父,吾欲报之。"客曰:"闻王购子头千金,将子头与剑来,为子报之。"儿曰:"幸甚。"即自刎,两手捧头及剑奉之,立僵。客曰:"不负子也。"于是

乃仆。客将头往见楚王，王大喜。客曰："此乃勇士头也，当于汤镬煮之。"王如其言，煮三日三夜不烂。头踔出汤中，瞋（瞑）目大怒。客曰："此儿头不烂，愿王自往临视之，是必烂也。"……

以后就是人头在汤镬中战斗的戏剧的高潮。《搜神记》略而未写，是其缺点。古本《吴越春秋》和《列异传》都写了，是二书记叙的优胜处。汤镬中战斗激烈，从"二头相啮"到"三头相咬"，通过神话幻想的三棱镜，曲折地反映出了暴君楚王为人民所共愤，大有《书·汤誓》所说"时日曷丧，予及汝偕亡"的意味。果然后来"三首俱烂，不可识别，乃分其汤肉葬之，故通名三王墓"（《搜神记》）。神话的结末给我们遗留下一个最大的讽刺：讽刺暴君楚王要想拿他国君的威权来杀害并戏侮人民，结果反被誓和暴君同归于尽的人民来分享了国君的尊荣。

八一　韩朋鸟

为了爱情牺牲而化为鸟、蝶之类的神话在我国民间传说中是屡见不鲜的，例如我们下面就要讲到的杜宇。古书记叙说是杜宇化作了杜鹃鸟，现代民间传说则说杜宇夫妇都化作了杜鹃鸟；还有我们暂不打算要讲的焦仲卿夫妇、梁山伯夫妇，也都分别化鸳鸯或化蝴蝶去了。我们现在要讲的这个韩朋鸟神话，据说这种鸟形状像鸳鸯，就是被宋康王所迫害而牺牲的韩朋夫妇的精魂所化。

韩朋，古书的记叙原作韩凭，到唐代，通俗文艺的变文之类出现，才将韩凭改写做了韩朋。王重民等编的《敦煌变文集》有《韩朋赋》一卷，记的便是唐代民间所传韩朋夫妇的神话；唐刘恂《岭表录异》所记韩朋鸟神话，大体上便是本于《搜神记》所记韩凭夫妇神话，不过名称已经由韩凭而改为韩朋罢了。

《搜神记》卷十一所记韩凭夫妇神话如下：

宋康王舍人韩凭，娶妻何氏，美，康王夺之。凭怨，王囚之，论为城旦。妻密遗凭书，谬其辞曰："其雨淫淫，河大水深，日出当心。"既而王得其书，以示左右，左右莫解其意。臣苏贺对曰："其雨淫淫，言愁且思也；河大水深，言不得往来也；日出当心，心有死志也。"俄而凭乃自杀。其妻阴腐其衣，王与之登台，妻遂自投台。左右揽之，衣不中手而死。遗书于带曰："王利其生，妾利其死，愿以尸骨赐凭合葬。"王怒，弗听，使里人埋之，冢相望也。王曰："尔夫妇相爱不已，若能使冢合，则吾弗阻也。"宿昔之间，便有大梓木，生于二冢之端，旬日而大盈抱，根交于下，枝错于上。又有鸳鸟，雌雄各一，恒栖树上，晨夕不去，交颈悲鸣，音声感人。宋人哀之，遂号其名曰相思树。相思之名，起于此也。南人谓：此禽即韩凭夫妇之精魂。今睢阳有韩凭城，其歌谣至今犹存。

六朝陈徐陵的《玉台新咏》对此神话故事又有所补充，云：

韩凭，战国时为宋康王舍人，妻何氏美，王欲之，捕舍人筑青陵台。何氏作《乌鹊歌》以见志，遂自缢死。"南山有乌，北山张罗；乌鹊高飞，罗当奈何！乌鹊双飞，不乐凤凰；妾是庶民，不乐宋王！"

有了这一首歌（自然很可能是假托的），就把韩凭妻何氏的形象刻画得更完美了。"妾是庶民，不乐宋王！"这是何等凛然的志节！正因为有这样的志节，所以才能抗拒暴君富贵的引诱和威权的压迫。韩凭夫妇双双用生命来战胜了暴君的淫威，表明即使是至高无上的君主，要夺走人们的生命比较容易，而要压服人们的精神和意志就非常困难了。

宋康王这个暴君，性格上有两个特点，一是好勇力，二是好神仙。《列子·黄帝篇》说："惠盎见宋康王，康王蹀足謦咳，疾言曰：'寡人之所说（悦）者，勇有力也，不说（悦）为仁义者也。'"这就把他的宗旨宣布得很是明白。《太平御览》卷六八四引《桓谭新论》

说，"宋康王为无头之冠以示勇。"更显示了他性格的特点。"为无头之冠以示勇"，大约是要模仿神话英雄刑天的那种战斗精神吧，但用在一个暴君的身上始终只是觉得滑稽而不相称的。这是说他好勇力。再说他好神仙。《太平御览》卷九八四引《唐子》说："仙人韩终为韩冯（凭）之兄，为宋王采药，王不肯服之，终因服之，遂得仙。"韩终为韩凭之兄，这是一条神话的异闻。从这条记叙看，韩终"为宋王采药"者，自然首先是受了宋王的委命才去采，不是贸然自己去采的。"王不肯服之"者，很可能便是因为王杀韩凭，疑而未肯服也。这条记叙，绝不说明宋康王不信神仙，反倒说明他信之专笃，故不肯以生命去轻试未经证实的可疑药物。迨韩终服之而仙，康王悔之晚矣。

现在再说韩朋鸟。神话最后叙写的"有大梓木，生于二冢之端，旬日而大盈抱，根交于下，枝错于上；又有鸳鸟，雌雄各一，恒栖树上，晨夕不去，交颈悲鸣"的情景，无疑便是不屈服的韩凭夫妇的精神与意志的形象的表现。《孔雀东南飞》诗里所写焦仲卿夫妇情死以后的光景："两家求合葬，合葬华山傍。东西植松柏，左右种梧桐。枝枝相覆盖，叶叶相交通。中有双飞鸟，自名为鸳鸯。仰头相向鸣，夜夜达五更。"也是这样。或是受了记录以前流传的韩凭神话的影响，或者韩凭神话末尾部分竟是沿袭此诗的意境而来。但是看得出来，《孔雀东南飞》诗虽然最后有一个化鸟的神话色彩的结尾，却是显得哀怨无力。而韩凭神话末尾冢端所生的大梓木和树上双栖的鸳鸯鸟，却给人以非常突出、富有战斗力的印象。因为树和鸟的生长和出现，原是要和愚悍的暴君继续进行斗争啊。这斗争通过幻想的方式向人们宣布韩凭夫妇已取得了最后胜利，所以世世代代才有如像刘恂《岭表录异》所记叙的、形状像鸳鸯的名叫"韩朋鸟"的这种南方特有的鸟的品种留传下来。

八二　鲁班的传说

鲁班，又叫鲁般，据说就是春秋末叶鲁国的公输般，曾经为楚国制造云梯去攻打宋国，后来被墨子当着楚王面前，"九距"其"九设攻城之机变"（《墨子·公输篇》），将他制止住了，应当是一个历史上实有的人物。但是，从历代民间传说中的鲁班看，他似乎又只是一个能工巧匠的代名词，出现在每个时代，应该是一个虚构的传说人物才对。

关于鲁班传说最早见于记录的是《淮南子·齐俗篇》。《齐俗篇》说："鲁般、墨子以木为鸢而飞之，三日不集。"表现了他作为工匠的高超的技巧。故事性较强的鲁班传说则最早见于《论衡·儒增篇》。《儒增篇》说：

> 世传言曰，鲁般巧，亡其母也。言巧工为母作木车马，木人御者，机关备具，载母其上，一驱不还，遂失其母。

这个传说，多少带点滑稽讽刺的意味。一方面是在赞美鲁班的"巧"，另方面却又是弄巧反拙："亡其母也"。不过设想鲁班能造"机关备具"的"木人车马、木人御者"，而且还能"一驱不还"，自动化到了那样的程度，确实也是够巧妙的。

稍后一点有《水经注·渭水》的记叙：

渭桥，旧有忖留神像。此神尝与鲁班语，班令其人出。忖留曰："我貌狠丑，卿善图容物，我不能出。"班于是拱手与言曰："出头见我。"忖留乃出首。班于是以脚画地，忖留觉之，便还没水。故置其像于水，惟背以上立水上。

忖留不知何神，大概是水怪之属。《群书拾补》辑《风俗通逸文》说公输般发明"门户铺首"（一种附着门上用以衔环加锁钥的金属制品），就是为了看见"水上蠡（𧕋，螺）"。公输般叫它"开匣见形"，"蠡（螺）适出头，般以足图画之，蠡（螺）引闭其户，终不可得开。般遂施之门户，欲使闭藏当如此周密也"。所谓忖留神，可能就是蠡（螺）神；鲁班见忖留神的传说，当即公输般见水上蠡（螺）传说的演化。我们知道公输般传说实际上就是鲁班传说，故可说是鲁班因水上螺的出头闭户的形象而做了"铺首"这种家家户户必需的东西，由此可见鲁班的巧思。

正式记叙鲁班巧艺的，有《述异记》卷下所载为四条：

木兰舟在浔阳江中，多木兰树。昔吴王阖闾植木兰于此，用构宫殿也。七里洲中，有鲁班刻木兰为舟，舟至今在洲中。

天姥山南峰，昔鲁班刻木为鹤，一飞七百里，后放于北山西峰上。汉武帝使人往取之，遂飞上南峰。往往天将雨，则翼翅摇动，若将奋飞。

鲁班刻石为九州图，今在洛城石室山。

东北岩海畔有大石龟，俗云鲁班所作，夏则入海，冬则复止于山上。

四条当中,以第二条所述"一飞七百里"的木鹤为最富神话意味,这大约就是鲁般"以木为鸢而飞之、三日不集"的进一步的渲染和夸张。无怪六朝时代传说的鲁班,已经是工艺界的名人了。

关于鲁班制作木鸢的传说,到唐代又有所发展。段成式《酉阳杂俎》续集卷四说:

> 鲁般者,肃州敦煌人,莫详年代。于凉州造浮图,作木鸢。每楔击三下,乘之以归。无何,其妻有妊,父母诘之,妻具说其故。父后伺得鸢,击楔十余下,乘之,遂至吴会。吴人以为妖,遂杀之。般又为木鸢乘之,遂获父尸。怨吴人杀其父,于肃州城南,作一木仙人,举手指东南,吴地大旱三年。卜曰:"般所为也。"赍物千数谢之。般为断一手,其日吴中大雨。

这当然不是春秋末年为楚做云梯攻宋的那个鲁国公输般的鲁般,而是别一鲁般。但是,若不把鲁班作为历史人物而作为传说人物看待,则这个鲁般也是前面所说那些鲁班(鲁般)的流传演变——既是一脉相承而又有所发展的。这个鲁般所做的木鸢,论其技艺,就更是精巧了。它能够因"楔击"的多少而定所飞程途的远近,操纵自如,达到神话预见中科学水平的高峰。他的父亲偷乘至吴会而遭杀害,是不懂得机关的奥妙,莽撞乱击的缘故。从反方面的叙写,更见得鲁般所制作的木鸢之巧。但是,后段所叙的制作木仙人、大旱大雨,就未免"巧"过了头,变成纯粹是巫术和迷信的宣扬了。这也就是中国古代神话传说的记叙中,每每精华与糟粕杂陈的具体的例证之一。

古代记录的有关鲁班的传说,到鲁班修赵州桥,就算到了高峰。《湖海新闻夷坚续志》后集卷二说:

赵州城南有石桥一座，乃鲁般所造，极坚固，意谓古今无第二手矣。忽其州有神姓张，骑驴而过桥。张神笑曰："此桥石坚而柱壮，如我过能无震动乎？"于是登桥，而桥摇动若倾状。鲁般在下以两手托定，而坚壮如故。至今桥上则有张神所乘驴之头尾及四足痕，桥下则有鲁般两手痕。此古老相传，他文未载，故及之。

此书据清缪荃孙《艺风藏书记》考证，约成于元代初年，撰人阙名，距今也有近七百年的光景了。所记鲁班事已云"此古老相传"，则传说产生时代之早，可以想见。赵州桥又名安济桥，在今河北省赵县城南，本隋代大建筑家李春所设计修造。以其造做甚工，年久犹存，人不知其究竟，便托为神话传说，把造桥之功归于民间向来崇奉的鲁班。张果老试桥事已见宋周煇（chǎn）《北辕录》，云"六十里至赵州，渡石桥，桥从空架起，工极坚致，有张果老驴迹"云云。宋杜德源《安济桥》诗也说："休夸世俗遗仙迹，自古神丁役此工。"虽尚未正面提到鲁班，已隐隐有人，呼之欲出。到《湖海新闻夷坚续志》所记，鲁班造桥故事梗概便完全确立。至今民间所传，除造桥时增加了一个和鲁班比赛造桥的鲁班妹鲁姜、试桥时增加了一个"推独轮车，车载四大名山"的柴王而外，其余便和古时所传，并无二致。登上峰顶的鲁班传说，赖有赵州桥这条锁链，便自古及今地贯通起来了。

八三　秦始皇

作为一个现实的历史人物而身上附会神话因素最多的，莫过于秦始皇了。由于他用武力结束了一个群雄竞逐、战乱频仍、民不聊生的战国时代，开辟了一个第一次中国大统一的封建王朝的新局面，自然在他的头上会形成一种过去任何君王无人能及的神性的光圈。这个人帝而兼神帝的人物，本来可以英明有为，长治久安地统治下去，谱写出封建社会的瑰丽的诗篇的，然而愚蠢贪欲的他，却是残民以逞，将他手创的基业自己葬送了。因而在他的身上，一方面具有神性英雄的色彩，另方面却又如同桀纣一样，是暴君的典型。他光暗交织，闪烁无定，所以自然有许多奇闻异说，来附会在他的身上。

其中最突出的一件，是秦始皇做石桥，海神为之竖柱事。《古小说钩沈》辑《小说》说：

始皇作石桥，欲过海观日出处。时有神人，能驱石下海，石去不速，神人辄鞭之，皆流血，至今悉赤。阳城山上石，皆起立东倾，如相随状，至今犹尔。秦始皇于海中作石桥，或云，非人工所建，海神为之竖柱。始皇感其惠，乃敬通于神，求与相见。神云："我形丑，约莫图我形，当与帝会。"始皇乃从石桥入海三十里，与神人相见。左右巧者潜以脚画神形。神怒曰："速去！"即转马，前脚犹立，后脚随崩，仅得登岸。

这段神话记事，真是壮丽而惊心动魄。但是"欲过海观日出处"所为何事，仅仅是为了"观日出处"吗？恐怕不会这样简单，而是和始皇愚妄的求仙思想有关。因为传闻的蓬莱、方丈、瀛洲三神山都在东海彼岸，"过海观日"不过是为要达到此一目的的借口罢了。然而正因有了这段造桥竖柱的传说，于是或又传始皇自身就能用法术召唤石头，叫石头自己行走（见《太平御览》卷一九三引《齐地记》）；进一步更说他有驱山铎，能驱山填海（见《天中记》卷七引《玉堂闲话》）。近代民间传说说秦始皇有赶山鞭就是这样发展演变来的。这就使他真个成为神性英雄式的人物了。

由于秦始皇好神仙，所以传说他曾经和一些仙人、神人打过交道。《列仙传》记叙的安期先生，《十洲记》记叙的鬼谷先生，就是仙人中传说曾和秦始皇打过交道较著名的，但也没有特别值得称引的地方。只有秦始皇和仙人王次仲打交道的那次，最有意思，值得引述：

  大翮（hé）山、小翮山在妫（guī）州。昔有王次仲，年少入学，而家远，常先到。其师怪之，谓其不归，使人候之，又实归在家。同学者，常见仲捉一小木，长三尺余，至则着屋间，欲共取之，辄寻不见。及年弱冠，变苍颉（jié）旧书，为今隶书。始皇遣使征之不至。始皇怒，槛车囚之赴国。路次化为大鸟出车而去。至西山乃落二翮，一大一小，遂名其落处为大、小翮山。（《述异记》卷下》）

这段记叙的后半段，又有略为不同的异文。《太平广记》卷五"王次仲"条引《仙传拾遗》说："次仲化为大鸟，振翼而飞。使者惊拜曰：'无以复命，亦恐见杀，惟神人悯之。'鸟徘徊空中，故堕三翮，使者得之以进。始皇素好神仙之道，闻其变化，颇有悔恨。今谓之落翮山，在幽州界，乡里祠之不绝。"异文的补充记叙不仅使这段神话更形象生动，而且对"好神仙"的始皇做了无情嘲讽。"闻其变化，颇有悔恨"，始皇毕竟是凡夫俗子，对眼面前即可罗致的神仙竟交臂失之了。

始皇和骊山神女交往的传说也很有意思，值得略加研究。《太平御览》卷七一引《辛氏三秦记》说：

> 始皇生时作阁道至骊山八十里，人行桥上，车行桥下，金柱见存。西有温水。俗云，始皇与神女戏，不以礼，女唾之则生疮。始皇怖谢，神女为出温泉洗除，后人因洗浴。

据清俞樾《小浮梅闲话》考证，后世所传的骊山老母，实际上乃是秦人的先祖，是秦国的宗祖神。则这里所记的骊山神女，也应是骊山老母神话的分化。缘神仙都有永葆青春的能力，始皇"有眼不识泰山"，竟戏弄起自己的老祖母来了，唾而生疮，其惩也宜。这也是神话传说对"好神仙"的秦始皇的无情嘲讽。

有关秦始皇的神话很多，大都零杂琐碎，一般属于地方风物的附会。例如《水经注·河水》引《三齐略记》说："鬲城东南有蒲台，秦始皇东游海上，于台下蟠蒲系马。至今每岁蒲生，萦委有若系状。"《述异记》卷下说："秦始皇至东海，海人捧珠献于帝前。今海畔有秦皇受珠台。"《酉阳杂俎·物异》说："莱子国海上有石人，长一丈五尺，大十围。昔秦始皇遣此石人追劳山不得，遂立于此。"《汉唐地理书抄》辑《吴地记》说："秦始皇东巡，至虎丘，求吴王宝剑。其虎当坟而踞，始皇以剑击之，不中，悮（误）中于石。其虎西走二十五里，忽失。剑无复获，乃陷成池，古号剑池。",等等。无非都表示后人对于秦始皇这个历史上的著名人物还怀着相当崇敬的心理，把他当作一个具有神性的英雄看待罢了。

要用简单明确的语言对这样一个人物从神话和历史两方面做概括的综述和全面的评价是很不容易的，只有借李白《古风五十九首（其三）》的诗句来暂作本节的结束：

秦王扫六合，虎视何雄哉。挥剑决浮云，诸侯尽西来。明断自天启，大略驾群才。收兵铸金人，函谷正东开。铭功会稽岭，骋望琅邪台。刑徒七十万，起土骊山隈。尚采不死药，茫然使心哀。连弩射海鱼，长鲸正崔嵬。额鼻象五岳，扬波喷云雷。鬐鬣蔽青天，何由睹蓬莱。徐市载秦女，楼船几时回。但见三泉下，金棺葬寒灰。

八四　蜀开国者

中国古代蜀这个地区的文化发展还是较早，至少可以说并不太落后于中原地区。大约当春秋战国时代，蜀地已渐有了国家的组织，而在这以前，则是漫长时期的原始氏族社会。记载蜀地开国（从原始氏族社会到奴隶制社会初期）神话传说最早的，有扬雄的《蜀王本纪》，此书徐中舒先生以为即谯周的《蜀本纪》，已亡佚，《全上古三代秦汉三国六朝文》及《汉唐地理书抄》都有辑录，还能略见其梗概。现在把前书辑录的一段文字抄引如下：

> 蜀王之先名蚕丛，后代名曰柏濩（huò），后者名曰鱼凫（fú），此三代各数百岁，皆神化不死。其民亦颇随王化去。鱼凫田于湔（jiān）山，得仙，今庙祀之于湔。时蜀民稀少。

蜀地最早的几个"王"的情况就是如此。看得出来，神话所记，应该是原始氏族社会时期的情况。所谓"王"者，无非是氏族头人或部落酋长之类罢了。据《书抄》所辑，还说蚕丛、柏濩、龟凫时代，"人萌（民）椎髻左言（衽），不晓文字，未有礼乐"，更充分地显示出了这个时期社会的特征。李白诗《蜀道难》说："蚕丛及鱼凫，开国何茫然，尔来四万八千岁，不与秦塞通人烟。"在时间的久远上也给予了生动的描绘。《蜀王本纪》写此，当然是从历史的角度，但因为是根据古代民间传说,却又处处留下神话的痕迹,例如言"三代各数百岁",言"神化不死",言"其民亦颇随王化去",言"鱼凫田于湔山得仙",都是。除鱼凫事迹较具体而外,其余大都是笼统概括而言,正显示出李白诗所说"开国何茫然"的情景。

蜀地原始三王当中,还是蚕丛王的行迹在后世古籍的记叙中给人留下了一些印象。冯鉴《续事始》引《仙传拾遗》说:

> 蚕丛氏自立王蜀,教人蚕桑,作金蚕数千头。每岁之首,出金头蚕,以给民一蚕,民所养之蚕必繁孳,罢即归蚕于王。(王)巡境内,所止之处,民则成市。

《仙传拾遗》虽然是已经佚亡的宋人的作品,但是它所记的神话传说,渊源必定还是相当早。例如"蜀"这个字,《说文解字》说是"葵中蚕也",其实从甲骨文看,它画的就是一条蚕,蚕的形象竟用来作了一个地区的名称,可见古代蜀这个地方养蚕事业的发达。"蚕丛氏教人养蚕"的传说,大约就是这样流传起来的。而且蚕丛的丛,据我的考察研究,它的意义还该是丛社的丛。《战国策·秦策三》说:"应侯谓昭王曰:'亦闻恒思有神丛欤?恒思有悍少年请与丛博,曰:"吾胜丛,丛借我神三日,不胜丛,丛困我。"乃左手为丛投,右手自为投,胜丛,丛借其神。三日,丛往求之,遂弗归。五日而丛枯,七日而丛亡。'"

"丛"是什么呢?丛就是社所种的树。这里说的"神丛",当就是神所凭附的树。蚕丛的最初含义,可能便是这样。那么所谓蚕丛,实际上便当是蚕神。果然在明代的《三教搜神大全》卷七上,便记有这么一条:

> 青衣神即蚕丛氏也。按传，蚕丛氏初为蜀侯，后称蜀王，尝服青衣巡行郊野，教民蚕事。乡人感其德，因为立祠祀之，祠庙遍于西土，罔不灵验。俗概呼之曰青衣神；青神县亦以此得名云。

这里真是把蚕丛氏当作青衣神了。但却说他是由于"尝服青衣巡行郊野，教民蚕事"，乡人感德立祠奉祀，这才成了"青衣神"的。这不是神话的本来面貌，恰好将它的因果关系颠倒了。它的本来面貌应当是：蚕丛氏原本就是青衣神，并且这个青衣神实际上就是一条蚕，蚕色青，故传说他"尝服青衣巡行郊野"，后来建立丛社祠他，所以又称他为蚕丛。这个青衣蚕神，经过世代相传，以后竟成了蜀地居民的始祖。

由于蚕丛神话，又产生了蚕墓、蚕市等传说。《蜀中广记》卷六十引《寰宇记》说："成都圣寿市有青衣神，即蚕丛氏也。相传蚕丛氏教人养蚕，时家给一蚕。后聚而弗给，瘗（yì，埋葬）之江上，为蚕墓。"宋黄休复《茅亭客话》卷九说："蜀有蚕市，每年正月至三月，州城及属县，循环一十五处。耆旧相传，古蚕丛氏为蜀王，民无定居，随蚕丛氏所在致市居，此之遗风也。"都可见到蜀地古代和蚕桑的关系。蚕丛被奉为蜀地居民的始祖，不是没有缘由的。

关于柏濩、鱼凫的神话，除《蜀王本纪》所记的而外，别无资料可寻。柏濩《华阳国志》作柏灌，只剩下一个名字，毫无事迹。鱼凫还有"湔山得仙"之说，而且还在《蜀中名胜记》卷五找到一首《观古鱼凫城》的诗，说是采自《成都文类》，孙松涛作，云："野寺依修竹，鱼凫城半存，高城归野垅，故国霭荒村。"有小注云："在温江县北十里，有小院存。"十多前年我真到温江县（今成都市温江区）去寻访过所谓的"古鱼凫城"，结果什么也没有找到，只好在荒村暮霭中，废然而返。

八五　杜宇与鳖灵

继蚕丛、鱼凫的神话传说之后,《蜀王本纪》又记有杜宇和鳖灵的神话传说:

> 后有一男子,从天堕止朱提;一女子名利,从江源井中出,为杜宇妻。乃自立为蜀王,号望帝,治汶山下邑曰郫(pí)。
>
> 望帝积百余岁,荆有一人名鳖灵,其尸亡去,荆人求之不得。鳖灵尸随水上,至郫,遂活,与望帝相见。望帝以鳖灵为相。
>
> 时玉山出水,若尧之洪水。望帝不能治,使鳖灵决玉山,民得安处。鳖灵治水去后,望帝与其妻通,惭愧,自以为德薄,不如鳖灵,乃委国授之而去,如尧之禅舜。
>
> 鳖灵即位,号开明帝,帝生卢保,亦号开明。望帝去时子鹃(规)鸣,故蜀人悲子鹃(guī,规)而思望帝。

这个神话故事,非常离奇古怪。首先这天造地设的一对夫妇,杜宇和他的妻子利,来历就很奇怪。一个"从天堕止朱提",另一个"从江源井中出",竟然结合在一起,成了夫妇。男的并且"自立为蜀王,号望帝",这就是一件奇事。"望帝积百余岁"之后,忽然从长江下游的湖北省(荆)溯流冲上来一具怪尸,到了望帝所都的郫县,竟活了转来,与望帝相见,自称鳖灵,便做了望帝的丞相,这又是一件奇事。玉山忽又发了洪水，望帝派鳖灵去治水，这时至少已经是百数十岁的老翁的望帝，居然趁鳖灵治水不在，"与其妻通"而感到"惭愧，自以为德薄"，更是奇事中的奇事。因而后文所说的望帝"去时子鸠（规）鸣，故蜀人悲子鸠（规）而思望帝"，就不能不使人产生怀疑：既然是这样一个"德薄"的老头子，去就去他的吧，蜀人为什么要"悲"他"思"他呢？

《说文》四说："蜀王望帝淫其相妻，惭亡去，为子巂（xī，规）鸟。故蜀人闻子巂（规）鸣，皆起云望帝。"这条记录解决了蜀人"悲思"望帝原因的一部分：原来望帝去后，化作了子规鸟，所以蜀人听到子规鸣声，便想起了望帝。但并没有完全解决。

神话的发展，到后来，鳖灵治水的范围更扩大了。《禽经》引李膺《蜀志》说："……其后巫山龙斗，壅江不流，蜀民垫溺。鳖灵乃凿巫山，降丘宅，土人得陆居。蜀人住江南，羌住城北，始立木栅，周三十里。令鳖灵为刺史，号曰西州。后数岁，望帝以其功高，禅位于鳖灵，号曰开明氏。望帝修道，处西山而隐，化为杜鹃鸟。或云化为杜宇鸟，亦曰子规鸟。至春则啼，闻者凄恻。"其实鳖灵凿巫山事，已早见于《群书拾补》辑《风俗通逸文》，不过记得很简单，只是说："（望）帝使鳖令凿巫山，然后蜀得陆处。"远不如《蜀志》所记的详尽。《本纪》说"玉山出水"，玉山就是玉垒山，在现在灌县（今都江堰）西北，洪水仅及于川西平原。《蜀志》说"巫山龙斗，壅江不流"，那么全川都成泽国了。或者由于玉、巫形近而致讹吧？不过从神话发展的趋势说来，总是由小到大，由简单到繁复，鳖灵由凿玉山进而凿巫山，也是顺应神话发展的趋势，是合乎情理的。至于杜鹃之啼何以会使"闻者心恻"，虽说是缘《本纪》"悲子鸠思望帝"之说而来，内中似乎仍有一段隐情未能道出。

《说郛合刊》卷六十辑阙名《寰宇记》说："望帝自逃之后，欲复位不得，死化为鹃。"才约略透露出一点此中消息。原来望帝化为杜鹃，杜鹃的啼叫声又使"闻者心恻"，都是因为望帝"欲复位不得"啊。那么神话的离奇的外衣下就隐藏着一场严重的政治斗争，并不是因为鳖灵"功高"而望帝甘心"禅位"给他，更不是因为望帝与鳖灵妻"通"，"自以为德薄"而"禅位"给他。后者简直可说就是诬辞，是敌对的政治集团用以进行政治斗争的一种手段，或者竟是倒打一钉耙的恶劣做法。如今川西部分知识分子中还有传说说，望帝委国鳖灵、隐居西山去后，鳖灵便乘机霸占了望帝的妻。这并不是在作翻案文章，这只不过是说明，《蜀王本纪》所说"望帝与鳖灵妻通"出于诬罔乃大有可能。唐人诗说："等是有家归未得，杜鹃休向耳边啼。"对望帝失国以后所受的委屈，已慨乎言之了。至于唐人诗句中疑杜宇有冤的更是比比皆是。李商隐的名句"望帝春心托杜鹃"，已透露出这一点意思。其他如顾况诗："杜宇竟何冤，年年叫蜀门。"罗隐诗："一种有冤犹可报，不如衔石叠沧溟。"吴融诗："年年春恨化冤魂，血染枝红压叠繁。"，等等，则已明言其有冤而无可申，故为恨也深。那么所谓杜宇和鳖灵妻私通的说法，是不能通过人民群众至少是不能通过诗人的情感的了。

现在郫县（今成都市郫都区）西南二三里处，有望丛祠古迹，旧祀望帝与丛帝——望帝就是杜宇，丛帝就是鳖灵；有望帝陵和丛帝陵——两座陵墓对峙像小山冈，合起来又像卧狮的形状。已由政府辟为公园，供人民永远纪念。推想起来，杜宇和鳖灵可能都是原始社会末期蜀地的部落首领。由于蜀地多水患，二人都擅长治水，后来鳖灵所属的部落因治水关系发展了势力，从东方侵入到西方，驱逐了杜宇，取杜宇的地位而代之。人民对治水有功的他们都很崇敬，而杜宇所属的人民对故君被逐尤其怀有哀思。于是假借爱情为线索，而产生出化鸟的神话，经过旧时文人的涂饰修改，就使它更加迷离恍惚、不可究诘了。

八六　五丁开路

据《蜀王本纪》说，望帝让位于鳖灵，"如尧之禅舜"，这就意味着在望帝、鳖灵时代，还处于原始社会末期，首领的位置，还是互相禅代，而不是世袭。到鳖灵接替望帝而为首领，号称丛帝，又号开明帝，开始打破禅代制度，而把首领的位置传给儿子，以后世代相传，一直传到最末一个，都称开明帝。这就意味着，鳖灵即位以后，便从原始社会进入到阶级社会——奴隶制社会了。作为这个社会的特征和标志的，在古代蜀地又流传有关于五丁的神话：

开明帝时，蜀有五丁力士，能移山，举万钧。每王薨（hōng），辄立大石，长三丈，重千钧，为墓志，今石笋是也，号曰笋里。

周显王之世，蜀王有褒、汉之地。因猎谷中，与秦惠王相遇，惠王以金一笥（sì）遗蜀王。王报珍玩之物，物化为土，惠王怒。群臣贺曰："天承我矣，王将得蜀土地。"惠王喜。

乃作石牛五头，朝泻金其后，曰："牛便金。"有养卒百人。蜀人悦之，使使请牛，惠王许之。乃遣五丁迎石牛。既不便金，怒，遣还之。乃嘲秦人曰："东方牧犊儿！"秦人笑之，曰："吾虽牧犊，当得蜀也。"

武都有一丈夫，化为女子，美而艳，盖山精也。蜀王纳为妃，不习水土，欲去。王必留之，乃作《东平之歌》以乐之。未几，物故。

蜀王哀之，乃遣五丁之武都，担土为妃作冢，盖地数亩，高七丈，上有石镜，今成都北角武担是也。

惠王知蜀王好色，许嫁五女于蜀，蜀遣五丁迎之。还到梓潼，见一大蛇，入穴中。一人揽其尾，掣之，不禁，至五人相助，大呼曳蛇。山崩时，压杀五人，及秦五女并将从。而山分为五岭，直（其）顶上有平石。蜀王痛伤，乃登之，因命之曰五妇冢山。川平石上，为望妇堠，作思妻台。今其山或名五丁冢。

周慎王五年，秋，秦大夫张仪、司马错、都尉墨等，从石牛道伐蜀，蜀王自于葭萌拒之，败绩。王遁走至武阳，为秦军所害，开明氏遂亡。凡王蜀十二世。（《华阳国志·蜀志》）

这段神话也是始见于《蜀王本纪》，由于现在辑存的《蜀王本纪》文多阙略，才改引了虽然后起却文字比较明畅的《华阳国志》。还须略加说明的，是文中开始所说的"开明帝"，是指开明帝九世；后面所说的"蜀王"，指开明帝十二世，也就是蜀国最末一代的帝王。从记录看，五丁便是神话传说中历事四朝的一群民间无名英雄。如果说当初开明氏王朝的第一个帝王鳖灵对治水真还有些功绩，还为人民所爱戴，因而人民也就原谅了他很可能是用不正当手段取得领袖的地位的话，那么人民对于开明氏王朝的末一个帝王——即本节所录《华阳国志》所称的"蜀王"——的既贪婪而又好色，既庸愚而又妄自尊大，终于由他亲手把整个国家葬送的种种可鄙可哂（shěn）的行为绝不能够原谅了。于是人民就在他们的传说里，通过想象和夸张，塑造了蜀王这么一个反面形象，与之对比衬映，又造了五丁力士这么一群来自民间的英雄群像。有了五丁和蜀王做比照，故事的思想内容就鲜明突出了：人民所鄙弃的是荒淫自私的蜀王，而歌颂赞美的，则是见义勇为、奋不顾身的五丁弟兄。

五丁力士可能是民间五个石工的神话化，也可能干脆就是五个操石工业的奴隶。丁者钉也，正是石工用以凿石的工具。就其所操的业务而言，谓之为"丁"；就其孔武多力而言，又美之为"力士"。他们多半是弟兄五个，所以有这样的传说，说他们是和蜀妃同生在武都山，生下就是一女五男，贫穷的父哪里养得活这一大群孩子，只得把他们都抛弃在山溪里，大约后来才被人收养长成献给蜀王的（见《蜀中名胜记》卷九引《成都耆（qí）老传》）。这虽然是较晚的传说，但是由此可见作为奴隶的五丁的身份。他们就这样从偏僻的山间来到开明氏富华的宫廷，给穷奢极欲、大兴土木之工，或以养生、或以送死的帝王老爷们服役。秉性朴质的他们，只要有粗粝的饭食能撑饱肚子，就以为是到了天堂，于是忠心耿耿地干活，虽辛劳而无所怨尤。

蜀王贪利，派五丁去秦国运"金牛"，从险巇（xī）的山间给"金牛"开凿了一条"金牛道"。金牛道开成了，"金牛"也运回来了，才发觉上了秦国人的当。可是蜀王并不因此而有所悔悟，又派五丁去迎迓秦国赠送的五名美女。险路经此两度反复开辟，就给异日秦军征蜀创造了极有利的条件。五丁迎接秦国的美女回来，在梓潼山间，忽见大蛇钻洞——神话传说在这里就到了一个艺术的高潮。五丁弟兄原是极忠于"王事"的，但这时"为民除害"的念头却盘踞了他们整个的身心。"一人揽其尾，掣之，不禁，至五人相助，大呼曳蛇。"这是何等豪迈壮勇的图画啊！图画描绘了五勇士大义凌天，乃至于全然忘记了自身的安危。果然妖蛇作怪，地陷山崩，勇士们都为人民而牺牲了，同时也葬送了蜀王望眼欲穿的秦国的五名美女。石牛是"五"，秦国的美女是"五"，五丁也是"五"，从这类偶然相合的数字，可见这的确是一个带有神话意味的民间传说故事，这故事可能有一些历史的凭依,却不能看作是真正的历史。

  开明氏王朝终于倾覆在贪愚的昏君手里,不必细说了。关于五丁,则还有地方风物性质的神话传说在民间继续流传。《蜀中名胜记》卷二六说:"(梓潼)又有五妇山,在县北十二里,高四百二十丈。……又有隐剑泉,在五丁力士庙西一十步。古老云,五丁开路,剑迎秦女,拔蛇山摧,五丁与秦女俱毙于此。余剑隐在路旁,忽生一泉。又云,此剑每庚申日现。"足见人民对于他们崇敬的英雄,总是怀思不已,要用种种幻想的方式,来表达他们的爱念的。

八七　李冰斗江神

蜀国给秦国灭亡了以后，据《华阳国志·蜀志》的记叙："秦孝文王以李冰为蜀守。"那时距秦惠王时代，已有六七十年了。史传记载得这么确凿，当有历史的凭依无疑。不过从神话的角度看，李冰这个人物还是介乎历史和传说之间的人物。《史记·河渠书》说："蜀守冰凿离堆，辟沫水之害，穿二江成都之中。"还仅有"冰"的名而无姓。到扬雄的《蜀王本纪》，才说"李冰以秦时为蜀守"，《汉书·沟洫志》也说："蜀守李冰凿离隼。"二书都本于《史记》而添了一个"李"字。可见在汉代几百年中，李冰这个人物究竟怎样，还是有点谬悠恍惚，没有弄得十分确切。

这样一个人物，既然关系到治水的险巇工程，在他的身上，自然容易附会许多神话传说。现在辑存的《蜀王本纪》中所记的关于李冰治水的二三事，已经含有一些神话的意味了。到汉末应劭的《风俗通义》，便有了较完整的李冰斗江神的神话出现：

秦昭王遣李冰为蜀郡太守，开成都两江，溉田万顷。江水有神，岁取童女二人为妇，不然，为水灾。主者白："出钱百万以行聘。"冰曰："不须，吾自有女。"到时，装饰其女，当以沉江水。径至神祠，上神座，举杯醪曰："今得傅九族，江君大神，当见尊颜。"相敬酒，冰先投杯，但澹淡不耗。冰厉声曰："江君相轻,当相伐耳!"拔剑,忽然不见。良久,有两苍牛斗于岸旁。有间,冰还,流汗谓官属曰:"吾斗大极,当相助也。若欲知我,南向腰中正白者,我绥也。"主簿乃刺杀北面者,江神遂死。蜀人慕其气决,凡壮健者,因名冰儿。(《群书拾补》辑《风俗通逸文》)

李冰治水,和江神战斗的神话,充分表现了人和大自然斗争、人定胜天的那种勇往直前的大无畏精神;而江神"岁取童女二人为妇",则无疑又是河伯娶妇传说的演变。故事传到后代,它的内容随着时间的进展更加丰富了。《太平广记》卷二九一引《成都记》说:

> 李冰为蜀郡太守,有蛟岁暴,漂垫相望。冰乃入水戮蛟,已为牛形,江神龙跃,冰不胜。及出,选卒之勇者数百,持强弓大箭,约曰:"吾前为牛,今江神亦必为中矣,我以大白练自束以辨,汝当杀其无记者。"遂吼呼而入。须臾,风雷大起,天地一色。稍定,二牛斗于水上。公练甚长白,武士乃齐射其神,遂毙。从此蜀人不复为水所病。

所引《成都记》,可能就是唐卢求的《成都记》。《汉唐地理书抄》初编目录载有此书,辑书尚未见。显然看得出来,《成都记》所记李冰神话更丰富多彩了。《风俗通》记的还只是二牛相斗,李冰令主簿刺杀北面无记识的牛;但到《成都记》的记叙,则于二牛相斗之前,增加了"己为牛形、江神龙跃"一段,足见江神本来是蛟龙,因李冰中途退出战斗,上岸求计,江神怕李冰暗算他,才变为和李冰一样的牛形重新投入战斗的。而李冰对江神的这一招早有预料,故"以大白练自束以辨"，教武士用强弓大弩射杀了江神。这不仅增加了故事的曲折性，也使李冰的智勇更充分地得到了表现。

李冰治蜀，在兴修水利的方面，确实也做了不少有益的工作。这些工作，即便是史传的记叙，也多含有神话的因素。如《华阳国志·蜀志》说李冰"外作石犀五头，以厌水精；穿石犀溪于江南，今曰犀牛里"，就是一例。"水精"就是水怪；"厌"，是禳（ráng）除的意思；而"犀牛"，则是李冰斗江神的江神的原形——苍牛，所以传说李冰要作石犀以"厌"之：用水怪的原形去禳除水怪。其实从科学的观点看，作石犀沉江，其目的无非是为了减缓水势罢了。或者正因为李冰先作了石犀，后来才有李冰斗犀神话的流传。至今灌县（今都江堰）还传说有李冰斗犀台，或讹传为斗鸡台；二王庙戏台前沿还有木刻线雕李冰斗犀、二郎偕梅山七圣前往助战的图像，姿态生动，线条飞舞，传为明末清初的作品，这些都说明历史和神话交织，实在是源远流长。

李冰斗江神的神话，发展到宋以后，又成了二郎擒孽龙的神话。宋朱熹《朱子语类》卷三说："蜀中灌口二郎庙，当是因李冰开凿离堆立庙，今来现许多灵怪，乃是他第二儿子。"其实此庙的建立，还早在百多年以前。宋张唐英《元祐初建二郎庙记》（见《宋代蜀文辑存》卷十三）说："李冰去水患，庙食于蜀之离堆，而其子二郎以灵化显圣。"知二郎神早在北宋时代已为民间所崇奉，则有关他的神话，也当兴于这时，或者还要更早。惜古籍中没有显明的记载。惟宋王象之《舆地纪胜》卷一五一引六朝梁李膺《治水记》说："蜀守父子擒健蛟，囚于离堆之趾。"隐约见其身影。所谓"健蛟"，乃水族之桀，无非是蛟龙之属，李冰父子曾擒而锁之。关于这方面，古籍也曾分别记载。《蜀中名胜记》卷六引范石湖（成大）《离堆诗序》说："沿江两厓中断，相传秦李冰凿此以分江水，上有伏龙观，是冰锁孽龙处。"这是李冰锁孽龙。清李调元《井蛙杂记》卷九说："灌县离堆山，即李太守所凿以导江处，上有伏龙观，下有深潭，传闻二郎锁孽龙于其中。"这是二郎锁孽龙。看得出来二郎锁孽龙仍是由李冰锁孽龙递嬗（shàn）而来，但是记载的时间已经晚了数百年了。

至于"二郎"这个名字又是怎样来的呢？从古书中不能找到直接的解答，倒是从近人的著述中，却给予我们一些有益的启示。民国初年钱茂《都江堰功小传》说："二郎为李冰仲子，喜驰猎，与其友七人斩蛟。又假饰美女，就婚孽鳞，以入祠劝酒。""假饰美女"云云，当然根据的还是民间传说，而不是作者的凭空臆造。于是就使我们联想到《风俗通逸文》所载的江神"岁取童女二人为妇"，李冰"装饰其女，当以沉江"的情节。或者后人以为姑娘们不宜参加这类战争杀伐的场面，就好心地替李冰换上了他自己的"假饰美女"的两位郎君。这在神话传说发展演变过程中的涂改修饰，本是习以为常的，并不足异。然而因此一来，李冰的二女就成了"二郎"了。最初的"二郎"之义，当即是"两郎"——两位郎君的意思，然后又合二而一，成为李冰的"仲子""二郎"了。二郎由来的轨迹，大致便是如此。近代传说谓其"假饰美女、就婚孽鳞"者，无非是此一神话在最初演变过程中遗留下的痕迹罢了。

参考书目

（依引用先后为次第）

山海经（晋 郭璞）

中国小说史略（鲁迅）

汉文学史纲要（鲁迅）

白族文学史（李缵绪）

汉书（汉 班固）

后汉书（六朝宋 范晔）

异苑（六朝宋 刘敬叔）

述异记（六朝梁 任昉）

艺文类聚（唐 欧阳询）

尸子（战国楚尸佼·佚，孙星衍辑）

西游记（明 吴承恩）

酉阳杂俎（唐 段成式）

楚辞（战国楚 屈原等）

国语（周 左丘明）

搜神记（晋 干宝）

华阳国志（晋 常璩）

史记（汉 司马迁）

列子（晋 张湛）

六韬（汉·佚，《玉函山房揖佚书》辑）

拾遗记（晋 王嘉）

山海经广注（清 吴任臣）

太平御览（宋 李昉等）

广博物志（明 董斯张）

墉城集仙录（五代蜀 杜光庭）

神话论（林惠祥）

搜神后记（晋 陶潜）

韩非子（战国韩 韩非）

法苑珠林（唐 释道世）

吕氏春秋（秦 吕不韦）

淮南子（汉 刘安）

琴操（汉 蔡邕）

十六国春秋（北魏 崔鸿·佚，明 屠乔孙辑）

小说（六朝梁 殷芸·佚，余嘉锡辑）

风俗通义（汉 应劭）

群书拾补（清 卢文弨）

水经注（北魏 郦道元）

荆楚岁时记（六朝梁 宗懔）

中国神话研究初探（茅盾）

左传（周 左丘明）

诗经（周）

墨子（战国宋 墨翟）

论衡（汉 王充）

神话研究（黄石）

列女传（汉　刘向）

初学记（唐　徐坚等）

归藏（战国·佚，《玉函山房辑佚书》辑）

古文琐语（战国·佚，《玉函山房辑佚书》辑）

随巢子（战国·佚，《墨子间诂》辑）

吴越春秋（汉　赵晔）

越绝书（汉　袁康、吴平）

路史（宋　罗泌）

岁时广记（宋　陈元靓）

庄子（战国宋　庄周）

尚书（周）

玄中记（晋　郭璞·佚，《古小说钩沈》辑）

神话与诗（闻一多）

世本（秦汉·佚，《世本八种》辑）

广雅（三国魏　张揖）

礼记（汉　戴圣）

周礼（周）

中华古今注（唐　马缟）

独异志（唐　李冗）

录异记（五代蜀　杜光庭）

中国古史的传说时代（徐旭生）

定庵续集（清　龚定庵）

括地志（唐　李泰·佚，《汉唐地理书钞》辑）

蜀中名胜记（明　曹学佺）

易经（周）

抱朴子（晋　葛洪）

古史考（三国蜀　谯周·佚，清章宗源辑）

白虎通义（汉　班固）

帝王世纪（晋　皇甫谧，清宋翔凤辑）

说文（汉　许慎）

晋书（唐　房乔）

春秋纬元命苞（汉·佚，《玉函山房辑佚书》辑）

列仙传（汉　刘向）

绎史（清　马骕）

说郛（明　陶宗仪）

芸窗私志（元　陈芬）

开辟演绎（明　周游）

太公金匮（汉·佚，《全上古三代秦汉三国六朝文》辑）

北堂书钞（唐　虞世南）

博物志（晋　张华）

广异记（唐　戴孚）

文选（六朝梁　萧统）

菿汉闲言（章炳麟）

鼎录（六朝梁　虞荔）

孙子（周　孙武）

穆天子传（战国）

十洲记（汉？）

神异经（汉）

蜀典（清　张澍）

轩辕本纪（唐　王瓘）

蜀梼杌（宋　张唐英）

云笈七签（宋　张君房）

新书（汉　贾谊）

大戴礼（汉　戴德）

周书（周）

癸巳存稿（清　俞正燮）

三国志（晋　陈寿）

独断（汉　蔡邕）

管子（周　管仲）

龙鱼河图（汉·佚，《汉学堂丛书》辑）

通典（唐　杜佑）

梦溪笔谈（宋　沈括）

列异传（三国魏曹丕·佚，《古小说钩沈》辑）

真诰（六朝梁　陶弘景）

孙氏瑞应图（六朝梁　孙柔之·佚，《玉函山房辑佚书》辑）

古今注（晋　崔豹）

列仙全传（清　汪云鹏）

荀子（战国赵　荀况）

河图括地图（汉·佚，《汉唐地理书钞》辑）

岁华纪丽（唐　韩鄂）

尔雅翼（宋　罗愿）

月令广义（明　冯应京）

续齐谐记（六朝梁　吴均）

天中记（明　陈耀文）

山海经笺疏（清　郝懿行）

商君书（战国秦　商鞅）

岭表录异（唐　刘恂）

楚辞通释（清　王夫之）

神仙传（晋　葛洪）

竹书纪年（战国魏·佚，王国维辑）

汉书人表考（清　梁玉绳）

春秋繁露（汉　董仲舒）

论语（周）

田俅子（战国·佚，《玉函山房辑佚书》辑）

金楼子（六朝梁　萧绎）

孟子（战国邹　孟轲）

潜夫论（汉　王符）

二十四孝图说（清）

古典新义（闻一多）

列女传补注（清　王照圆）

中国古代宗教与神话考（丁山）

释名（汉　刘熙）

尔雅（汉）

说苑（汉　刘向）

灵宪（汉　张衡·佚，《全上古三代秦汉三国六朝文》辑）

常任侠艺术考古论文选集（常任侠）

汉武故事（六朝）
汉武帝内传（六朝）
补笔谈（宋　沈括）
考工记（战国）
锦绣万花谷（宋）
屈原赋今译（郭沫若）
会稽郡故书杂集（鲁迅）
入蜀记（宋　陆游）
吴船录（宋　范成大）
少室山房笔丛（明　胡应麟）
唐国史补（唐　李肇）
幽明录（六朝宋　刘义庆·佚，《古小说钩沈》辑）
遁甲开山图（汉·佚，《汉唐地理书钞》辑）
方言（汉　扬雄）
战国策（汉　刘向）
诗含神雾（汉·佚，《玉函山房辑佚书》辑）
洞冥记（汉　郭宪？）
琱玉集（唐）
韩诗外传（汉　韩婴）
晏子春秋（周　晏婴）
吕氏春秋集释（许维遹）
汤祷篇（郑振铎）
荀子柬释（梁启雄）
庄子义证（马叙伦）
琴操（汉蔡邕）

封氏闻见记（唐　封演）
武王伐纣平话（元）
尉缭子（战国魏　尉缭）
尚书大传（汉　伏胜）
古史讨论集（顾颉刚等）
封神演义（明　许仲琳）
敦煌变文集（王重民等）
易林（汉　焦赣）
蜀本纪（三国蜀　谯周）
吴地记（唐　陆广微）
玉台新咏（六朝陈　徐陵）
湖海新闻夷坚续志（元）
北辕录（宋　周煇）
小浮梅闲话（清　俞樾）
蜀王本纪（汉　扬雄·佚，《全上古三代秦汉三国六朝文》辑）
续事始（前蜀　冯鉴）
三教搜神大全（明）
蜀中广记（明　曹学佺）
茅亭客话（宋　黄休复）
禽经（宋）
朱子语类（宋　朱熹）
宋代蜀文辑存（傅增湘）
舆地纪胜（宋　王象之）
都江堰功小传（钱茂）
中国少数民族文学（毛星）
中国少数民族神话选（谷德明）

出版后记

《中国神话通论》是袁珂先生在编写《中国神话传说词典》的过程中，对文献资料进行更深入和系统的梳扒整理和研究分析的成果，旁征博引，条分缕析，匡谬正讹，溯本清源，可作中国神话研究的入门读本。初版于1993年由巴蜀书社出版。

我们有幸获得袁珂先生后人授权，于四川人民出版社再版《中国神话通论》。在编辑过程中，修正了旧版中的个别错字与标点。为方便非文学专业的读者阅读，对生僻难字以括注标上拼音和字义，有变化的地名补注今名。而书中部分带有时代色彩的陈述与观点，为尊重先生原意，未予删减。保留了原书附录的参考书目，方便对中国神话感兴趣的读者进一步研究学习。

后浪出版公司
2018年12月